성공과 실패를 결정하는

결정하는

1%의

프로그래밍
작동 원리

성공과 실패를 결정하는
1%의 프로그래밍 작동 원리

ATAMA TO KARADA DE RIKAI SURU! COMPUTER PROGRAM WA DONOYOUNI UGOKUNOKA?

by Akira Kawamata

Copyright ⓒ 2018 Akira Kawamata

All rights reserved.

Original Japanese edition published by Gijutsu-Hyohron Co., Ltd., Tokyo

This Korean language edition published by arrangement with Gijutsu-Hyohron Co., Ltd., Tokyo

in care of Tuttle-Mori Agency, Inc., Tokyo through Imprima Korea Agency, Seoul.

Korean translation copyright ⓒ 2019 by Sung An Dang, Inc.

성공과 실패를 결정하는

1%의

가와마타 아키라 **지음** | **권기태** 옮김

프로그래밍
작동 원리

BM 성안당

머리말

인간은 인간일뿐 원숭이가 아닙니다. 그리고 인간과 원숭이를 구별하는 정보는 DNA라 부르는 물질을 포함하고 있습니다. 이 정보를 분해해보면, 아데닌(A), 구아닌(G), 시토신(C), 티민(T)이라는 염기 배열로 이뤄져 있다는 것을 알 수 있습니다.

우리들이 사용하는 컴퓨터가 다루는 정보를 더 이상 나눌 수 없을 때까지 세분화해보면, 불과 두 종류인 True(참), False(거짓)라는 값으로 환원됩니다. 아무리 미묘한 색조의 그림이라도, 정감이 풍부한 소설이라도, 언어 폭력에 의한 싸움도 모두 이러한 단 두 개의 값으로 환원할 수 있습니다.

우리는 이 책에서 이러한 두 개의 값으로부터 컴퓨터 화면에서 "Hello World"라는 문자열을 볼 때까지의 긴 여정을 함께 하고자 합니다. 왜냐하면 보통 이러한 기초적인 수준의 문제를 모두 건너뛴 채 완성품을 받았기 때문입니다. 결국 도중에 무엇이 일어나는지를 알지 못한 채 갑자기 사용하기 시작했기 때문입니다.

그 결과가 야기한 것은 기술의 마법화입니다. 이른바 클라크의 법칙인 "충분히 발달한 과학 기술은 마법과 구별할 수 없다"가 현실이 돼 버린 것입니다.

그러나 표면적으로는 마법과 구별할 수 없게 되었더라도, 공학의 산물인 컴퓨터가 단 두 개의 값으로부터 무엇이든 표현하는 메커니즘을 설명할 수 있습니다. 악의 마법사가 강력한 마법을 행사해 지팡이를 한 번 휘두르는 것만으로 세상이 파괴되는 것이 아닙니다. 여기에 기술적인 결함이 있기 때문에 악의를 가진 누군가가 그것을 들춰내고 있을 뿐입니다. 따라서 이 세상에는 악의 마법사는 존재하지 않고 모든 적은 인간이라는 것을 아는 것이 중요합니다. 이들에게는 지혜와 용기로 대항할 수 있습니다. 컴퓨터의 지배권을 스스로 확실하게 잡도록 합시다. 그리고 어떤 불행한 일이 일어나면 누군가를 저주하고 불운을 한탄할 것이 아니라, 기술적인 문제를 이해해 트러블을 해결합시다. 이것은 마법이 아닌 공학의 문제입니다. 반드시 마법이라는 위장을 걷어내고 진실의 세계를 손에 넣도록 합시다.

가와마타 아키라(川俣 晶)

역자의 말

최근 코딩 교육에 대한 관심이 뜨겁습니다. 코딩 교육을 통해 논리력, 창의력, 문제 해결력을 키울 수 있고, 인공지능, 사물인터넷, 지능형 로봇, 빅 데이터 분석 및 활용 등 4차 산업혁명 시대를 대변하는 모든 것이 소프트웨어를 통해 구현될 것이라는 믿음 때문입니다. 이 때문에 선진국들은 코딩을 정규 교육과정에 편입시켜 교육하고 있으며, 우리나라도 전국 초·중·고교에서 소프트웨어 교육을 의무화하고 있습니다. 유치원생이나 초등학생들은 퍼즐이나 블록 맞추기 등과 같은 게임 방식을 이용해 컴퓨터 프로그래밍의 원리를 배우고 있고, 중·고등 학생들은 파이썬, 자바, C 등과 같은 언어나 다양한 장비를 통해 소프트웨어 관련 교육을 받고 있습니다. 또한 대학생들은 자신의 전공과 무관하게 코딩 교육을 포함한 소프트웨어 교육을 필수 교양 과목으로 이수하고 있습니다.

소프트웨어 교육 효과를 극대화하기 위해서는 프로그래밍 교육과 함께 소프트웨어가 실행되는 컴퓨터 시스템 자체의 이해가 전제돼야 합니다. 다시 말해서 컴퓨터 시스템의 동작 원리를 이해하고, 프로그램이 컴퓨터상에서 실행되는 과정을 이해하는 것이 효과적인 소프트웨어 교육의 첫걸음이라 할 수 있습니다.

이런 시점에 컴퓨터 프로그램이 동작하는 원리를 저자가 제공하는 에뮬레이터를 이용하여 실습하면서 이해할 수 있는 좋은 책을 번역할 수 있게 된 것을 기쁘게 생각합니다.

이 책은 컴퓨터공학과의 개론서로도 손색이 없다고 생각합니다. 종래의 컴퓨터공학 개론 강의는 세 가지 유형, 즉 특정 언어를 실습하는 프로그래밍 입문 과정, 컴퓨터공학과의 각 전공 내용을 조금씩 다루는 과정, MS 오피스 프로그램을 주로 다루는 과정으로 구분됩니다. 이 책은 컴퓨터공학 개론 과목의 성격에 가장 부합하는 책입니다. 비트 수준의 기본 로직부터 CPU 구조와 명령, 아키텍처, 운영 체제와 어셈블러, 고급 언어의 컴파일 과정 등과 같은 다양한 주제를 알기 쉽게 다루고 있으며, 자기증식 프로그램, 자살 프로그램 등의 흥미 있는 주제를 다루고 있는 보안까지 저자가 직접 개발한 에뮬레이터를 이용해 직접 실습하면서 원리를 깨우칠 수 있습니다. 이 책의 저자인 가와마타 아키라 씨는 스스로가 일본의 몇몇 천재 프로그래머들과 어깨를 나란히 할 정도로 능력 있는 분입니다. 이 책을 공부하는 데 필요한 자료는 저자가 깃허브(github)에 공개하고 있습니다. 강의를 위한 실습 자료 또는 독학을 위한 유용한 자료가 될 것입니다.

좋은 책을 번역할 수 있는 기회를 주시고 출판 과정에서 많은 도움을 주신 성안당 관계자분들께 감사드립니다.

2019년 7월   역자

Contents

Contents

Chapter_02   CPU 구조/명령 편

Chapter_03

시스템 편

Contents

Chapter_04 펌웨어 편

Contents

이론은 아무리 말로 설명해도 알 수 없기 마련입니다.
따라서 이 책에서는 실제로 체험할 수 있는 에뮬레이터를 준비하였습니다.
이 에뮬레이터의 특징과 그것을 이용하여 무엇을 어떤 식으로 해설하는지를 설명합니다.

Chapter

00

이 책이 목표로 하는 것

이 책의 목적

0.1

소프트웨어 다운로드에 실패해서 울고 있었는데, 마니아 선배가 신앙심이 부족해서 그런 것이라고 말했어요. 차라리 스티브 잡스 님이나 빌 게이츠 님에게 기도하라고 말했어요.

그렇다면 그 선배는 마니아가 아니라 마니아인 척하는 종교가란다. 네가 고양이 동영상을 너무 많이 다운로드해서 남은 용량이 적어진 것뿐이야. 외장 하드디스크를 사오도록 해라.

이 책의 목적은 컴퓨터나 스마트폰과 같은 **정보 기기가 동작하는 구조를 설명**하는 것입니다.

정보 기기는 다수의 사람에 의해 만들어진 공업 제품입니다. 이론, 도면 조립 공정이 존재하고, 다수의 사람이 여러 작업 순서를 수행하여 완성된 후 여러분의 곁으로 온 것입니다. 결코 마법도 아니고, 종교도 아닙니다. 작은 사람들이 상자 속에 들어가서 일을 할 수는 없습니다(◯ 그림 0.1).

컴퓨터라는 것은

- ✘ 한 사람이 만든다.
- ✘ 평범한 사람이 아닌 특별한 사람이 만든다.
- ✘ 만드는 사람은 마법사이다.
- ✘ 만드는 사람은 위대한 종교가이다.
- ✘ 컴퓨터 속에는 작은 사람이 들어 있다.
- ✘ 누군가가 심술을 부리면 컴퓨터가 정상적으로 동작하지 않는다.
- ◯ 많은 사람의 손을 거쳐 만들어진다.
- ◯ 이들 모두가 일반적인 샐러리맨이다.
- ◯ 문제가 발생해도 그 원인은 잘못된 사용이나 고장에 기인한다.

○ **그림 0.1** 올바른 컴퓨터 시스템 이미지

공업 제품인 이상, 신비는 없습니다. 장시간에 걸쳐 만들어진 이론 체계가 있고, 이에 따라 다양한 부품이 생산됩니다. 그러한 부품을 조합하여 정보 기기가 탄생합니다. 또한 소프트웨어도 마찬가지입니다. 많은 사람이 공동으로 작업하여 만들어집니다. 설령 한 사람이 만든 소프트웨어라 하더라도 그 배경에는 앞 사람들의 지적 유산이 존재합니다.

따라서 컴퓨터가 동작하는 원리는 모두 설명할 수 있습니다.
동작하지 않는 이유도 설명할 수 있습니다.
다만, 일반적인 사용자에게 접근이 허용되지 않은 블랙박스가 되어 있는 부분이 있습니다(○ 그림 0.2). 이 때문에 동작하지 않는 이유를 완전히 판단할 수 없는 경우도 있습니다.

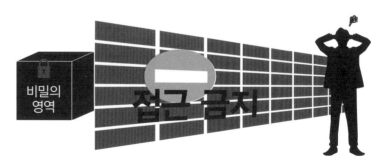

○ **그림 0.2** 접근 금지 영역

이와 같은 영역이 존재하는 이유는 해킹을 막아 이용자의 자산을 보호해야 하기 때문이다.

그러나 이 책의 목적은 단 하나입니다.
블랙박스의 덮개를 열어 내부를 보는 것입니다(● 그림 0.3).
여러분의 눈앞에 있으면서도 여러분에게 감추어진 세계를 보는 것이 가능합니다.

비밀의
영역

● **그림 0.3** 블랙박스를 열어보자

이 책이 제공하는 에뮬레이터에 관해

0.2

이 책은 어떤 식으로 설명하고 있나요?

잘 동작하는 시계 뒷면의 커버를 열어 하나하나 분해하는 식이야!

이 책은 컴퓨터가 동작하는 구조에 흥미가 있는 사람들을 위한 것입니다. 그러나 이것을 시험하면서 이해하려고 하면, 두 가지 문제에 직면하게 됩니다.

첫째, 컴퓨터 구조가 책 한 권으로 설명될 정도로 간단한 것은 아니라는 점입니다. 둘째, 현재의 컴퓨터는 다양한 위험으로부터 이용자의 자산을 보호하기 위해 여러 가지 제약사항을 설정했고, 그러한 기능을 실제로 체험하는 것은 매우 어려운 일이라는 것입니다. 따라서 구조가 단순한 예전의 CPU인 Intel 8080(이후에는 기본적으로 8080[1]으로 표기합니다)을 에뮬레이션하는 프로그램 **EE8080**을 준비했습니다(◑ 그림 0.4, 그림 0.5).

이 에뮬레이터는 다음과 같은 특징이 있습니다.

- 실제 구조를 감추기 위한 고도의 가상화 기능을 포함하지 않은 단순함!
- 순식간에 구동하는 가벼움!
- 이것이 출발점! 현재의 CPU에도 적용되는 지식이 많음!
- 어느 정도 환경이 파괴되어도 리셋 한 번으로 초기 상태로 되돌아감. 무엇이든 안심하고 테스트할 수 있음!
- 실제 환경은 전혀 손상을 입지 않기 때문에 자살 프로그램이나 자기증식 프로그램이라도 안심하고 테스트할 수 있음!
- 8080의 많은 소프트웨어 자산을 모두 무료로 사용할 수 있음!
- 컴퓨터도, 스마트폰도 웹 브라우저만 있으면 동작함!
- 에뮬레이터 구현을 통해 실제 CPU의 구조를 이해할 수 있음. 2장에서 소스 코드를 자세하게 해설함!

주1) Intel 8080은 종종 'i8080'으로 표기하기도 합니다.

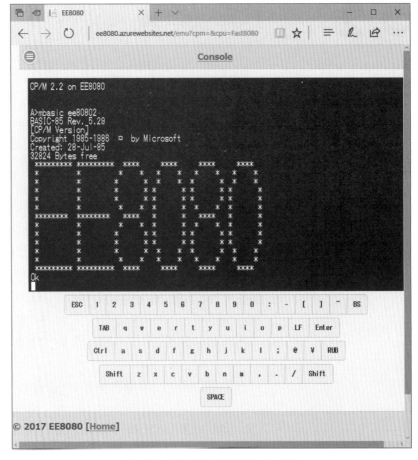

● **그림 0.4** 에뮬레이터 EE8080의 콘솔 화면

또한 동시에 CPU를 구성하는 기본 논리를 체험할 수 있는 로직 시뮬레이터를
포함하고 있습니다(● 그림 0.6).

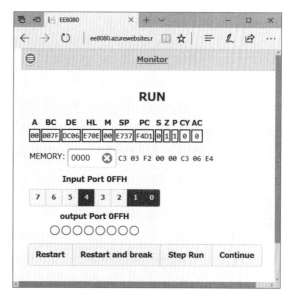

◐ 그림 0.4 에뮬레이터 EE8080의 모니터 화면

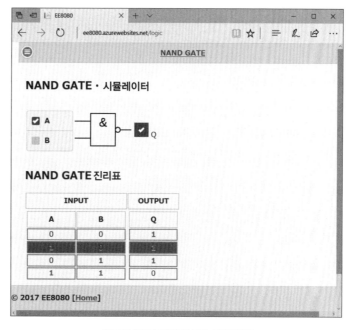

◐ 그림 0.6 EE8080의 로직 시뮬레이터

이를 통해 CPU를 구성하는 부분의 동작을 알게 됩니다.

이러한 '에뮬레이터 EE8080', '로직 시뮬레이터'는 웹 애플리케이션으로, 다음 사이트에서 이용할 수 있습니다. 표준적인 웹 브라우저가 동작하는 환경에 열려 있습니다. 상세한 사용 방법은 본문에서 설명합니다.

http://ee8080.azurewebsites.net/

칼럼

고대 생활을 체험해봅시다

에뮬레이터가 제공하는 기능은 솔직히 말해, 시대에 뒤떨어진 것입니다. 작업의 효율성을 높이기 위해서는 각종 개발 도구를 활용해야 합니다.

그러나 시대에 뒤떨어진 부자유한 생활을 체험하는 것은 교육적으로 의미가 있습니다. 아무리 버튼 하나로 가스레인지에 불을 붙여 생활하는 시대라 하더라도 장작에 불을 피워 밥을 짓는 경험을 하는 것도 의미가 있습니다.

소프트웨어도 이와 마찬가지입니다. 이러한 경험이 있으면 시스템을 보다 잘 이해할 수 있고, 기능이 동작하지 않을 때에도 당황하지 않고 해결책을 모색할 수 있습니다.

에뮬레이터의 소스 코드에 관해

0.3

에뮬레이터라도 결국은 블랙박스 아닌가요?

덮개를 열어 보면 소스 코드를 볼 수 있어.

필자가 만든 EE8080의 소스 코드는 아래의 깃허브(github)에 공개되어 있으므로 내용을 살펴보는 것도, 스스로 수정하는 것도 여러분의 자유입니다.

https://github.com/autumn009/ee8080

이 소스 코드의 라이선스는 Apache 2.0으로 되어 있기 때문에 거의 제한 없이 사용할 수 있습니다. 성과물을 재배포하는 경우는 Apache 라이선스가 사용되었다는 취지의 표기가 필요한 것 외에는 제한이 없습니다. 상세한 것은 Apache 2.0 라이선스를 참고하기 바랍니다.

소스 코드에 관해서는 487페이지의 'A.7.1: EE8080 소스 코드 활용 힌트'에 약간의 힌트를 수록했습니다.

이 책에서 소개하는 소스 코드

0.4

한 장 한 장 넘겨보면 알지 못하는 언어로 기술된 소스 코드가 실려 있어요. 읽을 수 있을까요?

타입스크립트/자바스크립트 이외의 언어는 전부 본문에서 해설하고 있으니까 안심하렴.

이 책은 두 가지 유형의 소스 코드를 해설합니다.

Ⓐ 2장에서 해설하는 CPU의 에뮬레이터(웹 브라우저에서 실행하기 위한 것)
Ⓑ 기타(에뮬레이션된 CPU에서 실행하기 위한 소스 코드)

Ⓐ에 관한 것은 타입스크립트(TypeScript)로 기술되어 있습니다. 자바스크립트(JavaScript)의 지식이 있으면 흐름을 거의 따라갈 수 있다고 생각합니다. Ⓑ에 관한 것은 주로 8080 어셈블리어로 기술되어 있지만, 8080 어셈블리어의 상세한 내용은 '2.16: Intel 8080 전체 명령의 상세한 해설'에서 해설합니다. 예제로 구현한 minibf의 구문은 7장에서 설명합니다.

다음 소스 코드는 설명하지 않습니다.

- CP/M 본체의 소스 코드
- 독자가 이용하는 것을 가정하여 독자가 읽어도 도움이 되지 않는 소스 코드

설명하지 않는 이유는 다음과 같습니다.

CP/M 본체의 소스 코드는 공개되어 있습니다. 그러나 일부는 PL/M이라는 언어로 기술되어 있습니다. PL/M은 이 책의 범위를 벗어납니다. 공통적으로 기반이 되는 내부를 변경하지 않고 이용해야 하는 것입니다.

독자에게 도움이 되지 않는 소스 코드라는 것은 로직 시뮬레이터와 단말 에뮬레이터를 의미합니다. 이것들은 독자의 편리한 체험을 고려하여 작성되었지만, 시스템의 구조를 에뮬레이션하는 것은 아닙니다.

칼럼

소스 코드를 활용합시다

혹시 여러분은 소스 코드 수집가가 아닌가요?

아무리 대단한 소스 코드를 수집했더라도 실제로 사용하지 않으면, 보물을 가지고도 썩히는 격입니다. 특히 소스 코드는 시간이 되면 가치가 떨어집니다. 버전업하지 않고 실행 환경이 변환되면, 동작하지 않게 되고 여러 가지 문제가 발생할 수 있습니다.

따라서 장기간 소스 코드를 많이 모은다고 하더라도 의미는 없습니다.

소스 코드를 구하면 활용하세요!

우선 소스 코드를 읽고 동작을 이해해 보세요.

그리고 개선할 곳을 발견하면 수정해보세요!

True(참)와 False(거짓)라는 단 두 가지 값으로 무엇을 할 수 있을까요?

거의 아무것도 할 수 없습니다.

그러나 이 값들을 모으면 여러 가지 연산을 하거나

데이터를 자유자재로 처리할 수 있는 '날개'를 손에 넣을 수 있습니다.

Chapter

01

기본 논리 편

디지털과 아날로그

1.1

선생님. 디지털과 아날로그라는 용어는 알고 있지만, 디지털 비디오를 보아도 아날로그 비디오를 보아도 그 차이점을 잘 모르겠어요. 디지털 쪽이 새롭고 고성능이라는 의미인가요?

나의 새 시계는 아날로그야. 최신 모델이란다.

컴퓨터가 동작하는 구조의 본론으로 들어가기 전에 확인해야 할 이야기가 하나 있습니다. 그것은 **"디지털과 아날로그는 어떻게 다른가?"** 라는 것입니다.

왜냐하면, 대부분의 컴퓨터는 디지털로 동작하기 때문입니다. 결국, 디지털 회로를 이해하지 못하면 이 책의 목표에 도달할 수 없습니다.

길을 잃지 않기 위해서는 우선 무엇이 아날로그이고, 디지털인지 구별해야 합니다.

아날로그 시계, 디지털 시계, 아날로그 온도계, 디지털 온도계를 비교해봅시다(● 그림 1.1).

아날로그와 디지털의 차이는 무엇일까요?

아날로그 시계의 경우에는 작은 바늘이 12를 조금 지나는 것을 보고 "12시를 조금 넘은 정도"라고 말합니다.

디지털 시계의 경우에는 12:07이라고 표시되기 때문에 12시에서 몇 분 지난 것으로 이해하고, "12시를 조금 넘은 정도"라고 말합니다.

아날로그 온도계의 경우에는 눈금이 2℃와 3℃ 중간 부근에 있는 것을 보고, "대략 2.5℃"라고 말합니다.

디지털 온도계의 경우에는 2℃라고 표시되면 그 이상의 정보는 없습니다. 즉, 2℃를 얼마쯤 넘는지 밑도는지를 알 수 없습니다. 소수점 이하를 어떻게 처리하는지 알지 못하는 경우에는 3℃를 아주 조금이라도 밑돌면 2℃라고 표시하는 경우도 있습니다.

그러나 디지털 방식에도 장점이 있습니다. 아날로그 방식은 2℃와 3℃ 중간 부근에 있다고 하더라도 2.4℃인지, 2.5℃인지 2.6℃인지 미묘하게 알기 어렵

습니다. 디지털 방식이라면 바로 2.4, 2.5, 2.6이라는 수치로 표시할 수 있습니다.[1]

○ **그림 1.1** 디지털과 아날로그

아날로그와 디지털은 각각 장단점이 있고, 어느 쪽이 더 우월하다고 말할 수 없습니다. 기술의 발전으로 인해 대형 디지털 시계를 저렴한 비용으로 만들 수 있더라도, 아날로그 시계가 사라지지 않는 것은 바로 이 때문입니다.

이 문제를 해결하기 위해 디지털 시계와 아날로그 시계 양쪽을 모두 갖춘 시계도 존재합니다. 예를 들어 시티즌의 '디지아나'는 디지털 시계에 아날로그 시계를 추가했습니다(○ 그림 1.2).

이와 반대로 아날로그 시계에 디지털 시계를 추가한 '아나디지'라는 모델은 과거에 필자가 이용했습니다.

그러나 단점도 있습니다. 두 가지 시계가 함께 있으면, 각각의 시계는 어쨌든 크기가 작아지고 읽기가 어려워집니다. 이 때문에 아날로그 전용, 디지털 전용 시계의 이용이 쉽게 사라지지 않습니다.

주1) 표시된 수치가 옳은지 틀린지의 문제도 있지만, 이야기가 복잡해지기 때문에 여기서는 다루지 않겠습니다.

◆ **그림 1.2** 시티즌의 디지아나
※ 사진 제공 : 시티즌 시계

아날로그와 디지털의 관계를 이해하기 위해 다른 사례를 살펴봅시다. 일본에서는 2012년경에 지상파 텔레비전의 아날로그 방송이 종료되고, 디지털 방송으로 바뀌었습니다.

이때 종래의 아날로그 텔레비전으로는 시청할 수 없게 되어 모든 아날로그 텔레비전은 대형 쓰레기가 된다는 흑색 선전이 난무했습니다. 실제로 대형 쓰레기가 된 텔레비전을 그린 만화영화까지 등장할 정도였습니다. '텔레비전이 스스로 유언비어를 조장하면 어떻게 하는가?'라는 생각이 들 정도로 혼란스러웠습니다.

실제는 아날로그 텔레비전으로 디지털 방송을 보는 방법도 있습니다. 주된 방법은 두 가지로, 디지털-아날로그 변환과 컨버터입니다. 디지털-아날로그 변환은 디지털 방송의 전파를 아날로그 방송의 전파로 변환하여 방송하는 서비스로, 이것을 이용하면 수신하는 전파는 아날로그 방송이기 때문에 아날로그 텔레비전에서도 디지털 방송을 시청할 수 있습니다. 컨버터는 이 변환을 수행하는 기기로, 이것을 추가하면 아날로그 텔레비전에서 디지털 방송을 시청할 수 있습니다.

반면, 디지털 텔레비전에서도 아날로그 영상 신호의 입력 단자가 부착되는 경우도 많습니다. 왜냐하면 가정용 게임 등을 연결할 때 필요하기 때문입니다.

튜너라고 부르는 아날로그 방송을 수신하는 장치가 들어 있지 않더라도, 확실히 아날로그 영상 신호를 받아들일 수 있습니다(◐ 그림 1.3).

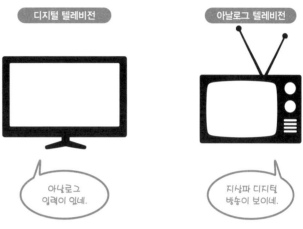

◐ **그림 1.3** 지상파 디지털 방송과 아날로그

왜 이러한 것이 가능할까요? 이것은 디지아나 시계처럼 단순히 디지털과 아날로그를 함께 갖춘 제품이라는 것은 아닙니다. 그러한 것이 아니라 디지털로부터 아날로그로, 아날로그로부터 디지털로 변환 가능하기 때문에 실현된 것입니다(◐ 그림 1.4).

상호 변환 가능!

◐ **그림 1.4** 상호 변환

물론 이미 만들어진 시계의 문자판은 변환할 수 없습니다. 아날로그 시계는 영원히 아날로그 시계입니다. 그러나 실체가 없는 정보는 얼마든지 변환하여 형태를 바꿀 수 있습니다. 기계로서의 시계는 변환할 수 없어도, 실체가 없는 정보인 '방송'은 변환할 수 있는 것입니다.

연속과 이산

1.2

이 텔레비전 연속극이 이산 가족 이야기인가요?

그래. 주인공 가족은 전쟁으로 헤어지게 되었지.
그 뒤 기적적으로 다시 만나게 되었단다.

아날로그와 디지털의 차이는 **연속과 이산**이라고 할 수 있습니다(◉ 그림 1.5).

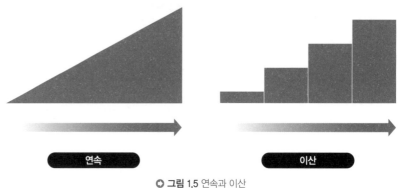

연속

이산

◉ **그림 1.5** 연속과 이산

연속은 **끊어진 자국이 없는 상태**를 말합니다.
끊어진 자국이 없기 때문에 얼마든지 잘게 나눌 수 있습니다.
즉, 두 상태의 중간 값을 찾은 후에 또 다시 발견한 값의 중간 값을 찾는 프로
세스를 무한정 반복할 수 있습니다(◉ 그림 1.6).

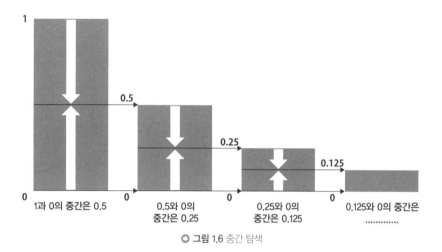

● 그림 1.6 중간 탐색

예를 들어 눈금이 1초 단위로 새겨져 있는 시계라도, 초침이 0초와 1초 사이에 있으면, 지금은 대략 0.5초 정도라는 것을 알 수 있습니다. 이것이 아날로그 (연속)입니다.

이에 반해 이산이라는 것은 **끊어진 자국이 있는 상태**를 말합니다. 사전에 결정된 최소 해상도(최소 구분)가 고정되어 있기 때문에 이것보다 더 가늘게 나눌 수 없습니다.

예를 들어 최소 해상도가 1이면, 0, 1, 2, 3, ...이라는 상태는 될 수 없습니다. 0과 2의 중간에서는 1을 찾을 수 있지만, 0과 1의 중간에서는 어떤 값도 찾을 수 없습니다. 결과를 반올림하면, 0이나 1이 되어 버립니다(● 그림 1.7).

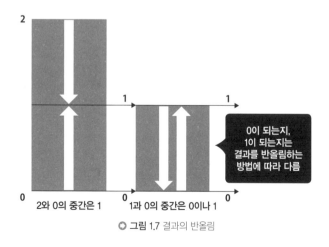

● 그림 1.7 결과의 반올림

이것은 실수와 정수의 관계와 유사합니다.

그러나 같은 것은 아닙니다.

숫자를 반올림하는 방법에는 올림, 내림, 사사오입 등이 있습니다.

그러나 실제 전자 회로 디지털 정보에서 결과가 0이나 1이 된다면, 0에 가깝기 때문에 0으로 간주하는 범위, 1에 가깝기 때문에 1로 간주하는 범위, 애매하여 어떻게 되는지 알 수 없는 범위 등이 존재합니다(⊙ 그림 1.8).

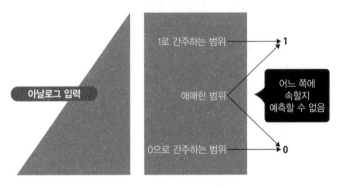

⊙ **그림** 1.8 디지털 회로의 반올림

보통은 0이라고 간주하는 범위, 1이라고 간주하는 범위를 가능하면 넓게 잡고, 애매한 영역을 사용하지 않도록 하여 회로를 설계합니다. 이와 반대로 넓게 잡지 않는 경우에는 전원 전압의 조건을 엄격하게 하는(⊙ '1.3 : 그래도 디지털이 승리하는 이유') 등의 제약을 설정하여 애매한 영역에서 동작하지 않도록 합니다.

혹시 애매한 영역에서 판단이 이루어지는 사태가 발생하면, 디지털 정보의 처리 자체가 정상적으로 기능하지 않습니다. 결국 기기가 정상적으로 동작하지 않습니다.

만약 "오전 ○시 ○분 ○초의 1초 후에 오전 ○시 ○분 1초라고 표시되거나 오전 ○시 ○분 ○초 그대로 있는지를 예측할 수 없는 시계가 존재한다면 재미있을 것 같다"라고 생각하는 사람이 있을지도 모르지만, 실제로 이와 같은 오동작이 일어나면, 시각을 표시하는 단계까지 나아갈 수 없을 가능성이 높겠지요. 결국, 표시판은 임의의 상태를 표시할 뿐, 의미 있는 정보를 아무것도 나타내지 않을 가능성이 높아집니다.

그래도 디지털이 승리하는 이유

1.3

아날로그 눈금의 온도계를 사용하면, 익숙한 눈금인 10분의 1까지 읽으라는 말을 들었습니다. 단연코 아날로그 쪽이 고성능이네요. 저의 아날로그 온도계에 따르면 현재 기온은 25.32℃입니다.

선생님의 온도계로는 24℃란다. 어제 막 수리한 것이기 때문에 정확한 값이 분명해.

디지털(이산)과 아날로그(연속)를 비교하면, 명백히 아날로그(연속) 쪽이 우월한 것처럼 보입니다. 무한정 잘게 나눌 수 있기 때문입니다. 0인지 1인지 알 수 없는 애매한 영역은 존재하지 않습니다.

그러나 실제로 아날로그에서 무한정 잘게 나누는 것은 불가능합니다. 아니, 무한정 잘게 나누는 것이 가능하지만, 그 기기에서 발생하는 오차보다 작은 수치로 세분화하는 것의 의미는 없습니다.

10볼트 기준 전압과의 차이를 조사하는 기기를 예로 들어봅시다. 기준 전압의 발생 회로는 9.9볼트~10.1볼트의 범위에서 정확한 전압을 제공한다고 가정해봅시다. 그때 혹시 12볼트 전압과 비교하면 어떻게 될까요?

12볼트는 10볼트와의 차이가 2볼트이기 때문에 2볼트의 차이가 있다고 보고하게 됩니다.
그렇다면 이 결과를 더욱 상세하게 만들 수 있을까요?

입력은 엄밀하게 12.0볼트라고 알고 있다고 가정합시다. 기준 전압은 9.9볼트~10.1볼트의 범위에 있다는 것밖에 알 수 없습니다. 차이는 1.9볼트부터 2.1볼트가 될 가능성이 있고, 그렇게 되면 그 범위의 어느 전압을 보고해야 할지 알 수 없습니다(◐ 그림 1.9).

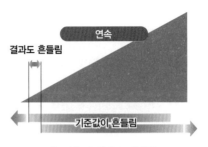

◐ 그림 1.9 아날로그와 오차

오차를 최소화하려면 고품질의 부품을 사용해야 하고, 높은 안전성을 가진 전원을 준비해야 하며, 기온과 온도의 영향을 최소화하기 위한 공조 장치가 완비된 방에 들어가야 합니다. 그러나 동작하는 도중에 장치 자체의 열로 인해 오차가 발생할 수 있습니다. 장치의 전원을 넣은 직후와 장치가 따뜻해진 상태의 결과에 차이가 있으면, 사용하기 전에 전원을 넣고 일정 온도까지 기기를 따뜻하게 하고 난 후에 사용할 필요가 있습니다. 요즘의 컴퓨터나 스마트폰이라면, 어떤 장소에 있더라도 전원을 넣고 수초나 수분 후면 이용할 수 있겠지만, 혹시 전용 시설 내에서 2시간 이전부터 전원을 넣어두어야 한다면 실용적이라고 말할 수 없겠지요.

결국 아날로그는 결과의 판독을 무한히 세분화하여 잘게 나누는 것이 가능하지만, 그것이 의미 있는 정보라고 할 수 있는지와는 다른 문제인 것입니다. 그런데 디지털의 경우에는 어떨까요? **디지털은 오차에 관용적입니다.** 다소 조건이 변하더라도 결과에 변화가 생기지는 않습니다(◐ 그림 1.10).

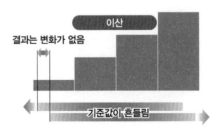

◐ 그림 1.10 디지털과 오차

왜 아날로그보다 디지털 쪽을 선호할까요? 왜 아날로그보다 디지털 쪽이 보다 새로운 기술에서 채택될까요? 그 이유는 어떠한 환경에서도 의도한 대로 동작하는 기기를 만들기 쉽기 때문입니다. 남극 기지에서도, 적도 바로 밑 태양 아래에서도, 여러분의 주머니 속에서도 동일하게 동작하는 기기를 만들어낼 수 있는 것입니다.

아날로그 **컴퓨터는** 존재하는가?

1.4

선생님, 아날로그 회로로 동작하는 컴퓨터 회로도를 그려보았습니다.
특허를 얻을 수 있을까요?

아날로그 컴퓨터가 존재하지 않는 것은 아니야.

아날로그 컴퓨터라고 일컬어지는 범주의 컴퓨터가 과거에 존재한 적이 있습니다(❍ 그림 1.11). 이것은 대략 1960년대경의 이야기입니다.

❍ **그림 1.11** Heathkit EC-1 전자식 아날로그 컴퓨터(1960)
출처 : https://upload.wikimedia.org/wikipedia/commons/a/ac/Heathkit_Analog_Computer.jpg
(제작자 : Swtpc6800 Michael Holley)

이 시기에는 용도에 따라 디지털 컴퓨터와 아날로그 컴퓨터로 나누어졌습니다. 예를 들어 정확한 금액이나 올바른 고객의 이름을 취급하는 것이 중요한 비즈니스 용도라면 디지털 컴퓨터가 유리합니다. 그러나 고속의 과학 기술 계산에 있어서는 아날로그 컴퓨터 쪽이 유리한 상황도 있습니다.

그러나 1970년대 이후, 기술의 진보에 따라 디지털 컴퓨터가 우세하게 되었습니다.
이것은 저자의 경험으로부터 알게 된 것입니다. 1970년대 저자는 어린이용으로 기술된 컴퓨터 입문서를 읽은 기억이 있습니다. 일반인이 컴퓨터를 손에 넣는 것은 꿈에 불과했던 시대의 책입니다. 이 책에는 기본적인 동작의 구조와 실제로 동작하는 사례가 기술되어 있었습니다. 제 기억에는 일본 국유 철도(JR의 전신)의 좌석 예약 시스템 '마르스' 등이 기술되어 있었던 것 같습니다.

그러나 이 책에서 해설한 것은 어디까지나 디지털 컴퓨터입니다. 이제 중년이 된 저자의 어린 시절부터 21세기인 현재에 이르기까지 현실 속에서 아날로그 컴퓨터를 볼 기회가 있는 독자는 매우 적을 것으로 생각됩니다. 이 책에서는 디지털 컴퓨터에 한정하여 이야기를 진행하겠습니다.

그렇지만 아날로그가 아닌 디지털로 간다고 결정한다고 해서 문제가 모두 해결되는 것은 아닙니다.
디지털로 간다면 '정보를 몇 단계로 분할할 것인가?' 하는 문제가 남아 있는 것입니다.

디지털 정보는 얼마나 분할하는 것이 좋은가?

1.5

> 하나의 전선으로 보내는 정보가 0이나 1만 받아들이는 것이 너무 아깝습니다.
> 2도 보낼 수 있도록 합시다.

> 이러한 것을 고민하여 완전히 새로운 기기를 개발하는 것보다는
> 전선을 하나 더 가설하는 편이 더 쉬워.

하나의 전선으로 보낼 수 있는 정보량은 어느 정도일까요?[2] (● 그림 1.12)

● **그림 1.12** 분할 수의 문제

전선으로 보내는 전기의 전압을 문제라고 생각하면서 몇 볼트의 전압을 설정 하는지는 자유입니다. 예를 들어 0볼트, 1볼트, 2볼트, …… 99볼트와 같이 단계적으로 설정하면, 100가지 종류의 값을 하나의 전선으로 보낼 수 있게 됩 니다.

이 방법을 계속 사용하면, 하나의 전선에 무한한 양의 정보를 담는 것이 가 능해집니다. 최대 전압으로 올리고 전압의 흐름을 1볼트 단위부터 내려 0.1, 0.01볼트 단위로 하면 되는 것입니다.

정말 대단한 것이라 생각되지만, 너무 지나치면 오차에 약해진다는 이유로 폐 기된 아날로그 컴퓨터와 동일한 문제가 나타나게 됩니다. 예를 들어 케이블을 연장한 만큼 전압이 내려가, 88볼트를 보낼 의도를 받는 쪽에서는 87볼트라고 해석할지도 모릅니다. 이렇게 값이 변해 버리면 중대한 문제가 발생합니다.

- -

주2) 일단 나간 전기는 돌아와야 하지만, 여기에서 접지는 별도로 존재한다고 가정하고 이야기를 계속합니다.

이러한 문제를 예방하는 데는 **2분할이 최선**입니다. 기기를 저렴하게 제조할 수 있고, 동작이 안정되며, 환경의 변화에도 강해집니다.

물론 분할 수를 늘린다는 논의는 항상 있었습니다. 두 가지 값만 표현할 수 있는 2분할을 간단히 논리형이라고 부르는데 비해, 복수의 값을 구별할 수 있는 복수 분할은 다치 논리형이라고 부릅니다. 그러나 현재의 주류가 되지는 않았습니다.

그러나 단 두 가지 값만 취급하는 디지털 기기에서 취급하는 정보량이 증가하면 어떻게 하는 것이 좋을까요?

전선의 수를 늘리거나 타이밍을 늦춰 차례대로 보내면 됩니다. 대개는 이것으로 끝납니다. 상세한 내용은 '3.15 : **병렬 입출력**', '3.16 : **직렬 입출력**'에서 다루겠습니다.

그러나 정말 문제가 없을까요? 필요한 처리는 모두 실행할 수 있을까요?

조지 부울의 등장
1.6

> 우리의 위인이 등장합니다.

> 에디슨입니까? 퀴리부인입니까? 네? 그런 이름은 들어본 적이 없습니다.

컴퓨터의 착상은 기독교의 포교를 위한 수단이라는 설이 있습니다.

예를 들어『컴퓨터 언어 진화론 – 사고 증폭 장치를 구하는 지적 모험의 여행』 (아스키, 1988년 발행. 하워드 레바인, 하워드 라인골드 저)의 78페이지를 인용해보겠습니다.

> 그리스의 스토아학파부터 중세 가톨릭 스콜라 철학자까지 수세기에 걸친 노력 덕분에 아리스토텔레스의 이론이 심화되고, 핵심을 규명하는 것이 가능해졌지만, 새로운 이론은 끝내 탄생하지 않았다. 그러나 1274년 어느 날, 논리학은 오랫동안 이어진 침체로부터 벗어났다. 스페인의 어느 신학자가 마요르카섬의 산꼭대기에서 계시를 받고, 삼단논법을 실행하는 기계를 만들 수 있을 것이라고 공언한 것이 그 시작이다. 이는 아리스토텔레스의 논리를 자동화할 수 있다는 것으로, 란다 산의 산꼭대기에서 논리 기계를 똑똑히 보았다는 것 외에, 기호를 자동 조작하는 것에 의해 수학만을 이해하는 이교도들에게 신의 존재를 실증한다는 '위대한 기술'까지 터득한 것이기 때문이다.
> 이 신학자의 이름은 라몬 룰(또 다른 이름은 레이몬드 르 마레)이다. 룰의 '위대한 기술(아르스 마그나)'은 실제로 도움이 되지는 않았지만, 그가 논리 기계의 창시자 중 한 사람이라는 것은 사실이다. 룰은 자신이 만든 논리 기계를 사용하여 이슬람 지식인을 기독교로 개종시키려고 했으며, 북아프리카 일대를 여행한 후, 결국 순교하게 된다. 후세의 학자들에게 다행스러운 점은, 룰이 자신의 견해를 상세하게 기술했다는 것이다. 룰의 논리에 따라 컴퓨터를 만드는 것은 불가능하기 때문에 그 의미에서는 별로 관심을 끄는 주장이라고는 말할 수 없다. 그러나 그의 사고방식은 후세 사람들의 상상을 불러일으켰고, 결국은 그것이 계기가 되어 기계적 논리의 구축에 성공한 학자가 등장하게 되었다.

기독교에서 신의 존재를 증명하는 수단으로 생각된 것은 절대적으로 자명한 논리의 기계적인 축적에 의해 신의 존재를 증명하는 것입니다. 이를 기독교도가 실행하는 것은 의미가 없습니다. 만약, 이슬람교도가 작성한 기계로 기독교의 신앙이 옳다는 것을 증명한다면, 기독교 포교에 큰 힘이 되겠지요.

신학자 라몬 룰은 이와 같은 사상을 완성할 수 없었습니다. 그러나 1815년에 태어난 영국 수학자 조지 부울(○ 그림 1.13)은 결국 한계를 극복했습니다. 간단하게 말하면, 모든 논리는 0과 1의 두 값으로 환원할 수 있다는 것입니다. 이것을 부울 대수라고 부릅니다. 조지 부울이 발견했기 때문에 부울 대수라고 부르는 것입니다.

○ **그림 1.13** 영국 수학자 조지 부울

※ 출처 : https://upload.wikimedia.org/wikipedia/commons/6/6c/Geoge_Boole.jpg(저자 : Haks)

현대의 컴퓨터에는 왜 **True(1)**와 **False(0)**만 표현할 수 있는 2치 논리형이 좋은가라는 논리적 근거는 이 부울 대수에 있습니다.

그리고 많은 프로그래밍 언어에서 2치 논리형을 표현하는 데이터 유형의 이름이 **bool**이나 **boolean**이 된 것은 이 조지 부울의 이름에서 유래한 것입니다. 컴퓨터의 출현과 발전에 기여한 사람들은 많지만, 부울처럼 이름을 광범위하게 남긴 사람은 많지 않습니다.

다만, 조지 부울이라는 이름의 철자는 George Boole이고, **Bool**도 **Boolean**도 아님에 주의하기 바랍니다.

부울은 매우 위대한 수학자였지만, 결말은 역설적이었습니다.

부울이 원한 것은 온갖 형이상학적인 문제에 관하여 진위를 판정하는 꿈의 시스템이었습니다. 그것이 가능하다면, 신학자 라몬 룰이 꿈꿨던 '**기독교의 교의는 옳은 것인가?**'라는 명제에 대한 논리적이고 절대적인 답을 구할 수 있게 되는 것입니다. 그러나 답을 구할 수 없었습니다. 그 대신 현대 컴퓨터의 논리적 기초를 확립하게 되었습니다.

매우 위대한 성과를 남겼지만, 그것이 자신의 의도가 아니었다는 결말은 역설적입니다. 그러나 현대 컴퓨터도, 이 책도 수학자 부울의 업적에 크게 의존하고 있는 것만은 틀림없는 사실입니다.

참고로 저자는 젊은 시절부터 과거의 선인들이 도전했지만 실패한 아이디어의 상담을 받은 적이 있습니다. 실패한 사실을 알지 못하기 때문에 획기적인 아이디어를 착상했다고 생각하는 것입니다. 그러한 경우에, 저자는 그만두라고 말하지 않았습니다. 결과를 내지 못할 가능성을 설명하지 않고 그래도 해보라고 말합니다. 혹시 모든 선인은 틀렸지만, 새로 도전하여 성공한다면 그 아이디어는 유용하고, 수학자 부울처럼 본래의 목적을 달성할 수 없더라도 매우 유용한 것을 탄생시키는 경우도 있기 때문입니다.

세상은 본래 그러한 것으로, 컴퓨터도 이런 과정을 통하여 탄생한 것입니다. 참고로 조지 부울이 밝힌 논리의 세계를 실제의 전기 회로로 실현한 것을 논리 회로라고 부릅니다. 대부분의 디지털 회로가 바로 논리 회로입니다.

◎ **논리 회로로 가능하게 된 것**
- 계산
- 기억
- 사례 구분
- 카운터
- 선택

비트

1.7

아, 비트 알죠. 자동차 경주용 코스에 있는 정비 장소 맞죠?

그것은 피트지.

대부분의 컴퓨터는 디지털 방식으로 동작합니다. 데이터는 2치 논리형으로 **취급됩니다.** 컴퓨터의 내부에는 다수의 정보가 들어 있지만, 그 정보를 더 이상 나눌 수 없는 최소의 상태까지 나누면 **False**나 **True**를 나타내는 값(각각 0이나 1로 표시되는 것이 많음)으로 환원됩니다. 더 이상은 나눌 수 없습니다. 왜냐하면, 예를 들어 'False(0)만 기억할 수 있는 장치'가 존재한다고 하더라도, 언제나 **False(0)**만 읽힌다는 것을 알기 때문에 그것은 기억하는 의미가 없기 때문입니다.

이 최소 단위를 비트(bit)라고 부릅니다.

비트를 표현하는 데에는 여러 가지 방법이 있지만, 혼란스럽지만 않으면 상관 없습니다. 요약하면, '있음', '없음'만 구별할 수 있으면 됩니다(◯ 그림 1.14).

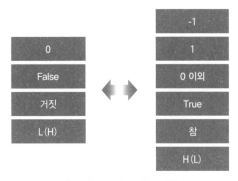

◯ **그림 1.14** 비트 표현의 변형

간단히 설명해봅시다.

0에 대응하는 수치로서 '-1', '1', '0 이외' 등의 변형이 있지만, 이는 단순히 표현 방식의 차이입니다.

-1을 사용하는 것은 BASIC 언어 등입니다. 그것은 정수형의 모든 비트를 **True**로 하면 수치로서는 -1을 의미하기 때문입니다. 왜 그렇게 되는지는 차차 설명하겠습니다.
1을 사용하는 것은 **True**를 1로 취급하는 경우가 많기 때문에 타당하겠지요. 많은 C 언어 프로그램은 #define TRUE 1이라는 정의(TRUE라는 기호가 1을 의미한다는 정의)를 포함합니다.

그러나 BASIC도 C 언어도 언어 명세 그 자체는 0 이외의 모든 수를 **True**라고 간주하고 있습니다. 이 경우에는 값이 1인지 2인지 그렇지 않으면 십억인지 백억인지는 전혀 관계 없습니다. 0이 아닌 모든 것이 **True**라고 취급됩니다.

이렇게 되면 곤란한 점이 있습니다. '두 값이 일치하는가?'라는 판단이 의도한 대로 동작하지 않는 것입니다. 예를 들어 변수 a에 1, 변수 b에 2가 들어 있을 때 모두 **True**로 취급됩니다. 그러나 이들을 비교하면 다른 값이므로 '다름'이라고 판단하는 것입니다.
다음은 C 언어로 이 상황을 기술해본 것입니다(C 언어를 이해하는 독자를 위한 서비스이기 때문에 이해되지 않으면 건너뛰어도 됩니다).

```c
#include <stdio.h>
int main()
{
    int a = 1;
    int b = 1;
    if (a) printf("변수 a는 True입니다. \n");
    if (b) printf("변수 b는 True입니다. \n");
    if (a == b) printf("변수 a와 변수 b는 동일합니다. \n");
    else printf("변수 a와 변수 b는 동일하지 않습니다. \n");
```

```
    return 0;
  }
```

다음은 실행 결과입니다.

> 변수 **a**는 **True**입니다.
> 변수 **b**는 **True**입니다.
> 변수 **a**와 변수 **b**는 동일하지 않습니다.

이와 같이 결과가 애매해지는 프로그래밍은 피해야 합니다.

그런데 **참**과 **거짓**이 이 정도로 심각한 이야기는 아닙니다.

거짓이라는 결과가 나왔다고 해서 "너는 우주인이 둔갑한 가짜다"라고 규탄할 정도의 일은 아닙니다. 단순히 어떤 질문이 틀렸다면 모두 **거짓**이 되는 것뿐입니다. 1월생의 사람에게 "혹시 2월생?"이라고 질문하면 결과는 **거짓**입니다.

우주에서는 심각하게 보이지만, 심각한 이야기는 아닙니다.

L(H)와 **H(L)**이라는 표현은 **False**가 **L** 또는 **H**, **True**가 **H** 또는 **L**로 표현되는 것을 의미합니다. 이것에 대해서는 '1.8 : **전압과 비트**'에서 상세하게 설명합니다.

그런데 실제의 컴퓨터는 어느 정도의 비트를 포함하는 것일까요?

엄밀한 계산은 아니지만, 몇 가지 예를 살펴봅시다.

Ⓐ 1976년 발매된 TK-80　　　　　　　4,096개(RAM 512바이트로 계산)
Ⓑ 1982년 발매된 PC-980　　　　　　1,048,576개(RAM 128킬로바이트로 계산)
Ⓒ 2007년 발매된 iPhone　　　　　　1,073,741,824개(RAM 128메가바이트로 계산)
Ⓓ 2017년 저자가 사용한 PC　　　　103,079,215,104개(RAM 12기가바이트로 계산)

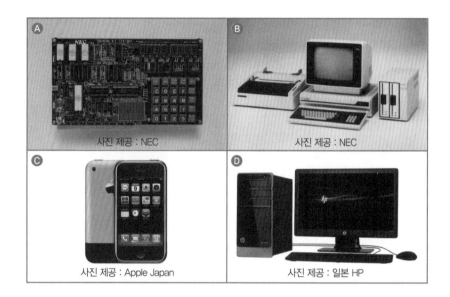

기술적으로도 아직 미숙하여 거의 아무것도 할 수 없었던 여명기의 연습용 키
트인 NEC의 TK-80조차도 비트가 4,000개가 넘습니다.

그리고 주머니에 들어가는 스마트폰도 1억 개를 넘고, 저자가 사용하는 개발용
데스크톱 컴퓨터에 이르면 비트가 1,000억 개를 넘습니다.
이만큼 비트 수의 정보가 모아지면, 0과 1만 구별할 수 있는 비트를 이용하여
미묘한 정보를 표현할 수 있습니다. 비트가 하나뿐이라면 전구가 켜지고 꺼지
는 정보만 다룰 수 있지만, 이만큼 비트가 모이면 매력적인 절세 미녀부터 정
밀한 비즈니스용 그래프에 이르기까지 무엇이든 표현할 수 있습니다(◑ 그림
1.15).

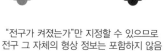

"전구가 켜졌는가"만 지정할 수 있으므로
전구 그 자체의 형상 정보는 포함하지 않음

비트가 177,019,992개
(JPEG 파일에 포함된 개수)

◉ **그림 1.15** 비트를 모으면 가능하게 되는 것

비트를 모으면 어떤 사진을 표현할 수 있을까요? 유감이지만, 이 책에서는 거기까지 상세하게 말할 수 없습니다. 그러나 비트를 모으면 무엇이든 표현할 수 있습니다. 이것이 바로 수학자 부울이 발견한 진리입니다.

전압과 비트

1.8

전압이 높으면 1이 되는 것이 아닌가요?

그러한 논리라면 전압이 더 높을 경우 2가 되겠군요.

그럼, 여기에서 미뤄두었던 L(H)와 H(L)이라는 비트 표현 문제로 되돌아가봅시다.

이것은 False가 L 또는 H, True가 H 또는 L로 표현되는 것을 의미합니다. 그러나 이것으로는 H가 True인지 False인지 알 수 없습니다. True와 False를 구별할 수 없다면 비트라고 할 수 없는 것이 아닐까요?
여기에서 말하는 H와 L은 실제의 전자 회로의 전압이 높고(H), 낮음(L)에 대응합니다.
실제로 전선을 접속하여 비트를 보내려면 당연히 '전선을 어떻게 사용하는가?' 하는 문제가 발생합니다.

선택지는 여러 가지가 있습니다(◐ 그림 1.16).

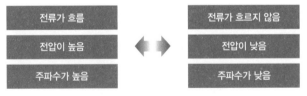

전류가 흐름		전류가 흐르지 않음
전압이 높음	◀▶	전압이 낮음
주파수가 높음		주파수가 낮음

◐ **그림 1.16** 전선에서의 비트 표현

여기에서 H와 L은 **전압이 높음/낮음으로 비트를 식별**하는 경우에 해당합니다.
그렇다면 문제는 이제부터입니다.
전압이 높은 쪽이 **True**일까요?
전압이 낮은 쪽이 **True**일까요?

여기에서는 낮은 쪽이 전압 0볼트, 높은 쪽이 전압 5볼트라고 가정해봅시다[3].
그러나 사실은 양쪽 모두 True입니다(◑ 그림 1.17).

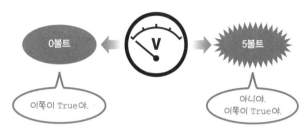

◑ **그림 1.17** 양쪽 모두 True

양쪽 모두 True라는 것은 전원이 높은 쪽이 True라고 간주하는 회로 설계도,
낮은 쪽이 True라고 간주하는 회로 설계도 모두 있다는 것입니다.
전자를 양의 논리, 후자를 음의 논리라고 부릅니다.
양의 논리가 올바른 논리라는 의미도 아니고 음의 논리가 패배자의 논리라는
의미도 아닙니다.[4](◑ 그림 1.18). 실제로는 양의 논리와 음의 논리에는 회로 설
계상의 장단점이 있고, 음의 논리가 채택되는 쪽이 많을 정도입니다.

◑ **그림 1.18** 양의 논리와 음의 논리

주3) 5볼트나 3.3볼트는 디지털 회로에서 비교적 자주 사용되는 전원 전압입니다.
주4) 역자 주: 일본어로 양의 논리를 정논리(正論理), 음의 논리를 부논리(負論理)라고 하는 데서 유래한 표현입니다.

하나의 회로 안에 양의 논리와 음의 논리가 혼재되어 있는 것도 있습니다(◉ 그림 1.19).

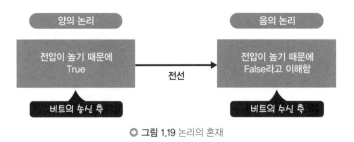

◉ 그림 1.19 논리의 혼재

그런데 이렇게 하면 오동작하지 않을까요?

대비책을 세우지 않으면 반드시 오동작할 것입니다. 문을 여는 버튼을 누르면 문이 닫히는 승강기와 같은 시스템이 완성됩니다.

그럼에도 왜 혼재를 허용하는 걸까요?

이것은 등가 회로라는 개념을 이해하면 알게 됩니다(◉ 그림 1.20).

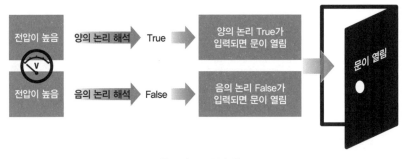

◉ 그림 1.20 등가 회로

양의 논리 True가 입력되면 문이 열림, 음의 논리 False가 입력되면 문이 열림이라는 두 가지 기능은 문자만 보면 전혀 다른 것처럼 보입니다. 그러나 전선에 높은 전압을 흘리는 것으로 문이 열림이라는 입력과 결과는 동일하다는 것을 알 수 있습니다.

결국 양의 논리 True가 입력되면 문이 열림과 음의 논리 False가 입력되면 문이

열림은 같은 값(등가)인 것입니다. 혹시 전자의 장치가 품절되어 구할 수 없을 때에는 후자의 장치를 사용해도 (다른 조건이 모두 동일하다면) 전혀 문제가 되지 않는다는 의미입니다. 업체들도 알고 있기 때문에 한쪽만 제조하고 또 한쪽은 제조하지 않는 경우가 있습니다. 간단히 대체해도 결과는 동일하기 때문입니다.

그러면 양의 논리로 설계되면서 음의 논리로 사용되는 장치나 음의 논리로 설계되면서 양의 논리로 사용되는 장치가 나옵니다. 결과만 동일하다면, 어느 쪽이라도 상관없기 때문입니다.
이와 같이 결과가 동일하게 나타나면, 알고 있는 사례를 토대로 일부러 양의 논리와 음의 논리를 혼재하여 설계하기도 합니다.

그 결과로 이미 **마법**이 탄생한 것에 주목하십시오.

다만, 간단하게 **양의 논리를 음의 논리에 적용하는 것만으로 True였던 비트가 False로 바뀌는** 것입니다. 지식이 없는 사람에게는 일어날 수 없는 기적같은 변화가 마법사가 주문을 외워 발생하는 것으로 보일 수도 있습니다.

그러나 실제로는 결과가 동일한 값을 가지는 한, 회로를 양의 논리로 해석하든 음의 논리로 해석하든 상관없습니다. 결국 결과가 동일하다면, 어느 정도는 기능이 다른 별도의 부품으로 교체해도 된다는 것입니다.
그 결과, 몇 분의 1에 해당하는 개수의 부품으로 동일한 기능을 가진 회로가 작성되는 경우가 있습니다.

예를 들어 개인용 컴퓨터의 초기였던 1977년에 발표되어 1970년대 후기 개인용 컴퓨터 트리오 중의 하나였던 Apple II는 스티브 워즈니악이 설계한 것으로, 기억 장치의 하나인 플로피디스크의 제어기 설계를 행했을 때, 거짓말인지 참말인지는 모르겠지만, 기존 제품과 비교하여 매우 적은 수의 부품으로 구현되었기 때문에 '이것으로 괜찮을까'라는 고민을 했다는 일화가 있다고 합니다. 논리 회로의 설계는 결과가 동일한 값을 가지면 최적화에 의해 회로를 간결하

주5) 다만, 워즈니악의 회로가 완전히 등가였는지는 알 수 없습니다.

게 만들 수 있는 여지가 존재합니다.[5]

참고로 등가 회로가 구성될 수 없는 경우는 양의 논리와 음의 논리를 변환할 수 있습니다. 이 경우에는 다음에 설명하는 **NOT** 연산을 행하는 장치를 하나 사이에 두어도 괜찮습니다(◎ 그림 1.21).

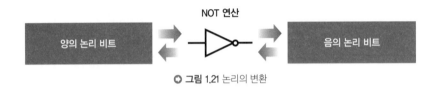

◎ **그림 1.21** 논리의 변환

NOT 연산은 True이면서 False, False이면서 True로 변환하는 기능을 가졌지만, **True**와 **False**를 교체하는 기능은 양의 논리와 음의 논리를 교체하는 기능과 결과적으로 등가인 것입니다. 결국, **True**와 **False**의 교체, 양의 논리와 음의 논리의 교체는 둘 다 높은 전압과 낮은 전압의 교체이고, 회로의 동작으로서는 동일해지는 것입니다.

비트 연산

1.9

비트는 숫자가 아니라 연산인가요?

그러한 사고방식은 논리적인 것이 아니야.

혹시 모든 논리적 처리를 분해하면 비트로 환원될 수 있다 하더라도 비트는 단지 비트일 뿐, 의미 있는 정보가 되지 않습니다(○ 그림 1.22).

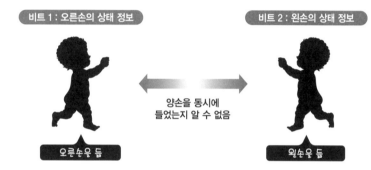

비트 1 : 오른손의 상태 정보　　　　　**비트 2 : 왼손의 상태 정보**

양손을 동시에
들었는지 알 수 없음

오른손을 듦　　　　　왼손을 듦

○ **그림 1.22** 비트만으로는 부족

예를 들어 두 가지 정보가 있다고 가정해봅시다.

- 비트 1 : 오른손의 상태. 오른손을 들면 `True`, 내리면 `False`
- 비트 2 : 왼손의 상태. 왼손을 들면 `True`, 내리면 `False`

그러나 이 두 개의 비트가 나란히 있으면 양손을 들었는지 알 수 있을까요?
결국 양손을 들면 **True**, 양손 중에 어느 한 쪽 또는 양손을 내리면 **False**라는 정보는 얻을 수 있겠지요?
사람을 보면 간단하게 이해할 수 있습니다.
그러나 비트는 사람이 아닙니다. 제한된 기능만 가지고 있는 미력한 존재입니다.
그리고 비트 자체는 다른 비트와의 관계를 가질 기능성이 없습니다.
결국 '좌우 각각의 손을 들었는가?'라는 정보를 가진 비트가 두 개 있는 것만으로는 '양손을 들었는가?'라는 정보를 얻을 수 없는 것입니다.

결과를 내기 위해서는 한 개 이상의 비트를 살펴보고, 어떠한 관계성을 판단한 후에 한 개 이상의 비트를 출력하는 비트 연산 기능이 필요하다고 생각합니다(◐ 그림 1.23).

◐ **그림 1.23** 비트 연산

비트 연산 기능의 종류는 매우 많습니다.
그러나 가장 기본적인 비트 연산은 **표 1.1**의 네 가지 종류입니다.

◐ **표 1.1** 비트의 기본 연산

기호	이름	기능	입출력 수
AND	논리곱	두 개의 입력이 모두 **True**면 결과는 **True**	입력 2, 출력 1
OR	논리합	두 개의 입력 중 적어도 하나가 **True**면 결과는 **True**	입력 2, 출력 1
XOR	배타적 논리합	두 개의 입력 중 하나가 **True**면 결과는 **True**	입력 2, 출력 1
NOT(인버터)	논리 부정	하나의 입력이 **False**면 결과는 **True**	입력 1, 출력 1

혹시 두 개의 비트에서 **양손을 들면 True, 양손 중 어느 하나 또는 양손을 내리면 False**라는 정보를 얻으려면, **AND** 연산을 수행해야 한다는 것을 알 수 있습니다. 이 연산을 수행하면 양손을 들었을 때만 **True**가 되는 새로운 비트를 얻을 수 있습니다(◐ 그림 1.24).

이것이 회로로 구현되었을 때는 **게이트 회로** 또는 단순히 **게이트**라고 부릅니다. **AND** 게이트, **OR** 게이트, **XOR** 게이트 등으로 부르는 경우도 있습니다. 예를 들어 **AND** 게이트는 **AND** 연산을 수행하는 회로 또는 부품을 의미합니다.

상태	사례 1	사례 2	사례 3	사례 4
입력 1(오른손)	False	True	False	True
입력 2(왼손)	False	False	True	True
AND 연산의 결과	False	False	False	True

○ 그림 1.24 양손을 들면?

이 동작은 저자가 다음 웹 사이트에 준비한 에뮬레이터 'EE8080'의 일부가 되는 '로직 시뮬레이터'(○ '0.2 : 이 책이 제공하는 에뮬레이터에 관하여')에서 체험할 수 있습니다.

http://ee8080.azurewebsites.net/logic

현재 모드가 **AND** 연산이라는(제목이 'AND GATE······'라고 되어 있는) 것을 확인한 후에 A와 B 두 개의 입력에 체크 기호를 입력해봅시다. 그러면 양쪽에 체크 기호를 입력할 때만 출력 Q에 체크 기호가 표시되는 것을 알 수 있을 것입니다(○ 그림 1.25). 한쪽만 체크 기호를 입력해도 Q에 체크 기호가 나타나지 않습니다. 아래에 있는 '진리표'에 관해서는 다음 절에서 설명합니다.

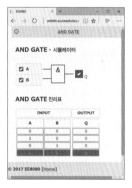

○ 그림 1.25 AND 연산 체험

'로직 시뮬레이터'에서 **AND** 연산 이외를 체험하고 싶을 때는 왼쪽 위의 햄버거 메뉴(▤)를 체크하면 됩니다. 앞에서 설명한 네 가지 **NOT, AND, OR, XOR**입니다. **NAND** 등의 다른 항목에 관해서는 차차 설명하겠습니다.

표 1.1의 '논리곱', '논리합'이라는 어려운 단어를 곱, 합과 비슷한 것이라고 이해하면 그다지 어렵지는 않습니다.

하지만 정말 **논리곱**과 곱셈 연산이 비슷할까요?
사실은 **False**를 0, **True**를 1로 계산하는 것과 비슷합니다.
표 1.2와 같이 결과가 완전히 일치합니다.

◯ **표 1.2** 곱셈 연산과 비슷한 논리곱

곱셈 연산	AND(논리곱)
0 × 0 = 0	0 AND 0 = 0
0 × 1 = 0	0 AND 1 = 0
1 × 0 = 0	1 AND 0 = 0
1 × 1 = 1	1 AND 1 = 1

그러나 **논리합**은 이 정도로 단순하지 않고, 합 연산과 완전히 일치하지 않는 경우가 있습니다(◯ **표 1.3**). 왜냐하면, 1+1=2에 대응하는 연산을 논리 연산으로는 구현할 수 없기 때문입니다. 어디까지나 **0**과 **1**밖에 없는 세계에서 2는 존재하지 않기 때문입니다.

◯ **표 1.3** 합 연산과 비슷한 논리합

합 연산	OR(논리합)
0 + 0 = 0	0 OR 0 = 0
0 + 1 = 1	0 OR 1 = 1
1 + 0 = 1	1 OR 0 = 1
1 + 1 = 2	1 OR 1 = 1

합 연산	XOR(배타적 논리합)
0 + 0 = 0	0 XOR 0 = 0
0 + 1 = 1	0 XOR 1 = 1
1 + 0 = 1	1 XOR 0 = 1
1 + 1 = 2	1 XOR 1 = 0

이 때문에 논리합에는 두 종류의 비트 연산이 존재합니다.

1+1의 결과를 0이라고 해석하는 것과 1이라고 해석하는 것입니다.

0이라고 해석하는 것은 표현할 수 있는 범위를 넘어서면 반복이 발생하여 0으로 되돌아가는 것입니다. '반복된 정보를 보내는 곳은 생각하지 않았지만'이라고 해석합니다. 1+1의 결과는 0이 됩니다.

이와 반대로 어디까지나 있음, 없음만으로 생각하면, 결과는 1에서도 2에서도 0이 아닌 이상 있음이라고 해석합니다. 있음, 없음이 1과 0에 대응하면, 있음은 1이 됩니다. 따라서 1+1의 결과는 1이 됩니다.

실제로는 후자(1+1=1이라는 해석)가 보통의 논리합, 전자(1+1=0이라는 해석)가 **배타적 논리합**이 됩니다.

또 하나 이해하기 어려운 것은 **NOT** 연산인 논리 부정일 것입니다.

논리를 반전시키는 기능이라고 생각하면 혼란스럽습니다. 우선 수치 계산에서의 반전은 부호를 거꾸로 만들기 때문에 양수 1을 음수 1로 변화시킵니다.

그러나 논리 연산의 반전은 양수 1을 0으로 변화시킵니다.

비트의 세계에서는 0과 1밖에 없기 때문에 반전시키면 0을 1로, 1을 0으로 하는 것밖에 없습니다. −1은 존재하지 않는 세계입니다.

이것을 수치 계산으로 기술하면 **표 1.4**가 됩니다.

x를 입력, **r**을 결과로 하면, **NOT x = r**은 1−x=r에 상응하는 결과가 됩니다.

○ 표 1.4 반전

논리 부정	수치 계산 (1 − x = r)
NOT **1** = 0	1 − **1** = 0
NOT **0** = 1	1 − **0** = 1

진리표

1.10

세상의 진실은 모두 이 표 안에 있네요.

그것이 진리야.

이러한 비트 연산 내용을 말로 기술하면 애매한 상황이 발생하기 쉽습니다. 예를 들어 두 개의 **입력**이 양쪽 모두 True라면 결과는 True라는 설명은 정의하기 애매합니다. 이러한 것은 묵시적으로 결과가 **True**가 되지 않는 케이스는 결과가 **False**가 될 것이라고 가정하는 것이지만, 실은 두 개의 **입력**이 양쪽 모두 True라면 결과는 True라는 설명 중에 이와 같은 정의는 존재하지 않습니다. 비트에는 '**True**와 **False**밖에 없는 이상, **False**가 될 것이다. ……'라고 생각하기 때문에 이렇게 생각하기 쉽습니다.

'부정'이라는 정의가 있으면 적절하기 때문입니다. 부정이라는 것은 **True**와 **False** 어느 쪽이 되어도 좋은 상태입니다. 이 경우, 뚜껑을 열어볼 때까지 **True**인지 **False**인지 알 수 없지만, 그래도 상관없다는 정의입니다.

이러한 애매한 상황을 배제하기 위해서는 **모든 케이스를 기술한 표**를 작성해야 합니다. 이를 **진리표**라고 합니다.[6]
진리표에는 **AND** 연산처럼 단순하고 작은 것도 있습니다(◎ 그림 1.26). 이 표를 보면, A와 B가 취하는 값에 대하여 Q의 값이 어떻게 되는지가 표현된 것을 알 수 있습니다.

입출력이 많고, 0과 1 이외에 0이든 1이든 결과에 영향을 미치지 않는 값(x)을 포함하는 크고 복잡한 진리표도 있습니다(그림 1.27은 로직 시뮬레이터로 [DECODER(like 74138)]를 선택했을 때 표시되는 진리표입니다).

주6) Truth table, 진리값표, 참거짓표라고도 부릅니다.

INPUT		OUTPUT
A	B	Q
0	0	0
1	0	0
0	1	0
1	1	1

그림 1.26 AND 연산의 진리표(로직 시뮬레이터)

A	B	C	G1	G2A	G2B	Y0	Y1	Y2	Y3	Y4	Y5	Y6	Y7
X	X	X	0	0	0	1	1	1	1	1	1	1	1
0	0	0	1	0	0	0	1	1	1	1	1	1	1
1	0	0	1	0	0	1	0	1	1	1	1	1	1
0	1	0	1	0	0	1	1	0	1	1	1	1	1
1	1	0	1	0	0	1	1	1	0	1	1	1	1
0	0	1	1	0	0	1	1	1	1	0	1	1	1
1	0	1	1	0	0	1	1	1	1	1	0	1	1
0	1	1	1	0	0	1	1	1	1	1	1	0	1
1	1	1	1	0	0	1	1	1	1	1	1	1	0
X	X	X	0	1	0	1	1	1	1	1	1	1	1
X	X	X	1	1	0	1	1	1	1	1	1	1	1
X	X	X	0	0	1	1	1	1	1	1	1	1	1
X	X	X	1	0	1	1	1	1	1	1	1	1	1
X	X	X	0	1	1	1	1	1	1	1	1	1	1
X	X	X	1	1	1	1	1	1	1	1	1	1	1

그림 1.27 부정(x)을 포함하는 진리표(로직 시뮬레이터)

진리표와 등가 회로

1.11

컴퓨터는 거스름돈을 100원짜리 동전 두 개라고 계산하기 때문에 계산대의 아주머니는 50원짜리 동전 네 개를 주십니다.

아주머니에게는 등가 회로가 들어 있는 것이 틀림없어.

표면적으로는 다른 논리 연산이라고 하더라도 진리표가 일치하면 차이가 없는 등가입니다. 예를 들어 양의 논리 입출력 **AND** 연산은 음의 논리 입출력 **OR** 연산과 등가가 됩니다. 진리표를 작성해보면 알 수 있습니다. 어느 쪽이라도 동일하기 때문입니다. 표가 동일한 이상 구별하는 것은 의미가 없습니다. 표 1.5 의 **True**와 **False**에 주목해보면 완전히 다른 것이지만, 0과 1에 주목해보면 완전히 일치합니다.

◐ **표 1.5** 양의 논리 AND와 음의 논리 OR

양의 논리 AND (0 = False)		
A	B	Q
0 (False)	0 (False)	0 (False)
0 (False)	1 (True)	0 (False)
1 (True)	0 (False)	0 (False)
1 (True)	1 (True)	1 (True)

음의 논리 OR (1 = False)		
A	B	Q
0 (True)	0 (True)	0 (True)
0 (True)	1 (False)	0 (True)
1 (False)	0 (True)	0 (True)
1 (False)	1 (False)	1 (False)

음의 논리 입출력 **OR** 연산이 필요할 때, 양의 논리 **AND** 연산을 사용해도 됩니다. 이 사실을 활용하면 기능적으로 동등한 논리 회로, 등가 회로를 쉽게 설계

할 수 있습니다. 혹시 보다 작은 부품, 보다 저렴한 부품으로 구성할 수 있다면 비용 절감으로 이어집니다.

등가 회로와 동일하면 괜찮은 문화

'결과가 동일하면 구현 방법은 따지지 않는다'라는 문화가 있습니다.

이와 반대로 '순서가 중요하므로 다른 방법으로 구현해서는 안 된다'라는 문화도 있습니다.

예를 들어 상용구를 복사하지 않고 매번 손으로 입력하는 것을 "진심이 담겼다"라고 간주하는 문화입니다.

그러나 진심은 무엇일까요?

번거롭지만 회로를 매우 정직하게 조립해야 하는 것일까요?

필자는 아니라고 생각합니다.

부품 수를 줄이고, 소비 전력을 줄이고, 동작을 안정적으로 실현하는 것 자체가 사용자를 위한 '진심'이라고 생각합니다.

회로 기호도

1.12

칠판에 있는 아이들의 낙서를 지웠습니다.

아, 그것은 내가 그린 회로도인데 …….

논리 연산을 실현할 때, 하드웨어에서 수행하는 경우와 소프트웨어에서 수행하는 경우가 있습니다.

소프트웨어에서 수행하는 경우, 프로그래밍 언어 등에 내장된 논리 연산을 수행하는 기능을 이용하는 경우가 많습니다. 논리 연산 기능의 이름이나 서식은 기술에 따라 천차만별입니다.

예를 들어 순수한 **boolean**형을 가진 **C** 언어 계열 언어의 경우에는 **AND** 연산의 이름으로 & 기호를 사용합니다. 변수 **a**와 **b**에 **AND** 연산을 하려면 a & b 라고 기술합니다. 그러나 BASIC 언어의 경우에는 **AND** 키워드를 사용하여 a AND b라고 기술합니다. 이에 관해서는 표준이 존재하지 않기 때문에 너무 깊게 파고들지 말기 바랍니다.

하드웨어에서 수행하는 경우에는 논리 연산을 구현한 회로를 만드는 것이 기본이지만, 그것을 하나하나 수행했던 것은 1960년경까지이며, 1970년대 이후가 되면 복수의 부품을 하나의 패키지 안에 구현한 IC(집적 회로)가 일반적이 되고, 처음부터 논리 연산 기능이 구현된 상태의 부품이 제공됩니다.

이렇게 되면, 회로도 작성의 편의상 회로도 기호로서 **AND** 연산을 수행하는 **AND** 게이트나 **OR** 연산을 수행하는 **OR** 게이트가 필요해집니다. 그 결과 몇 개의 단체에 의해 회로 기호가 표준화됩니다(◐ 그림 1.28).

이러한 기호는 다른 메이커의 다른 기술로 구현된 칩에서도 공통으로 사용됩니다. 예를 들어 **그림 1.29**는 동일한 **AND** 게이트이지만, 구현 기술이나 핀 배치는 다릅니다. 그러나 제조사나 국적이 다르더라도 **AND** 게이트를 의미하는 회로도의 기호는 동일합니다.

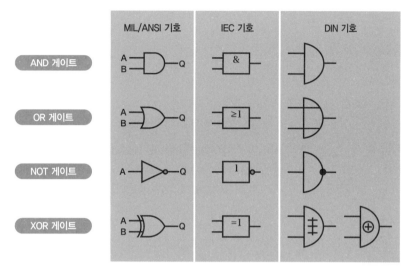

🔵 그림 1.28 회로도 기호[7]

※ 출처 : https://ja.wikipedia.org/wiki/MIL論理記号, https://ja.wikipedia.org/wiki/MIL論理記号

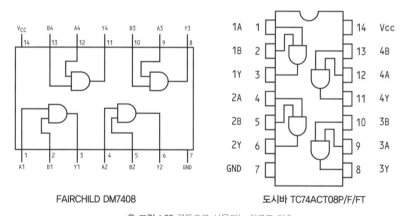

FAIRCHILD DM7408   도시바 TC74ACT08P/F/FT

🔵 그림 1.29 공통으로 사용되는 회로도 기호

※ 출처 : "FAIRCHILD SEMICONDUCTOR(TM) DM7408 Quad 2-Input AND Gates" 데이터 시트(http://pdf.datasheetcatalog.com/datasheets/166/500074_DS.pdf), "도시바 CMOS 디지털 집적회로 실리콘 모놀리식, TC74VHC08FT, TC74VHC08FK Quad 2-Input AND Gate" 데이터 시트(https://toshiba.semicon-storage.com/info/docget.jsp?did=3233&prodName=TC74ACT08F)

참고로, **그림 1.29**의 자료에 있는 형태로 사용된 사례는 줄어들고 있습니다. 현재는 하나의 IC에 넣을 수 있는 부품의 수를 늘리기 위해, **AND** 게이트와 같

주7) NAND, NOR 회로도 기호에 관해서는 그림 1.31을 참조하기 바랍니다.

은 기본적인 게이트는 단위 부품으로 제공되는 것이 아니라, 대규모로 집적된 IC(이것을 LSI(*Large-Scale Integration* : 대규모 집적 회로)라고 합니다)를 구현하는 구성 요소로 사용됩니다.

칼럼

아날로그 회로와 디지털 회로

아날로그 회로와 디지털 회로는 사용하는 부품이 다를 뿐 아니라 회로도를 그릴 때의 회로 기호도 다릅니다.

그런데 디지털 회로의 회로도를 보면, 아날로그 회로의 기호도 많이 포함하고 있습니다.

왜 그럴까요?

그 이유는 디지털 회로도 아날로그 회로의 한 종류이기 때문입니다.

디지털 회로는 0과 1만 있는 세계이지만, 그것을 전압으로 표현할 때는 0볼트와 5볼트만 있는 것은 아닙니다. 전자 회로인 이상 2.5볼트가 흐르는 것도 가능합니다. 만약 2.5볼트가 흐르면 어떻게 될까요?

이를 고려하여 0과 1만으로는 절대로 나눌 수 없는 아날로그 회로의 세계로 들어갑니다. 그리고 아날로그 회로를 연구하여 2.5볼트와 같은 애매한 전압이 발생되지 않도록 해야 할 필요가 있습니다.

논리 연산의 응답 속도

1.13

답장이 늦었습니다.

무리하지 마세요. 1광년 전에 있었다면, 빛의 속도로도 답장하는 데 1년이 걸립니다.

사람의 머리로 생각하는 추상 개념으로서의 논리 연산은 기다리는 시간 없이 완료됩니다.

AND 연산이라면, 두 개의 입력이 **True**가 되는 순간, 출력도 **True**가 됩니다. 그러나 현실의 하드웨어나 소프트웨어로 구현하면 반드시 **지연**이 발생합니다.

하드웨어의 경우는 원래 **전기가 흐르는 속도**라는 것이 있어서, 정보가 이것보다 빠르게 전달될 수는 없습니다. 게다가 회로를 만드는 방식에 따라 지연 시간이 발생합니다. 단순히 IC 구성 기술에 따라서도 속도의 차이가 발생합니다.

예를 들어 가장 초기에 논리 연산 기능을 IC로 제공한 Texas Instruments 사의 74 시리즈인 IC의 경우에는 H 시리즈와 S 시리즈가 연이어 등장했습니다. 이것들은 응답 속도가 빠른 시리즈입니다. 거꾸로 L 시리즈는 속도를 희생하여 상품의 전력을 낮추었습니다. 그 뒤에 양자의 특징을 모두 가진 LS 시리즈가 나왔지만, 비교적 고가였습니다.

결국, 비록 등가 회로라고 하더라도 정보의 전달이 맞지 않으면 실제로 사용할 때 등가가 되지 않을 가능성이 있기 때문에 논리 연산을 수행하는 게이트에는 응답 속도, 소비 전력, 가격 등의 많은 변형이 존재합니다. 이것들을 적절하게 사용하여 "이 회로라면 표준 시리즈로 충분하다"라거나 "S 시리즈를 사용하지 않으면 시간을 맞출 수 없다"라고 판단하면서 회로를 설계할 필요가 있습니다.

그림 1.30의 회로는 모두 논리적 반전을 구현한 것입니다. 반전의 반전은 아무것도 아닌 것과 동일하기 때문에 반전의 반전을 반전한 것은 반전을 한 번 한 것과 동일합니다.

그러나 반전의 반전을 반전한 것은 동일한 결과가 나타나지만, 결국 전력이나 속도의 지연이 발생합니다. 이 점에 있어서는 등가가 아닐지도 모릅니다.

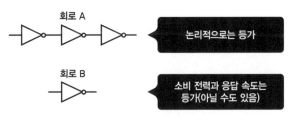

○ 그림 1.30 등가가 아닌 등가 회로

소프트웨어의 경우는 메모리에 값을 기록하는 시간과 그 값을 읽어서 이용하는 시간이 어긋나는 경우가 있습니다. 최근의 시스템은 멀티 코어가 일반적이며 복수의 코어가 동시에 병행하여 실행되는 경우도 많습니다. '코어 1'이 논리 연산을 수행한 결과를 메모리에 기록하고, '코어 2'가 결과를 읽어서 이용한다고 가정해봅시다. 동작의 동기화를 적절하게 강제하지 않으면, 쓰기 전에 읽는 리스크가 생깁니다. 논리 연산이 어느 정도의 시간을 필요로 하는지는 중요한 문제입니다. 물론, 정확한 동기화 메커니즘을 사용하여 동기화를 하는 편이 좋지만, 어느 정도의 시간을 기다리게 하는지를 명확히 하는 것은 성능을 높이는 데 있어 의미가 있습니다.

음의 논리 출력 게이트

1.14

지는 것이 이기는 것이고, 이기는 것이 지는 것이에요.

그것은 지는 것을 정당화하는 논리 아닌가요?

실제로 양의 논리 입력, 음의 논리 출력 게이트는 많이 존재합니다(○ 그림 1.31). 이렇게 하는 것이 회로가 간단하기 때문입니다. 입력과 출력에서 논리가 반대이고, 결과가 옳다면 그것도 상관없습니다. 양의 논리, 음의 논리를 통일하는 것보다도 부품을 줄이는 쪽이 선호됩니다. 진리표가 의도하는 결과가 나타나면, 양의 논리, 음의 논리 여부는 관계없습니다.

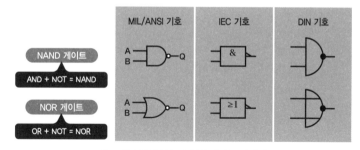

○ **그림 1.31** 양의 논리 입력, 음의 논리 출력

양의 논리 입력, 음의 논리 출력 **AND**를 **NAND**라고 합니다.
양의 논리 입력, 음의 논리 출력 **OR**을 **NOR**라고 합니다.
양의 논리 출력 게이트에 **NOT** 게이트를 추가하면 음의 논리 출력 게이트의 등가 회로를 작성할 수 있습니다(○ 그림 1.32).

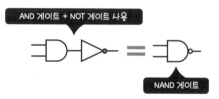

○ **그림 1.32** NAND의 등가 회로

NOR도 이와 동일한 방식으로 등가 회로를 작성할 수 있습니다.

그런데 **NAND**는 의외로 유용합니다.

예를 들면, **NAND** 게이트가 세 개만 필요한 경우에도, 네 개의 **NAND** 게이트를 포함한 IC를 사용하는 경우가 자주 있습니다. 세 개가 들어간 특별 주문품을 의뢰하는 것보다 네 개가 들어간 범용 제품을 구입하는 편이 더 저렴하기 때문입니다. 그러나 이때 한 개의 **NAND** 게이트는 용도가 없어 남게 됩니다. 그러나 남은 게이트는 다른 목적으로 전용할 수 있습니다. 예를 들면, **NAND** 게이트의 두 개 입력 신호를 접속시킵니다. 그러면 **NOT** 게이트와 거의 동일한 동작을 수행하는 게이트를 얻게 됩니다. 결국, 입력이 1과 1이라면 출력은 0이 됩니다. 입력이 0과 0이라면 출력은 1이 됩니다. 두 개의 입력은 연결되어 있으므로 다른 값이 되는 것은 아닙니다. 이것은 **NOT** 게이트의 동작 그 자체입니다. 그렇다면 새로운 **NOT** 게이트를 구입하지 않고도 거의 동일한 기능을 이용할 수 있습니다. 그림 1.33의 왼쪽과 오른쪽은 거의 동일하며, 서로 치환될 수 있습니다.

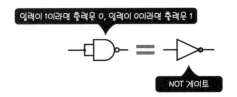

⊙ 그림 1.33 NAND로 NOT을 만든 등가 회로

참고로 **NOR** 게이트를 사용해도 이와 동일한 방식으로 등가 회로를 만들 수 있습니다.

음의 논리 입력 게이트

1.15

세계의 모든 것이 거꾸로 되면, 어느 하나도 거꾸로 되지 않는 것과 같아.

그렇다면 너도 마찬가지야.

실제로 음의 논리 입력, 양의 논리 출력 게이트는 전혀 존재하지 않습니다. 그 이유는 등가 게이트를 간단히 구할 수 있기 때문입니다.

- 음의 논리 입력과 양의 논리 출력의 AND → NOR과 등가
- 음의 논리 입력과 양의 논리 출력의 OR → NAND와 등가

그럼, 음의 논리 입력, 음의 논리 출력 게이트는 어떨까요?
실제로는 이것도 존재하지 않습니다. 등가 게이트를 간단히 구할 수 있기 때문입니다.

- 음의 논리 입력과 음의 논리 출력의 AND → OR과 등가
- 음의 논리 입력과 음의 논리 출력의 OR → AND와 등가

다입력 게이트

1.16

만장일치 원칙이야.

모두 AND 게이트에 접속해보자.

AND 게이트나 OR 게이트의 입력은 두 개로 제한되지 않습니다.
세 개의 입력, 네 개의 입력, …… 등 얼마든지 늘릴 수 있습니다(○ 그림 1.34).

○ **그림 1.34** 입력이 세 개인 AND 게이트

이 경우, 논리 연산의 결과는 다음과 같은 규칙으로 결정됩니다.

- 다입력 AND 연산 → **모든 입력**이 True면 결과도 True
- 다입력 OR 연산 → **최소한 하나**의 입력이 True면 결과도 True

따라서 입력 수가 더 적은 **AND** 게이트를 조합해 **다입력 AND 게이트**의 등가 회로를 간단히 작성할 수 있습니다(○ 그림 1.35).

○ **그림 1.35** 입력이 두 개인 AND 게이트로 작성한 입력이 세 개인 AND 게이트

참고로, '로직 시뮬레이터'에서는 입력이 네 개인 **AND** 게이트의 동작을 체험할 수 있게 되어 있습니다.

수치의 기저

1.17

비행기는 3호기까지 있습니다.

그럼 4대가 있겠군.

　이번에는 비트의 불가사의에 관하여 확인해봅시다.
우선 비트의 특징을 기술해봅시다.

수치로 표현하면 0과 1인 두 종류의 값을 표현할 수 있다.

결국 **두 종류가 가능**하다는 것이며, '2'라는 숫자가 등장합니다. 그러나 실제로 비트가 가질 수 있는 것은 **0과 1**뿐이며, **2**는 아닙니다.

0과 1만 허용되는데, 왜 두 종류가 가능할까요?

이러한 유형의 모순은 비교적 자주 볼 수 있습니다.
예를 들어 "이 **프로그래밍 언어의 바이트형은 0부터 255까지의 정수를 표현할 수 있으므로 256가지 종류의 경우를 구분하는 것이 가능합니다**"라는 문장을 자주 볼 수 있습니다. 표현 가능한 수치의 상한이 255이기 때문에 이를 조합하면 256가지 종류인 것입니다.

왜 이렇게 한 개의 값이 어긋나는 표현이 자주 발생하는 걸까요?
그 이유는 수치를 세는 방식이 두 가지가 있어서 혼란스럽기 때문입니다(◐ 그림 1.36).

왜 다를까요?
왜 컴퓨터는 사람과 발을 맞추지 않을까요?
발을 맞추지 않는 편이 효율적이기 때문입니다. 그리고 사람은 효율이 좋은 것을 원하기 때문입니다.

그러나 이야기는 이것으로 끝나지 않습니다.

사실은 컴퓨터 안에서도 혼란이 있습니다.

사람이 보다 이해하기 쉬운 표기법으로 프로그램을 작성할 수 있게 된 고급 언어에서는 '가능하면 사람의 규칙에 맞출 것인지', '효율을 중시하는 것을 관철시킬 것인지'라는 방식의 차이가 있기 때문입니다.

◐ 그림 1.36 사람이 수를 세는 방식과 컴퓨터가 수를 세는 방식

예를 들어 일반적으로 고급 언어에는 복수의 데이터를 하나로 취급하는 '배열'이라는 기능이 있습니다. 복수의 데이터를 식별하기 위해 첨자라는 번호를 지정하는 구조로 되어 있습니다. 그런데 이 첨자가 몇부터 시작하는지는 일정하지 않습니다. 결국 이 배열의 첫 번째 데이터를 표시하는 첨자가 0이라는 세계와 1이라는 세계로 양분되어 있습니다(◐ 표 1.6). 언어에 따라 옵션 설정으로 0으로 할 것인지, 1로 할 것인지를 선택할 수 있는 언어도 있습니다.

◐ 표 1.6 수를 세는 방식의 대응 관계

데이터 순서	0부터 세는 첨자	1부터 세는 첨자
첫 번째 데이터	0	1
두 번째 데이터	1	2
세 번째 데이터	2	3
네 번째 데이터	3	4
다섯 번째 데이터	4	5
여섯 번째 데이터	5	6
일곱 번째 데이터	6	7

예를 들어 일부 BASIC 언어가 가진 **Option Base**문은 0과 1을 지정할 수 있으므로 배열의 첫 번째 데이터를 나타내는 첨자를 0이나 1중에서 선택할 수 있는 자유를 제공합니다.

이와 동일한 혼란은 데이터 개수를 세는 경우에도 나타납니다.
어떤 비트의 모임을 표현할 수 있는 수치의 상한은 0부터 시작하는 방식으로 나타냅니다.
그러나 개수를 카운트하는 경우에는 1부터 세는 방식으로 나타냅니다.
이것을 통일하는 것은 불가능할까요?
불가능합니다.

왜냐하면, 개수를 카운트할 때의 수치 0은 데이터가 한 개도 없다는 의미이고, 0이 첫 번째 데이터로 해석되는 의미는 바꿀 수 없기 때문입니다.
이 때문에 한 번 엇갈린 표기는 영원히 사라지지 않을 것 같습니다.
2를 표현할 수 없는 비트가 두 종류의 상태를 표현할 수 있다라는 표현을 받아들일 수밖에 없습니다.

칼럼

255와 53335

과거 컴퓨터 게임에는 '소지할 수 있는 아이템의 상한은 255' 또는 '소지금의 상한은 65,535원'이라는 제약이 존재했던 적이 있습니다.
왜 255일까요?
왜 65535일까요?
8비트에서 표현 가능한 값은 최대 256가지 종류, 16비트에서 표현 가능한 값은 최대 65,536가지 종류가 아닌 걸까요? 그렇다면, 왜 256이 아니고 255일까요?
그것은 0부터 세기 때문입니다. 아이템 소지 개수에는 0개가 있을 수 있습니다. 소지금도 0원이 있을 수 있습니다. 0부터 세면 최댓값은 하나 작아지기 때문에 256이 아닌 255가 되고, 65,536이 아닌 65,535가 됩니다.

바이트

1.18

바이트 군. 즉시 물품을 세어줘.

255까지밖에 셀 수 없습니다. 저는 바이트이니까요.

True(참)와 False(거짓)라는 단 두 개의 값을 다루는 것은 간단합니다. 전구에 불이 들어왔는가, 나갔는가 또는 스위치를 켰는가, 껐는가라고 상상하면 이해하기 쉽기 때문입니다.

그러나 이 두 비트를 모아 한 세트로 만들면, 조합할 수 있는 가짓수는 네 종류가 됩니다. 비트가 네 개라면 16가지 종류입니다. 비트가 여덟 개라면 무려 256가지 종류가 됩니다(◐ 표 1.7). 256가지 종류의 조합을 쉽게 상상할 수 있나요? 단 한 개로는 힘이 약한 비트라도 비트 동료를 불러모으면 복잡하고 정밀한 힘을 발휘할 수 있습니다.

◐ 표 1.7 비트의 위력

비트	개수	조합의 수	
●	1	2(0, 1)	← 1비트
● ●	2	4(0 ~ 3)	
● ● ●	3	8(0 ~ 7)	
● ● ● ●	4	16(0 ~ 15)	
● ● ● ● ●	5	32(0 ~ 31)	
● ● ● ● ● ●	6	64(0 ~ 63)	
● ● ● ● ● ● ●	7	128(0 ~ 127)	
● ● ● ● ● ● ● ●	8	256(0 ~ 255)	← 1바이트

그렇다면, 어느 정도의 페이스로 표현력이 향상될까요? 49비트까지 표현해봅시다(◐ 표 1.8).

○ **표 1.8** 비트 표현력의 증가

비트 수	가능한 조합의 수	비트 수	가능한 조합의 수
1	2	26	67108864
2	4	27	134217728
3	8	28	268435456
4	16	29	536870912
5	32	30	1073741824
6	64	31	2147483648
7	128	32	4294967296
8	256	33	8589934592
9	512	34	17179869184
10	1024	35	34359738368
11	2048	36	68719476736
12	4096	37	137438953472
13	8192	38	274877906944
14	16384	39	549755813888
15	32768	40	1099511627776
16	65536	41	2199023255552
17	131072	42	4398046511104
18	262144	43	8796093022208
19	524288	44	17592186044416
20	1048576	45	35184372088832
21	2097152	46	70368744177664
22	4194304	47	140737488355328
23	8388608	48	281474976710656
24	16777216	49	562949953421312
25	33554432	–	–

1비트일 때는 고작 두 개의 상태밖에 식별할 수 없음에도 49비트가 되면 560조 개를 넘는 케이스를 식별할 수 있게 됩니다. 물론 49비트라는 것은 최근 일반 적인 64비트 CPU에서는 기본 명령으로 쉽게 처리할 수 있는 비트 수에 지나지 않습니다. 그래도 이 막대한 조합을 식별할 수 있게 되었습니다.

참고로 24비트인 16,777,216은 1,670만 개의 색(16,777,216개의 색)을 표현할 수 있는 규격으로 자주 볼 수 있는 수치입니다. RGB의 삼원색은 각각 8비트로, 합계 24비트입니다. 이것이 표현할 수 있는 색의 수는 1,670만 개(16,777,216개)라는 것입니다. 보통 사람은 이 단계에서 이미 색의 차이를 구별하는 것이 불가능합니다.

그만큼의 파워를 항상 가지는 것은 기억 용량을 낭비하는 것이므로, 대부분은 8비트를 단위로 하여 정보를 취급합니다. 또한 이 8비트를 1바이트라고 부릅니다. 단, 정보의 단위가 바이트이지, 8비트 자체를 바이트라고 부르는 것은 아닙니다(○ 그림 1.37). 그러나 우리들이 자주 사용하는 컴퓨터나 스마트폰의 세계에서는 8비트를 1바이트라 부르고, 현재 이것이 지배적이기 때문에 1바이트는 8비트라고 생각해도 무방할 것입니다.

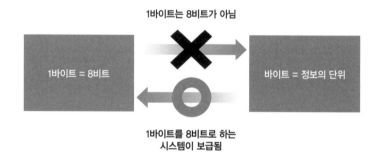

○ 그림 1.37 바이트의 정의

바이트의 친구들

1.19

저는 바이트 군입니다. 제 친구를 소개합니다.

의욕이 무뎌져서[8] 좋아.

바이트 외의 정보 단위도 소개합니다.

바이트의 절반인 단위를 니블(*Nibble*)이라고 부릅니다. 대개 4비트입니다. 바이트를 둘로 나눌 때 **상위 니블**, **하위 니블**과 같은 방식으로 부릅니다.

이와 반대로, 바이트의 2배 폭을 **워드**(word)라고 부릅니다. 대개 16비트입니다. 참고로, 워드의 2배 폭을 DWORD(*Double Word*)라 부르고, 대개 32비트입니다.

또한 워드의 4배 폭을 QWORD(*Quad Word*)라 부르고, 대개 64비트입니다.

그것과는 별도로 옥텟(*Octect*)은 바이트와 비슷하지만, 엄밀하게 말하면 8비트를 의미하는 용어입니다. 통신 규격 등 비트 폭을 명확히 하고 싶을 때는 바이트가 아닌 옥텟이라는 용어가 사용되는 경우가 있습니다.

주8) 역자 주 : '둔해지다', '무뎌지다'라는 의미의 일본어 발음과 바이트의 절반을 의미하는 '니블'의 발음이 비슷하여 저자가 제시한 유머입니다.

2진수와 비트의 공통점

1.20

내 이름은 2진수.

내 이름은 비트. 비슷하니까 가끔 서로 바꿔보자.

두 개의 상태를 가질 수 있는 **비트**는 두 개의 상태를 0과 1로 표현하는 경우가 있습니다.
그리고 수학에서의 **2진수**는 0과 1만으로 수를 표현하는 표기 방법입니다(◐ 그림 1.38).

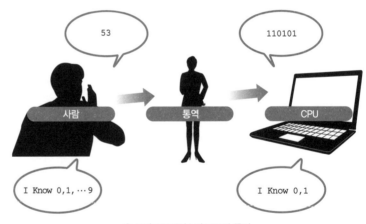

◐ **그림 1.38** 2진수의 구조와 특징

이 둘을 비슷한 것으로 생각할 수 있습니다.
그러나 **비트와 2진수는 동일하지 않습니다.**

비트는 두 개의 상태를 가진 정보 단위입니다. 비트를 여러 개 모으면, 구별 가능한 조합을 폭발적으로 늘릴 수 있습니다. 게다가 수치 이외의 것을 표현해도 관계없습니다. 예를 들어 색을 비트로 표현하는 것이 일반적이지만, 각각의 색 자체가 수치는 아닙니다. 수치가 아니기 때문에 대소 관계는 존재하지 않습니다. 예를 들어 "적색과 청색은 어느 쪽이 더 큽니까?"와 같은 질문은 의미가 없습니다. 적색과 청색은 각각 독립된 색이고, 대소 관계라는 것은 존재하지 않기 때문입니다.

이와 반대로 2진수는 수치입니다. 수치 이외에 아무것도 아닙니다. 대소 관계가 존재합니다. 하나하나 값을 크게 하면 오버플로가 되고, 작게 하면 언더플로가 됩니다. 수치를 변환하면 10진수로 표기할 수 있습니다[9](● 그림 1.39).

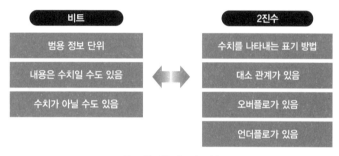

● **그림 1.39** 비트와 2진수

그러나 비트의 조합은 10진수로 변환 가능하다는 것은 보장되지 않습니다. 예를 들어 청색을 10진수로 변환하면 어떤 수에 해당하는지 아무도 모릅니다. 모르는 것은 변환할 수 없습니다.

'청색은 10진수로 **255** 아닌가?'라고 생각하는 독자가 있을지도 모릅니다.

왜 그럴까요?

RGB 24비트 풀 컬러 표기에서 순수한 청색은 00000000 00000000 11111111이라는 비트로 표현됩니다. 이것을 2진수 수치로 해석하여 10진수로 변환하면 255라는 수치가 됩니다. 그러나 이 해석은 정말 이상합니다. 원래 색은 수치가 아닙니다. 그러나 편리하기 때문에 자주 이와 같은 **상호 교환**이 이루어집니다(● 그림 1.40). 그 결과 수치가 아닌 비트 표현을 수치로 취급하고, 수치 표현을 비트로 처리하는 경우가 있습니다.

예를 들어 80페이지에 제시한 소스 코드를 본 적이 있는 사람이 있을지도 모릅니다.

주9) 소수점 이하를 완전히 변환하지 않으면 오차가 발생하는 경우가 있습니다.

이것은 변수 a의 일곱 번째 비트가 on인지의 여부를 판정하는 소스 코드이지만, 64라는 숫자가 있을 뿐, 그 어디에도 7이라는 숫자가 기록되어 있지 않습니다.

```
int a = 255;
if ((a & 64) != 0)
    Console.WriteLine("일곱 번째 비트는 on입니다");
```

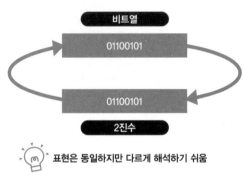

표현은 동일하지만 다르게 해석하기 쉬움

○ 그림 1.40 상호 교환

이상한 소스 코드가 된 이유는 '해석의 상호 교환'에 있습니다. 64는 수치 세계의 값, 일곱 번째 비트는 비트 세계의 값입니다. 왜 이러한 대응 관계가 있는지는 이 책에서 차차 설명하겠지만, 이 경우에는 64를 2진수로 고치고, 일곱 번째 비트의 비트 표현과 비교하면 수수께끼가 풀립니다(○ 그림 1.41).

10진수 세계	2진수 세계
64	01000000

비트를 세는 표현	비트 표현 세계
일곱 번째 비트가 1	01000000

64와 일곱 번째 비트는 사실상 동일한 것으로 취급됨

○ 그림 1.41 상호 교환되는 해석

그 결과, 원래 수치가 아닌 문자나 색을 수치로 취급하는 것이 가능합니다.

예를 들어 어느 문자가 알파벳 A부터 Z에 해당되는지를 알아보기 위해, '그것은 A입니까?, B입니까?, C입니까?'라는 질문을 26번 반복하는 것은 아닙니다. 현재 일반적으로 사용하는 문자인 유니코드(Unicode)에서는 A부터 Z까지 연속하는 번호 65부터 90에 해당하는 것으로 정해져 있기 때문에 65 이상이고 90 이하라는 수치 범위 판단을 수행하는 것만으로 A부터 Z까지의 문자를 판단할 수 있습니다. 이해하기 어렵지만 매우 효율적입니다.

이로써 컴퓨터가 직관적으로 이해하기 어렵게 된 것도 사실이지만, 깊이 있게 이해하면 흥미가 생기는 사람이 있는 것도 사실입니다.

2진수와 비트의 차이점

1.21

내 이름은 2진수.

내 이름은 비트. 비슷하지만 다른 사람이지.

여기서 문제입니다.
잠을 자다가 추워서 온도계를 보니 −0.5℃였습니다. 영하입니다. "어쩐지 춥더라니…."라고 생각했다고 가정합시다.

그럼 여기서 수수께끼를 내겠습니다.
−0.5℃는 10진수 표기입니다.
이것을 2진수 표기로 고칠 수 있을까요?
우선 ℃는 단위이며, 수치가 아니므로 떼어버립시다.
그러면 남은 것은 −0.5입니다.
이것을 2진수로 변환하는 것이 가능할 것입니다.
결국 5는 존재하지 않는 세계이고, 0과 1만으로 표현하는 세계입니다.

우선 윈도우 10에 내장된 계산기를 실행시켜봅니다. 이 계산기는 훌륭한 프로그램으로 햄버거 메뉴(▤)에서 [프로그래머]를 선택하면 2진수, 8진수, 10진수, 16진수를 다룰 수 있습니다.

−0.5를 입력한 후, [BIN](*Binary* : 2진수) 항목을 보면 변환 결과를 알 수 있을 것이라 생각했다고 가정합시다.

0.5를 입력한 후 [±] 버튼을 눌러 부호를 역전시키면 좋을 것입니다.
그러나 이것을 실행시켜보면 문제가 생깁니다.
소수점을 입력할 수 없습니다.

그러나 이것뿐만이 아닙니다.

다시 한번 표시를 잘 살펴봅시다(● 그림 1.42).

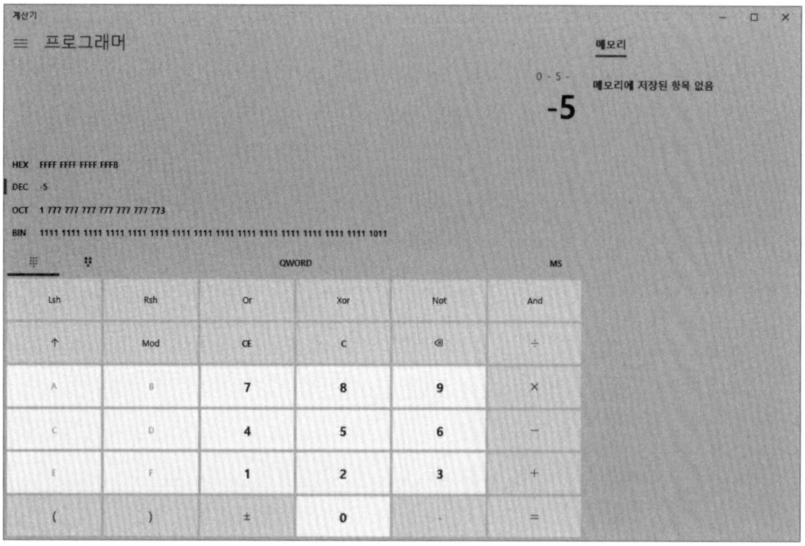

● 그림 1.42 사라진 마이너스 부호

프로그래머 계산기에 소수점은 입력되지 않지만, 마이너스는 입력할 수 있으므로 다시 −5를 입력해봅시다. DEC(10진수)는 **-5**가 되었습니다. 이것은 기대한 대로입니다. 그러나 HEX(16진수)는 **FFFFFFFFFFFFFFFB**, OCT(8진수)는 **1777777777777777773**, BIN(2진수)은 **1111111111111111 11111111111111111111111111111111111111111011**이 되어 마이너스는 존재하지 않습니다.

도대체 어떻게 된 것일까요?

비트의 세계를 0과 1로 표현하면 2진수의 세계로 들어가지만, 2진수의 세계가 0과 1이라고만 할 수는 없습니다. 결국 비트의 세계에서는 0과 1밖에 없지만, 2진수의 세계에는 0, 1, **부호, 소수점이 존재**합니다.

그럼, 비트의 세계에서는 음수나 1보다 작은 값을 다루지 않는 것일까요?

그런 것은 아닙니다.

이것은 간단한 계산기의 기능적 한계에 지나지 않습니다. 계산기의 세계를 벗어나면, 계산기에는 준비되어 있지 않은 다음과 같은 비트를 준비하여 대처할 수 있습니다.

- **양수인지 음수인지를 표현하는 비트**
- **소수점 이하 지정된 자릿수의 값을 표현하는 비트**

양수와 음수를 표현하기 위해서는 더욱 정교한 '2의 보수'라는 표현 방법이 있고, 이 계산기 애플리케이션이나 많은 CPU에서는 그것이 사용됩니다(다음 절에서 설명합니다).

소수점 이하를 표현하기 위해서는 '부동소수점'(○ '1.26 : **부동소수점 실수**')이라는 표현 방법이 있고, 많은 CPU에서는 이것이 사용됩니다. 다만, 이 계산기 애플리케이션에서는 여기까지는 대응하지 않습니다.

어떻게 된 것일까요?

비트를 이용하여 2진수를 표현하는 애플리케이션이나 시스템은 지정된 자릿수에 들어가는 양의 정수는 대부분 처리할 수 있습니다. 그러나 음의 소수까지 다루게 되어 있는지는 개별 시스템이 대응하기 나름이라는 것입니다.

이는 중요한 -0.5를 2진수로 변환한 결과이지만, 답은 **-0.1**이 됩니다. -0.25를 2진수로 변환한 결과는 **-0.01**이 되고, -0.125를 2진수로 변환한 결과는 **-0.001**이 됩니다. 다만, 이 결과가 얻어지는 소프트웨어와 얻어지지 않는 소프트웨어가 존재한다는 것을 기억해두는 것이 좋습니다.

1의 보수와 2의 보수

1.22

마이너스는 편리하죠.

마이너스는 며느리에게 주지 마라[10].

비트의 세계에는 **1의 보수**와 **2의 보수**라는 개념이 있습니다.

1의 보수는 **모든 비트가 반전된** 상태를 말합니다.

예를 들어 다음과 같은 비트 열이 있다고 가정합시다.

01010110

이 비트의 1의 보수를 구하기 위해서는 모든 비트를 반전시키면 됩니다.

01010110

↓

모든 비트의 반전

↓

10101001

세상에는 이 1의 보수로 표현하는 시스템이 있습니다. 그러나 여러분이 사용하고 있는 PC나 스마트폰은 이에 해당하지 않기 때문에 더 이상 깊게 설명하지는 않겠습니다.

이에 비해 2의 보수는 **모든 비트를 반전시키고 난 후 1을 더한** 상태입니다(오버플로는 무시합니다).

01010110

↓

모든 비트의 반전

주10) 역자 주: "가을 가지는 며느리에게 먹이지 말라"라는 일본 속담으로, 마이너스와 가을 가지의 일본어 발음이 일부 비슷하기 때문에 저자가 제시한 유머입니다.

↓

10101001

↓

1을 더함

↓

10101010

그러나 이와 같은 번거로운 작업을 수행하면 무엇이 편리할까요?
덧셈 연산으로 뺄셈 연산이 가능하게 된 것입니다.
어떻게 된 것일까요?
다음과 같은 4비트 2진수의 뺄셈 연산이 있다고 가정합시다.

1101-0010=1011

0010을 2의 보수로 변환하면, 덧셈 연산으로 동일한 결과를 얻을 수 있습니다.
우선 2의 보수로 변환해봅시다.

0010

↓

모든 비트의 반전

↓

1101

↓

1을 더함

↓

1110

그러면 수식은 다음과 같이 변합니다.

1101+1110=11011

그러나 오버플로는 무시한다고 가정했기 때문에 넘친 다섯 번째 비트는 무시합시다.

1101+1110=1011

이것은 처음 식 1101−0010=1011과 동일한 결과입니다.
왜 이것이 편리할까요?
CPU에 뺄셈 연산 없이도 덧셈 계산 기능만 있으면 뺄셈 연산이 되기 때문입니다. 실행 속도를 희생하더라도 부품을 절약하고 싶을 때에는 큰 장점이 됩니다.

그것뿐만이 아닙니다.
플러스/마이너스 정보를 포함한 수치와 포함하지 않은 수치의 덧셈과 뺄셈 연산을 완전히 동일한 계산 기능으로 실행할 수 있게 된 것입니다.
음수를 2의 보수로 표현하는 시스템이 있다고 가정하고, 8비트 세계에서 다음 두 가지 계산을 비교해봅시다.

- 부호를 무시한 정수 : 255에 1을 더함(8비트로 표현할 수 있는 최댓값에 1을 더함)
- 부호가 있는 정수 : −1에 1을 더함

첫 번째 사례는 다음과 같이 됩니다.

255
↓
2진수로 고침
↓
11111111
↓
1을 더함
↓
100000000
↓
8비트에서 밀려난 것은 무시함
↓

00000000

↓

10진수로 고침

↓

0

두 번째 사례는 다음과 같이 됩니다.

-1

↓

2진수로 고침

↓

-00000001

↓

마이너스 기호를 떼어 내고 모든 비트를 반전(음수를 2의 보수로 표현)

↓

11111110

↓

1을 더함

↓

11111111 (이것으로 음수를 2의 보수로 나타냄)

↓

1을 더함(이 수치는 더한 수로서 주어진 1)

↓

100000000

↓

8비트에서 벗어난 부분은 무시함

↓

00000000

↓

10진수로 고침

↓

0

결국, 표현 가능한 최댓값에 1을 더하고 오버플로를 무시함으로써 최솟값, 결국 0을 구하는 처리와 −1에 1을 더하여 0을 구하는 처리가 동일하게 된 것입니다.

이것도 부품을 줄이고 싶은 CPU 설계에서 선호되는 특성입니다. 실제로는 플러스/마이너스 정보를 포함하고 있는 수치와 포함하지 않는 수치의 덧셈과 뺄셈 연산을 동일한 기능으로 실행시켜 기능을 절약하는 CPU가 많습니다. 현재 컴퓨터나 스마트폰은 이와 같은 장점을 활용하기 위해 1의 보수가 아닌 2의 보수를 채택했습니다.

2의 보수의 비대칭성

1.23

신이시여, 눈속임도 장치도 없는 것을 용서해주십시오[11].

수수께끼 수, -128!

음수를 2의 보수로 표현한 경우에는 2의 보수를 이용해도 양수와 음수를 반전시킬 수 없는 두 종류의 특이한 수치가 발생합니다.

그것은 0과 **최솟값**입니다.

0의 경우 치명상은 아닙니다. 음수 0도, 양수 0도 0은 0이라고 보기 때문입니다. 적자 0원과 흑자 0원을 구별할 필요는 없습니다.

그러나 최솟값 쪽은 그렇지 않습니다.

예를 들어 2의 보수 표현에서의 부호를 붙인 8비트 정수로 표현 가능한 최솟값은 −128입니다. 그러나 −128의 2의 보수를 취해도 음수로서 역시 −128로 부호가 반전되지 않습니다.

차례대로 따라가보겠습니다.

-128

↓

2의 보수 표현의 2진수로 고침

↓

10000000

↓

모든 비트의 반전

↓

01111111

↓

주11) 역자 주 : 국내에서 '천사소녀 네티'라는 제목으로 방영되었던 일본의 만화와 애니메이션인 '괴도 세인트 테일'의 대사입니다. 주인공이 마법이 아닌 하느님의 능력을 대신 사용하게 되는 것에 대해 사죄하는 표현입니다.

1을 더함

↓

10000000

↓

10진수로 고침

↓

-128

128이라는 결과를 원할 때는 어떻게 하면 될까요?

결론부터 말하면, 아무리 노력해도 할 수 없습니다.

2의 보수 표현에서 부호를 붙인 8비트 정수의 최댓값은 127로, 128은 표현할 수 없기 때문입니다.

결국 마이너스 쪽을 표현할 수 있는 값이 하나 더 많은 것이 2의 보수 표현이지만, 하나 더 많은 값은 영원히 양의 값으로 변환할 수 없기 때문에 이용 가치가 매우 낮습니다.

부호 비트

1.24

> 나는 정부(政府)의 요인(要人)이다.

> 나는 정부(正負, 양과 음)의 표시이다.[12]

2의 보수 표현의 수치는 최상위 비트를 보는 것만으로도 값의 부호를 판단할 수 있습니다.

2의 보수 표현에서 부호를 붙인 4비트 정수의 비트 표현과 10진수 값을 비교해봅시다(○ 표 1.9).

○ **표 1.9** 2의 보수 표현에서 부호를 붙인 4비트 정수의 비트 표현과 10진수 값의 비교

부호 붙인 4비트 정수	10진수 값	비고
0000	0	
0001	1	
0010	2	
0011	3	
0100	4	
0101	5	
0110	6	
0111	7	
1000	-8	← 여기부터 2의 보수 표현의 음수
1001	-7	
1010	-6	
1011	-5	
1100	-4	
1101	-3	
1110	-2	
1111	-1	

주12) 역자 주 : 양수와 음수의 일본식 표현인 정부(正負)의 일본어 발음과 정부(政府)의 발음이 동일하기 때문에 저자가 제시한 유머입니다.

최상위 비트가 1의 값이 모두 음수임을 알 수 있을 것입니다.

이와 같이 양수와 음수를 항상 다르게 표현하는 비트를 부호 비트라고 하고, 부호 비트가 존재하는 수치 표현 방법과 존재하지 않는 수치 표현 방법이 있습니다. 2의 보수에 의한 수치 표현은 부호 비트가 존재하는 수치 표현 방법입니다.

칼럼

허수는 어떻게 하나요?

양수와 음수의 표현 방법이 이해되었으므로 이번에는 허수 i의 표현 방법이 궁금한 사람이 있겠지요.

허수는 '허수와 허수를 곱하면 음수가 되는 값'입니다.

결론부터 말하면, CPU 자체가 허수까지 고려하는 것은 아닙니다.

실수부와 허수부를 분리하여 허수부도 실제로는 보통의 수치로 취급하는 라이브러리를 준비하여 처리하는 경우가 많습니다.

고정소수점 실수

1.25

> 1보다 작은 수를 사용하고 싶어.

> 그럼, 1을 잘게 부숴.

고정소수점 실수란 비트의 모임을 임의로 구분하여, '여기까지는 정수부', '여기부터 끝까지는 소수부'라고 정하는 방법입니다(◐ 그림 1.43).

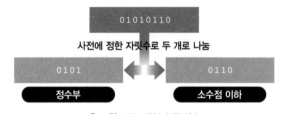

◐ **그림 1.43** 고정소수점 실수

이것으로 소수점 이하의 값도 표현할 수 있게 되었습니다.

그다지 어려운 것은 아니지만, 극단적으로 큰 값, 극단적으로 작은 값을 다루는 능력이 우월한 부동소수점 실수(◐ '1.26 : **부동소수점 실수**')를 사용하는 경우가 많습니다.

처리 속도가 빨라지기 때문에 일부러 고정소수점 실수를 사용하는 경우도 있습니다.

그러나 만날 기회가 적기 때문에 이 책에서는 깊이 다루지 않습니다.

부동소수점 실수

1.26

실수를 더욱 스마트하게 다루는 방법을 알려주세요.

자, 떠다니는 이야기[13]를 가르쳐 드리겠습니다.

부동소수점 실수는 비트 전체를 지수부와 가수부로 나누어 표현한 값입니다
(◐ 그림 1.44).

◐ 그림 1.44 부동소수점 실수

자주 눈에 띄는 부동소수점 실수는 0부터 1까지의 값을 표현하는 가수부와 소수점을 좌우로 몇 자리 이동시키는 것을 표시하는 지수부로 구성됩니다. 가수부는 1보다 큰 수를 표현할 수 없지만, 소수점을 이동시키는 것으로 매우 큰 값과 작은 값을 표현할 수 있습니다.

예를 들어 10진수의 부동소수점 실수가 200을 표현하는 경우에는 0.2의 소수점을 오른쪽으로 세 번 이동시키면 됩니다. 이렇게 0.2 → 2.0 → 20.0 → 200.0이 되고, 결과는 200과 같아집니다.

표현은 10진수의 세계에서 수행되는 경우와 2진수에서 수행되는 경우가 있습니다. 2진수 세계에서 수행되는 경우는 당연히 0과 1만으로 지수부와 가수부를 표현합니다.

주13) 역자 주 : 부동소수점의 부동(浮動)의 의미를 이용해 저자가 제시한 유머입니다.

오차의 문제

1.27

> 거스름돈이 1원 부족합니다.

> 먼저 당신이 사용하고 있는 끝수 처리 방법을 알려주세요.

정수는 충분한 자릿수가 있으면 10진수를 2진수로 변환할 수 있습니다.
그러나 **소수는 변환할 수 없습니다.**
그 이유는 10진수로는 유한한 자릿수의 값인데도, 2진수로 치환하면 무한 소수가 되고, 유한한 자릿수로는 절대로 표현할 수 없는 값이 되는 경우가 있기 때문입니다.

10진수로 보면 매우 간단한 수치이므로 오차 등이 나올 수 없다고 생각하지만, 2진수로 변환될 때는 매우 큰 자릿수가 되어 오차가 나오는 경우도 있습니다.

이것과는 별도로, 계산이 가능해도 오차가 나오는 경우가 있습니다. 가수부의 자릿수를 초과한 값은 표현할 수 없기 때문입니다.

그러나 지수부의 값이 적절하게 유지되면, 자릿수는 거의 바르게 표현할 수 있도록 보장됩니다. 이 때문에 부동소수점 실수는 대개 맞지만, 엄밀하게는 일치하지 않는 값이 되는 경우가 있습니다(◎ 그림 1.45).

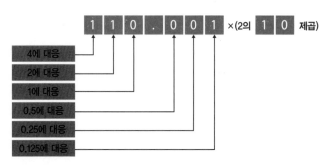

◎ 그림 1.45 2진수의 부동소수점 처리 방법

표현할 수 없는 수를 반올림할 때 의도하지 않은 반올림 방법이 적용되면 오차가 나오는 경우도 있습니다.

어쨌든 소수 표현은 엄밀함을 만족시키지 않는 경우가 많고, 엄밀함이 필요하다면 가능한 한 정수 계산에 포함시키는 등의 고려도 필요합니다.

최근의 시스템에서는 오차를 잘 처리하여 결함이 나오지 않도록 연구하는 경우도 많기 때문에 상당히 심각한 상태가 발생할 때까지는 문제가 나타나지 않습니다. 그러나 그것이 100퍼센트 안전을 보장할 수는 없습니다.

정말 능력 있는 전문가는 오차에 촉각을 곤두세우고 있습니다.

8진수

1.28

> 오크통? 맥주도 들어 있어?

> 8진수라니까.[14]

8진수(octal number)는 0부터 7까지의 수치만을 사용하여 값을 표현하는 방법입니다.

8진수는 비트를 세 개 단위로 나누면 편리한 경우에 사용되고, 2진수 표현을 쉽게 읽을 수 있습니다.

전형적인 이용 사례는 리눅스(Linux)의 파일 액세스 권한입니다.

리눅스의 파일 액세스 권한에는 세 종류가 있습니다.

- 읽기 권한(r)
- 쓰기 권한(w)
- 실행 권한(x)

각각 비트로 표현됩니다. 결국 총 3비트입니다. 그것이 사용자, 그룹, 전원의 세 가지 세트로 구분되어 존재합니다. 이것은 8진수로 표현하기에 적당한 정보입니다. 따라서 파일 액세스 권한은 8진수로 취급되는 경우가 있습니다.

이것들은 **표 1.10**과 같은 대응 관계기 됩니다.

◉ 표 1.10 리눅스의 파일 액세스 권한 표현

8진수	2진수	가능한 권한
0	000	---
1	001	--x
2	010	-w-
3	011	-wx
4	100	r--

주14) 역자 주 : 8진수(octal)의 일본어 발음과 오크통의 일본어 발음이 유사하여 저자가 제시한 유머입니다.

5	101	r-x
6	110	rw-
7	111	rwx

세 가지 세트이기 때문에 세 자릿수의 8진수로 표현할 수 있습니다.

이 경우에는 모든 권한을 부여하기 위한 지정은 777이 됩니다. 7보다 큰 숫자인 8이나 9가 등장하는 경우는 없습니다. 8진수의 세계는 0부터 7까지의 수치 조합으로 표현되고, 8이나 9는 존재하지 않기 때문입니다.

8진수 777에 1을 더하면 자릿수가 올라가 1000이 됩니다.

10진수

1.29

선생님, 10진법은 어려워요. 90분 수업으로는 이해하기 힘들 것 같아요.

90이라는 10진수를 말한 시점에 이미 자네는 이해한 것이야.

10진수를 설명하는 경우는 거의 없습니다.
우리들이 일상생활에서 사용하는 것은 대부분 10진수이기 때문입니다.
2진수를 10진수로 변환하는 수식이 부호가 없는 정수라고 하면, 다음과 같습니다.

1 × 첫 번째 수 + 2 × 두 번째 수 + 4 × 세 번째 수 + 8 × 네 번째 수 + 16 × 다섯 번째 수 + 32 × 여섯 번째 수 + 64 × 일곱 번째 수 + 128 × 여덟 번째 수 ……

10진수를 2진수로 변환하는 역변환도 간단합니다.
그러나 이러한 변환을 준비하는 경우는 거의 없습니다. 수치를 10진수로 입력한 후에 2진수로 기록하고, 그 결과를 다시 10진수로 출력하는 것은 매우 일반적인 기능으로 어디에나 있기 때문입니다. 만약 새로 만들게 되더라도 별로 어렵지 않습니다.

2진화 10진수

1.30

세 자리 정수를 8비트로 표현할 수 있을 때와 할 수 없을 때가
있어서 이해하기 어렵습니다.

255까지는 8비트로 된다는 말이잖아. 안 되는 경우는 2진화10진수야.

10진수를 취급하는 방법이 또 하나 있습니다. 그것은 **2진화10진수**라고 부르는 표현 방법입니다. 다른 말로 **BCD**(Binary-coded decimal)라고 합니다.
이것은 **4비트를 10진수의 한 자리로 간주하는 방법**입니다.
대응 관계는 다음 **표 1.11**과 같습니다.

◐ **표 1.11** 2진화10진수와 10진수의 대응 관계

2진화10진수	10진수
0000	0
0001	1
0010	2
0011	3
0100	4
0101	5
0110	6
0111	7
1000	8
1001	9
1010	(사용하지 않음)
1011	(사용하지 않음)
1100	(사용하지 않음)
1101	(사용하지 않음)
1110	(사용하지 않음)
1111	(사용하지 않음)

47을 2진수로 표현하면 다음과 같습니다.

00101111(전체가 47을 표시)

2진화10진수로 표현하면 다음과 같습니다.

01000111(01000l 40이고, 0111이 7)

2진화10진수를 사용하면 자릿수를 관리하기 편해집니다. 4비트가 한 자리이기 때문에 8비트라면 두 자리의 수치를 쉽게 읽을 수 있습니다. 2진수라면 **255**와 같이 이해하기 어려운 경계에서 제한이 발생하여 판단하기가 쉽지 않습니다.

약점도 있습니다. '(사용하지 않음)'이라는 값이 많은 것에서 알 수 있듯이, 기억 효율이 나쁜 것입니다. 예를 들어 0점부터 **100**점까지 있는 시험 점수를 기억하려고 할 때, 8비트 2진화10진수로는 **0**부터 **99**까지만 취급하기 때문에 **100**점을 표현할 수 없습니다. 그러나 보통의 2진수라면 **0**부터 **255**를 취급하기 때문에 **100**점도 취급할 수 있습니다.

PC나 스마트폰의 세계에서는 효율성이 낮아서 이용되는 사례가 별로 없지만, 효율보다는 징밀도가 중시되는 경우에 채택되는 사례가 있습니다. 2진수로 변환할 때 발생하는 오차는 애초에 2진수로 변환하지 않은 10진수를 10진수인 채로 계산하는 2진화10진수에서는 발생하지 않기 때문입니다.

16진수

1.31

> 비치에서 남성의 시선을 사로잡아.

> 그것은 BEACH라는 16진수입니다.

16진수(hexadecimal)는 **4비트**를 한 자리로 표기하는 방법으로, 효율이 좋고 이해하기 쉽기 때문에 인기가 있습니다.
4비트는 **표 1.12**와 같은 수치의 대응 관계를 가집니다.

◑ 표 1.12 2진수와 16진수 값의 대응 관계

2진수	16진수
0000	0
0001	1
0010	2
0011	3
0100	4
0101	5
0110	6
0111	7
1000	8
1001	9
1010	A
1011	B
1100	C
1101	D
1110	E
1111	F

16진수의 특징은 **9** 다음이 **10**이 아닌 **A**가 되는 것입니다. 따라서 F까지 진행

한 후, 1을 더하면 **10**이 됩니다.

8진수와 10진수는 헷갈리는 점이 있지만, 16진수의 경우는 영단어와 혼동되는 경우도 있습니다. 예를 들어 ACE는 영단어인지 16진수인지 알 수 없습니다. 그러나 표현력이 우수하기 때문에 자주 사용됩니다.

수치를 8비트로 표현할 때 8진수라면 세 자리가 필요하지만, 16진수라면 두 자리면 됩니다. 게다가 세 자리의 8진수는 9비트분의 표현력이 있어서, 8비트를 표현하면 사용되지 않는 1비트분의 정보가 나와 버립니다. 이 때문에 8비트를 8진수로 표현하면 첫 번째와 두 번째 자리는 0부터 7의 값이 사용되는데, 세 번째 자리는 항상 0부터 3까지의 값이 되고, 4부터 7은 사용되지 않는 낭비가 생깁니다. 16진수라면 4비트 두 자리로 8비트가 되어 낭비가 발생하지 않습니다.

16진수 표기에는 여러 가지 방식이 있지만, 이 책에서는 명확하게 16진수임을 나타내도록 기술하는 경우, Intel류의 표기 방법을 사용합니다.

이 방법은 다음과 같은 규칙을 따릅니다.

- 마지막에 H를 붙임
- 맨 앞이 A~H일 때는 0을 보탬

첫 번째 규칙은 10진수와의 확실한 구별을 보장합니다.
예를 들어 16진수 **10**이라고 해도 10진수라면 **16**에 해당합니다. 구별할 수 없으면 곤란합니다.
두 번째 규칙은 가끔 비슷한 철자의 단어와 확실하게 구별할 수 있습니다.

예를 들어 영단어 BEACH(해변)와 16진수 **BEACH**는 구별하기 어렵지만, 16진수의 경우 맨 앞에 **0**을 붙이는 규칙이 있으면 BEACH(해변)와 **0BEACH**(16진수)는 구별할 수 있습니다.

와이어드 OR

1.32

나는 무엇이든 오픈하는 남자다.[15]

문이 열려 있습니다. 댁의 마당을 지나갈게요. 지름길이라서….

논리 연산은 이론적인 존재로, 현실에는 존재하지 않습니다.

현실 세계에서 논리 연산을 수행하기 위해서는 각각을 수행하는 부품을 작성해야 합니다.

많은 경우, 부품의 세계에서는 **True**와 **False**를 전압이 높음, 전압이 낮음으로 구별합니다.

초기에 사용된 부품에서는 특히 '오픈 콜렉터'라는 출력 방식을 가진 칩이 있습니다. 이것은 결과를 **아무것도 접속되지 않음, 전압이 낮음**으로 구별할 수 있습니다(◐ 그림 1.46, 그림 1.47).

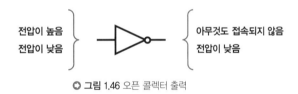

◐ 그림 1.46 오픈 콜렉터 출력

그러나 대개는 풀업 저항이라는 부품을 통하여 **전압이 높은** 전원에 접속됩니다. 이에 따라 최종적으로 **전압이 높음, 전압이 낮음**으로 구별할 수 있습니다.

이렇게 구별하면 무엇이 좋을까요?

결과가 동일하다면, 다른 스타일을 사용하는 의미가 없는 것으로 생각됩니다.

주15) 역자 주 : OR의 일본식 발음과 일본어의 나를 의미하는 단어와 발음이 비슷하여 저자가 제시한 유머입니다.

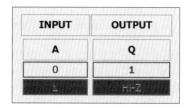

INPUT	OUTPUT
A	Q
0	1
1	HI-Z

◉ 그림 1.47 오픈 콜렉터 출력의 NOT 게이트 진리표(로직 시뮬레이터)[16]

그러나 이런 방식에는 여러 가지 장점이 있습니다.

특히 큰 장점은, **와이어드 OR이 가능**하게 된 것입니다.

와이어드 OR은 여러 부품의 출력을 하나로 연결하고, 어느 하나라도 유효하다면, 유효한 결과가 된다는 실체 없는(연결된 전선밖에 없는) 게이트를 말합니다(◉ 그림 1.48).

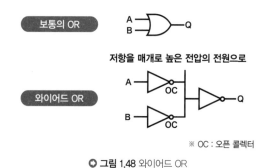

보통의 OR

저항을 매개로 높은 전압의 전원으로

와이어드 OR

※ OC : 오픈 콜렉터

◉ 그림 1.48 와이어드 OR

이러한 것은 와이어드 OR을 사용하지 않고도 간단히 할 수 있는 것이라고 생각할지도 모르지만, 실제로는 불가능합니다. 입력 1이 높은 전압이고, 입력 2가 낮은 전압일 때, 양자를 연결하면 쇼트가 나 버립니다. 이것은 기기의 오작동, 소자의 붕괴, 발열, 발화 등을 일으키고, 작동하고 있다고는 말하기 어려운 상태가 됩니다.

주16) '로직 시뮬레이터'에서 [Logic Simulators] → [Simple Logics] → [햄버거 메뉴] (▤) → [OPEN COLLECTOR NOT]으로 표시할 수 있습니다.

그러나 와이어드 OR이라면 이런 현상이 발생하지 않습니다.

왜냐하면, **전압이 높음**과 **전압이 낮음**을 직접 연결하면 전위차가 있기 때문에 대전류가 흐르지만, **아무것도 접속되지 않은 것**과 **전압이 낮음**을 직접 연결해도 전류는 흐르지 않습니다. 물론 **전압이 낮음**과 **전압이 낮음**을 연결해도 전류는 흐르지 않습니다. 동일한 전위 사이에 있으면 전위차는 존재하지 않고, 전류는 흐르지 않습니다.

결국, 와이어드 OR은 복수의 입력 모두가 **아무것도 접속되지 않은 경우**는 **아무것도 접속되지 않은** 상태가 되고, 하나라도 **전압이 낮은** 상태라면 결과는 **전압이 낮은** 상태가 되는 장치입니다.

이것은 부품 수를 줄이는 설계에서 유효한 수단이 되는 기술입니다.

3상태

1·33

이 버스를 모두가 공유합시다.

찬성이지만, 그 전에 자네는 버스에서 손을 놓게나.

전압이 높음도 전압이 낮음도 아닌 **아무것도 접속되지 않은** 상태를 **하이 임피던스**라고 부릅니다. 이 상태가 유익하다는 것은 틀림없습니다.

이것들은 **H(High)**, **L(Low)**, **Z(Hi-Z)**라는 기호로 표기합니다.

이 **세 종류를 자유롭게 선택하는 출력**을 **3상태**(세 개의 상태라는 의미)라고 합니다.

3상태 출력을 가진 장치의 출력은 몇 개라도 접속할 수 있습니다. 그러나 하이 임피던스 이외의 출력을 선택할 수 있는 장치는 항상 한 개입니다. 두 개 이상의 장치가 동시에 **H**와 **L**을 출력해 버리면 회로가 고장납니다(● 그림 1.49).

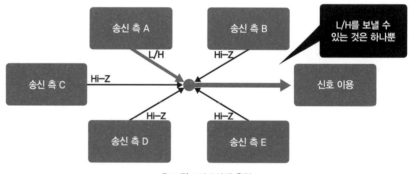

● 그림 1.49 3상태 출력

부품 수는 줄었지만, 부품 사이의 제어가 어려운 방식입니다.

그런데 3상태 출력을 구현하기 위해서는 적어도 두 개의 입력이 필요합니다.

출력 **H**나 **L**을 선택하기 위한 입출력을 하이 임피던스(**Hi-Z**)로 할 것인지의 여부를 선택하는 입력입니다. **그림 1.50** 진리표의 경우에는 입력 **A**가 **H**나 **L**을 선택하는 입력이고, **Ē**는 하이 임피던스(**H-Z**)로 할 것인지의 여부를 선택하는 입력입니다.

그림 1.50 3상태를 출력하는 게이트의 진리표(로직 시뮬레이터[17])

INPUT		OUTPUT
A	$\overline{E}$	Y
0	0	0
1	0	1
0	1	Hi-Z
1	1	Hi-Z

엄밀하게 말하면, $\overline{E}$는 A의 입력을 유효한 것으로 간주하는 입력이고, 음의 논리이기 때문에 입력이 1일 때 출력을 Hi-Z로 합니다.

주17) '로직 시뮬레이터'에서 [Logic Simulators] → [Simple Logics] → [햄버거 메뉴] (▤) → [3 STATE(like LS244)]
      에서 표시할 수 있습니다.

가산기

1.34

> 1 더하기 1은?

> 안녕하세요, 선생님. 10입니다.

'두 개의 입력이 **True**라면 출력이 **True**가 되는 **AND** 연산…'이라고 하지만, 이는 **2명 모두가 찬성하면 실행하는** 것과 동일하므로 누구나 알 수 있는 쉬운 이론입니다. 이러한 이론을 모으면 어떤 재미가 있을까요?

이러한 이론을 **여러 개 조합하면 간단한 수치 계산을 수행하는 회로를 설계**할 수 있습니다.

그런데 정말로 이런 간단한 이론을 조합하는 것만으로 계산이 가능할까요?

여기서 알아보기로 합시다.

가장 기본적인 계산은 덧셈 연산이겠지요.

2진수 한 자리 덧셈 연산을 수행하는 회로가 가능한지 생각해봅시다.

입력하는 값(1비트)이 두 개, 출력하는 값이 한 개(몇 비트가 필요?)라고 가정합시다.

입력하는 값은 1비트로도 상관없지만, 출력하는 값이 1비트로는 부족합니다.

1이 두 개 입력되면, 결과는 **1+1=10**이 되어 오버플로가 발생하기 때문입니다.

출력은 2비트가 필요합니다.

자리 넘침을 예상한 두 개의 입력 비트와 두 개의 출력 비트를 가진 가산기를 **반가산기**(Half adder)라고 합니다.

이에 비해 오버플로로부터 자리 넘침을 받기 위한 입력을 하나 더 추가한 가산기를 **전가산기**(Full adder)라고 합니다. '로직 시뮬레이터'에는 ADD with Carry シミュレーター라는 이름으로 포함되어 있습니다.[18]

주18) '로직 시뮬레이터'에서 [Logic Simulators] → [Simple Logics] → [햄버거 메뉴] (▤) → [Add with Carry]에서 표시할 수 있습니다.

그런데 어떤 회로를 만들면 반가산기를 구현할 수 있을까요?

급하게 논리를 조합하거나 회로를 생각할 것이 아니라, 우선 진리표부터 작성하여 머릿속을 정리해봅시다.

두 개의 입력 비트는 A, B, 출력 비트는 S, 오버플로 정보 비트는 C라고 가정합시다.

```
A B S C
0 0 0 0
1 0 1 0
0 1 1 0
1 1 0 1
```

S는 A와 B의 XOR로 얻어진 것을 알 수 있습니다.

따라서 오버플로를 표시하는 C는 A와 B의 AND로 얻어진 것을 알 수 있습니다.

XOR이 AND가 하나씩 있으면, 반가산기는 간단하게 구현할 수 있습니다(◑ 그림 1.51).

◑ **그림 1.51** 가산기(반가산기)

회로를 더 복잡하게 하면 전가산기도 구현할 수 있습니다. 전가산기를 많이 모으면 다수의 자릿수의 가산에 사용할 수 있게 됩니다.

뺄셈은 '**1.22 : 1의 보수와 2의 보수**'에서 기술한 것과 같이 2의 보수를 구하고 나서 덧셈을 수행하면 됩니다.

덧셈을 반복하면 곱셈도 가능합니다.

이것만 있으면, 기본 연산을 충분히 구현할 수 있습니다.

플립플롭

1·35

선생님, 기억력이 나빠서 모르겠습니다.

바보야, 어제 가르쳐주었잖아.

간단한 계산은 가능해졌지만, 이것만으로는 아직 컴퓨터를 만들 수 없습니다.
어떠한 계산 결과도 입력 신호를 끊어 버리면 영원히 사라져 버립니다.
결국, 데이터를 기억하는 기능을 구현할 수 없습니다.
데이터를 기억하는 데에는 여러 가지 방법이 있습니다.

- 릴레이 등과 같은 기계 장치의 상태와 위치로 정보를 나타낸다.
- 콘덴서 등의 부품에 전기를 축적함으로써 비트의 존재를 나타낸다.
- 자기테이프 등의 물체에 자성을 띠게 하여 정보가 남게 한다.

AND 게이트 등을 이용한 논리 회로에서 기억 기능을 구현하는 것도 가능합니다.

이를 위해서는 **플립플롭**이라 부르는 회로를 이용해야 합니다. 플립플롭은 출력 측으로부터 입력 측으로 피드백(출력 측의 신호를 입력 측으로 되돌림)시키는 것으로, **상태 그 자체를 유지하는 장치**를 포함합니다. 결국 임의의 값을 유지한 상태를 그대로 계속 보유할 수 있기 때문에 그것이 **기억했다**라고 할 수 있는 상태가 됩니다.

플립플롭에는 몇 가지 유형이 존재합니다. '로직 시뮬레이터'에서 선택할 때 ([Logic Simulators] → [Simple Logics] → [햄버거 메뉴](▤)를 클릭하면 아래에 각각의 이름이 표시됩니다. 이름을 클릭하면 진리표가 나타납니다.

◎ RS형

RS라는 이름은 리셋(*Reset*)과 셋(*Set*)의 두 가지 입력 신호에서 인용한 것입니다(● 그림 1.52).

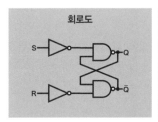

◐ 그림 1.52 RS형 플립플롭[19]

※ 출처 : 위키피디아 '플립플롭(フリップフロップ)' (https://ja.wikipedia.org/wiki/フリップフロップ)(일부 표현을 이 책에
맞게 수정)

진리표의 출력 열의 유지 칸에 주목하십시오. 이 상태가 되면, 그때까지의 출력이 그대로 유지되는 것입니다. 그것이 1인지 0인지는 그렇게 되어봐야 알 수 있습니다. 결국, 임의의 값을 보존시키는 것이 가능합니다. 매우 기본적인 메모리라고 할 수 있습니다.

◎ JK형

JK의 유래는 집적 회로의 발명으로 유명한 잭 킬비(Jack Kilby)로부터 유래한다는 등의 여러 가지 이야기가 있지만, 여고생이 아닌 것만은 확실합니다[20] (◐ 그림 1.53).

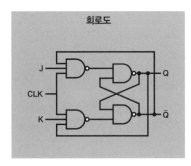

◐ 그림 1.53 JK형 플립플롭

※ 출처 : 위키피디아 '플립플롭(フリップフロップ)' (https://ja.wikipedia.org/wiki/フリップフロップ) (일부 표현을 이 책에
맞게 수정)

주19) $\overline{Q}$는 항상 Q를 반전시킨 값이 됩니다. 이하 동일합니다.
주20) 역자 주 : 일본어로 여고생을 의미하는 女子高生의 약칭이 JK(Joshi–Kousei)인데 기인하여 저자가 제시한 유머입
니다.

RS형은 동시에 두 개의 입력이 1이 될 수 없는 경우가 있지만, JK형은 가능합니다. 이때에는 클럭(**CLK**. 디지털 회로의 기준 신호. on과 off를 일정 시간마다 반복)마다 출력이 반전됩니다. 진리표에 있는 **다음 단계의 Q**에서 **다음 단계**라는 것은 클럭이 한 번 on되고 나서 off되는 사이클이 1회 경과라는 의미입니다.

◎ **D형**

D형은 C(클럭) 단자의 상승 에지(L로부터 H가 되는 순간)에서 D 입력의 값이 Q 출력으로서 유지됩니다(◎ 그림 1.54).

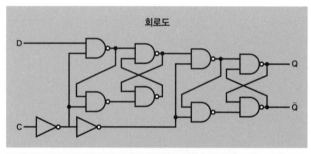

◎ **그림 1.54** D형 플립플롭

※ 출처 : 위키피디아 '플립플롭(フリップフロップ)' (https://ja.wikipedia.org/wiki/フリップフロップ) (일부 표현을 이 책에 맞게 수정)

RS형과 JK형에 비해 우리들이 생각하는 메모리에 더 가까운 기능을 가진 플립플롭입니다. **D** 입력에 기억하고 싶은 값이 주어지고, **C**를 **L**에서 **H**로 전환하면, 새로운 데이터를 기억시킬 때까지 **Q**의 값이 그대로 유지됩니다.

◎ T형

다른 플립플롭과 다르게 입력을 하나밖에 가지고 있지 않은 유형입니다(◐ 그림 1.55).

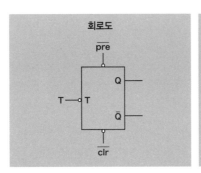

◐ 그림 1.55 T형 플립플롭

※ 출처 : 위키피디아 '플립플롭(フリップフロップ)' (https://ja.wikipedia.org/wiki/フリップフロップ) (일부 표현을 이 책에 맞게 수정)

T 단자의 입력이 1주기 변화(H→L→K)할 때마다 출력이 반전됩니다. 결국, 일정 주파수에서 T 단자를 변화시키면, 출력은 그 절반의 주파수가 됩니다.

래치

1.36

기억력을 획득한 나는 무적이다.

자, 승부다. 참고로 나는 기억력은 없지만 미래가 보이거든.

65페이지에서 소개한 Texas Instruments 사의 74 시리즈 논리 IC의 초기 제품 중에는 7474번에 D형의 'D 플립플롭'이 존재합니다. 이것은 번호 1이 다른 7475번에 'D 래치'라는 IC가 존재합니다. 당초에 D 플립플롭과 D 래치의 차이를 모르고 단순히 7474번은 2비트 입력, 7475번은 4비트 입력이라고 이해했지만, 반드시 그런 것은 아닙니다.

D 플립플롭과 D 래치의 동작은 다릅니다.

- D 플립플롭 : 클럭의 상승 에지에서 입력 데이터를 유지한다. 그 밖의 타이밍에서 출력은 변화가 없다.
- D 래치 : 클럭이 H 사이에 입력 신호는 그대로 출력된다. 그 사이에 입력 변화는 그대로 출력의 변화가 된다.

이러한 동작의 차이가 있기 때문에 7474번과 7475번은 대충 말하면 데이터를 기억한다는 기능은 공통이지만, 동일한 기능을 가졌다고 말할 수는 없습니다.

다만, 여기에서 기술하는 **플립플롭**과 **래치**라는 용어의 구별은 **이와 같은 해석도 있다**라는 수준으로, 확정된 분류라는 것은 아닙니다.

예를 들어 위키피디아의 '래치 회로'(**https://ja.wikipedia.org/wiki/ラッチ回路**) 설명에 기술된 아래와 같은 문장을 전제로 하면, 플립플롭은 래치의 한 가지라는 것입니다.

클럭이 있는 (동기) 래치에서는 클럭의 에지 위치에서만 출력이 변화하는 에지 트리거 유형과 '오픈' 기간은 그대로 보내는 트랜스페어런트 유형의 두 종류로 크게 구분된다.

그렇게 하면, D 플립플롭(7474번)은 에지 트리거 유형의 래치이고, D 래치 (7475번)는 트랜스페어런트 유형의 래치입니다.

그러나 여기에서 중요한 것은, 플립플롭과 래치라는 용어에 익숙해지는 것입니다. 그리고 그것들에는 **데이터를 기억하는 기능이 있다**라고 이해하는 것입니다. 상세한 설계를 수행하는 것이 아닌 한, 양자의 엄밀한 구별은 의식할 필요가 없겠지요.

카운터

1.37

> 정원에는 두 마리의 닭이 있습니다. 그런데 몇 번 정원이라고 하셨죠?

> 세어보지 않았어 ….

값을 유지하는 기능을 최소로 진화시키면 카운터가 탄생합니다.
카운터라는 것은 수를 세는 기능입니다. +1 또는 −1의 기능을 가집니다.
"무언가 임의의 덧셈 연산을 할 수 없을까?"라고 생각하지 말아주십시오. 실제로 하는 일이 많습니다.

예를 들어 스택을 이용하기 위해 스택 포인터(◐ 143페이지)는 값의 설정을 +1과 −1만으로 거의 충족됩니다. 스택은 들어간 역순으로 값을 꺼내기 때문에 너무 동떨어진 장소의 데이터를 참조할 필요성이 거의 없는 것입니다.
그런데 카운터로서 중요한 것은 **2진 카운터**와 **10진 카운터**입니다(◐ 표 1.13).

◐ **표 1.13** 2진 카운터와 10진 카운터

종류	성질
4비트 2진 카운터	9 다음은 10
4비트 10진 카운터	9 다음은 0(오버플로 발생)

왜 서로 차이가 있을까요?
10진 카운터는 단순히 사람이 이용하는 값을 카운트하는 경우에 많이 사용됩니다. 예를 들어 방문자 수는 "47명입니다"라고 표시하고 싶은 경우입니다.
"00101111명입니다"라고 표시하고 싶지는 않겠지요. 이 경우, 10진 카운터를 이용하면 처리하기 쉽습니다. 반면, 보기 쉬운 것보다도 효율을 중시하는 경우에는 2진 카운터를 이용해도 상관없습니다.

디코더

1.38

음악 수업에서 리코더를 불어….

기술 수업에서 디코더 회로를 만들었어.

예를 들어 "특정 비트열이 올 때만 특정 회로를 활성화시키고 싶다"라는 요구는 많습니다.

2비트의 입력으로 입력에 대응하는 LED를 점등시키기 원한다고 가정합시다.

입력	결과
00	LED 1번 점등
01	LED 2번 점등
10	LED 3번 점등
11	LED 4번 점등

기본적인 게이트의 조합으로 구현할 수 있지만, 디코더라는 부품을 사용하면 간단히 구성할 수 있습니다.

디코더는 입력 비트가 특정 조합일 때만 특정 출력 핀이 활성화되는 장치입니다. 예를 들어 2입력 4출력의 디코더일 때, 입력 A 입력 B가 00이라면 출력 0, 01이라면 출력 1, 10이라면 출력 2, 11이라면 출력 3이 활성화됩니다.

'로직 시뮬레이터'에 수록되어 있는 디코더라면, **그림 1.56**과 같이 출력을 유효하게 하는 신호(**G**로 시작하는 세 가지)를 유효하게 해두면, ABC에 대응하는 $\overline{Y}$로 시작하는 여덟 가지 출력이 각각 유효해집니다.

이 그림을 보면 **0**과 **1**의 모양이 떠오르는 것으로 보일 것입니다. 이 모양이 디코더가 무엇을 하는지를 이야기하고 있습니다. 결국 입력 값과 특정 출력이 관련 지어지는 것입니다.

INPUT						OUTPUT							
A	B	C	G1	G2A	G2B	Y0	Y1	Y2	Y3	Y4	Y5	Y6	Y7
X	X	X	0	0	0	1	1	1	1	1	1	1	1
0	0	0	1	0	0	0	1	1	1	1	1	1	1
1	0	0	1	0	0	1	0	1	1	1	1	1	1
0	1	0	1	0	0	1	1	0	1	1	1	1	1
1	1	0	1	0	0	1	1	1	0	1	1	1	1
0	0	1	1	0	0	1	1	1	1	0	1	1	1
1	0	1	1	0	0	1	1	1	1	1	0	1	1
0	1	1	1	0	0	1	1	1	1	1	1	0	1
1	1	1	1	0	0	1	1	1	1	1	1	1	0
X	X	X	0	1	0	1	1	1	1	1	1	1	1
X	X	X	1	1	0	1	1	1	1	1	1	1	1
X	X	X	0	0	1	1	1	1	1	1	1	1	1
X	X	X	1	0	1	1	1	1	1	1	1	1	1
X	X	X	0	1	1	1	1	1	1	1	1	1	1
X	X	X	1	1	1	1	1	1	1	1	1	1	1

◑ 그림 1.56 디코더

이 디코더는 의외로 중요한 기능입니다. CPU에 대량의 메모리 등을 접속하는 경우에는 분명 도움이 됩니다. 상세한 이야기는 다음 장 이후에서 다루겠습니다.

멀티플렉서

1.39

정보를 선택하는 멀티플렉서다.

정보를 선별하지 않는 나는 게으름뱅이다.[21]

　복수의 정보가 있고, 어느 것을 적용할지는 자유롭게 선택하고 싶은 경우가 있습니다.
이 경우는 멀티플렉서라는 논리 회로를 사용하여 값을 선택하는 것이 가능하며, 멀티플렉서에는 매우 많은 입력이 존재합니다.

- 선택 후보가 되는 값 모두
- 후보를 고르기 위한 정보 입력(후보가 4비트이면 선택 정보는 2비트 필요)
- 회로 그 자체의 유효 무효를 선택하는 입력

그러나 출력은 하나뿐입니다.
고르지 않은 정보를 출력하는 경로는 존재하지 않습니다(◐ 그림 1.57).

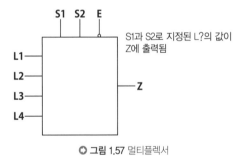

◐ 그림 1.57 멀티플렉서

주21)　역자 주 : 게으름뱅이의 일본어 발음이 묘하게도 멀티플렉서의 반대말처럼 들리는 것을 이용한 유머입니다.

디지털 회로, 논리 연산, 비트, 바이트, 래치, 카운터 등의 무기를 갖추었습니다.
자, 시스템의 중추인 CPU를 향하여 앞으로 나아갑시다!
신비한 부품인 CPU에 금단의 메스를 대어 지혜의 비밀을 규명해보겠습니다.

CPU 구조/명령 편

CPU란?

2.1

선생님, 질문이 있습니다. CPU란 무엇입니까?

지금 기억 장치를 조사해보고 판단을 내릴 테니 기다려.

컴퓨터의 핵심이 되는 부품을 CPU(*Central Processing Unit* : 중앙 처리 장치)라고 부릅니다. CPU가 하나의 부품인 경우도 많지만, 여러 개의 부품에 CPU 기능이 분산되어 있는 경우도 있고, 부품의 일부가 CPU 기능이 되는 경우도 있습니다. 그러나 CPU가 존재하지 않는 디지털 컴퓨터는 없을 정도로 반드시 존재하는 부품입니다.

이 책과 같이 컴퓨터가 왜 동작하는지를 설명하려고 할 때, 특히 많은 비중을 차지하는 요소입니다. 이 책의 약 절반은 CPU를 설명하고 있다고 해도 과언이 아닙니다. CPU는 컴퓨터의 두뇌라고 일컬어지지만, 이것은 정확한 표현이 아닙니다. 일반적으로 CPU의 기억력은 매우 제한적입니다. 또한 대부분 입출력을 위한 기능을 가지지 않습니다. 컴퓨터의 두뇌라고는 하지만, 작업 순서와 판단 기준은 모두 기억 장치에 기록되어 있어서 **CPU만으로는 일을 할 수 없습니다.**

PC의 본체를 CPU라고 부르는 경우도 있지만, 이것은 부품인 CPU와는 다른 의미입니다. 2장에서는 CPU의 구조, 결국 버스와 ALU라고 하는 CPU를 구성하는 각 부분의 명칭과 의미, 구조를 설명합니다.

CPU가 해석하는 **명령**에 관해서도 설명합니다. **CPU 기능의 일부는 메모리에 기록되어 있는 명령을 해석하여 실행하는 것이기** 때문에 명령을 모르면 이해할 수 없는 기능이 포함되어 있습니다.

조상님을 부활시키자

2.2

오랜만에 무덤에서 나오니 가볍군.

가볍겠지요. 발이 없으니까.

CPU를 설명하는 방법에는 몇 가지 유형이 있습니다. 이 책에서는 CPU를 모방하는 프로그램 작성을 통하여 CPU를 이해할 수 있도록 합니다. 그 이유는 여러 가지 장점이 있기 때문입니다.

- 기존의 CPU를 모방하는 프로그램을 작성하면, 설명을 위한 편의상 CPU가 아닌, 기존의 CPU를 이해할 수 있다.
- 기존 CPU의 모방이 완전하면, 기존의 소프트웨어를 그 모방 CPU에서 실행한다.
- 그 CPU를 갖춘 실제의 컴퓨터를 구입할 필요는 없다. 컴퓨터, 스마트폰, 태블릿으로 손쉽게 실험할 수 있다.

기술적으로는 자바스크립트로 CPU를 모방하는 프로그램을 작성하여, 웹 브라우저가 있으면 어떤 플랫폼에서도 테스트할 수 있도록 합시다. 다만, 순수한 자바스크립트를 사용하면 생산성이 저하되기 때문에 프로그램은 마이크로소프트 사가 개발한 **타입스크립트**를 사용했습니다. **자바스크립트와 거의 동일하**기 때문에 읽는 것이 어렵지 않을 것입니다. 혹시 자바스크립트로 읽고 싶다면 컴파일 결과의 소스 코드를 보면 됩니다.

그런데 다음 문제는 어떤 CPU를 모방할 것인지입니다. 세상에는 매우 많은 CPU가 존재하지만, 그중 하나를 선택해야 합니다. 현재 주류가 되는 CPU는 크게 x86, x64, ARM으로 나눠지지만, 이것이 전부는 아닙니다. 어느 계통에도 해당하지 않는 조립용 CPU가 사용되는 경우도 있습니다.

이 책에서는 x86과 x64의 직계 선조인 Intel 8080이라는 CPU를 모방하려고 합니다. 1974년에 나온 매우 오래된 CPU입니다.

이것을 고른 이유는 여러 가지 장점을 가지고 있기 때문입니다.

- 간단하고 이해하기 쉽다.
- x86이나 x64와 공통인 기능의 원형이 다수 준비되어 있어서, 8080을 이해하면 지금의 x86이나 x64도 이해할 수 있다.
- 8080은 당시 큰 히트를 친 CPU이기 때문에 실행할 수 있는 소프트웨어가 매우 많이 존재한다. 게다가 퍼블릭 도메인으로 취급되어 무료로 구할 수 있는 것이 많다.
- 최신의 CPU는 여러 가지 기능이 가상화되어 있어 실태와 겉보기가 괴리되어 있는 경우가 많다. 반면, 오래되기는 했지만 가상화 기능이 없어 동작을 이해하기 쉽다.

구체적으로는 1970년대에 주류였던 CP/M이라는 운영 체제를 구동하는 것을 목표로 합니다. 이것이 동작하면, 기존의 많은 프로그램을 실행할 수 있습니다. 이 프로그램들을 실행할 수 있으면, **우리들은 확실히 CPU를 만들었다는 느낌을 가지게 될 것입니다.** 이를 위하여 소프트웨어의 소스 코드는 오픈 소프트웨어로 깃허브(github)에 공개했습니다(◐ 21페이지).

`https://github.com/autumn009/ee8080`

$Z80$ 이라는 옵션

2.3

왜 CP/M은 동작하는데, 이 소프트웨어는 동작하지 않나요?
설마 Z80을 모방하는 프로그램을 작성해야 하나요?

그 전에 메모리를 늘립시다.

CP/M에는 8080용의 CP/M(CP/M-80) 외에 다음과 같은 변형이 있습니다.

- Intel 8086용   CP/M-86
- Motorola MC680x0용   CP/M-68K
- ZiLOG Z8000용   CP/M-8000

이것들은 CPU와 호환성이 없기 때문에 CPU를 모방하는 프로그램을 다시 작성해야 실행할 수 있습니다.

8080에는 상위 호환의 ZiLOG Z80이라는 CPU가 존재하기 때문에 CP/M 그 자체는 8080에서 동작해도 그 위에서 동작하는 애플리케이션은 Z80용인 경우가 있습니다. 이 경우는 8080을 모방하는 것만으로는 동작하지 않습니다. Z80의 모방은 독자를 위한 숙제로 남기두기로 합시다. 8080 에뮬레이터에 Z80 고유의 기능을 추가하면 동작합니다.

Intel 8080의 내부 구조

2.4

비밀의 문을 열겠다. 모든 부품을 마음껏 보게나.

LSI는 너무 미세하여 육안으로는 볼 수 없습니다.

이번의 8080 모방은 8080의 내부 구조(◐ 그림 2.1)를 가능하면 충실하게 모방한다는 방침으로 갑시다. 예를 들어, 중앙의 왼쪽에 연산부(ALU, *ARITHMETIC LOGIC UNIT*)라는 장치가 있지만, 이 이름을 가진 클래스가 아닌 객체를 작성하는 것으로 기능을 모방합니다.

다만, 소프트웨어에 의한 모방이 그다지 의미가 없거나 너무 쓸데없이 길어지게 되는 요소는 모방하지 않습니다. 예를 들어 내부 데이터 버스(*INTERNAL DATA BUS*)는 CPU 내부에서 교환되는 데이터를 중계하는 역할을 담당하지만, 일일이 그곳을 경유하지 않고도 데이터를 주고받을 수 있기 때문에 생략합니다. 대략적인 요소는 다음과 같이 정리했으며, 차례대로 설명합니다.

◎ Intel 8080의 구성 요소

- 쌍방향성 데이터 버스(*BI-DIRECTIONAL DATA BUS*)
- 데이터 버스 버퍼/래치(*DATA BUS BUFFER/LATCH*)
- 내부 데이터 버스(*INTERNAL DATA BUS*)
- 누산기(*ACCUMULATOR*)
- 누산기 래치(*ACCUMULATOR LATCH*)
- 임시 레지스터(*TEMP. REGISTER*)
- 플래그 플립플롭(*FLAG FLIPFLOPS*)
- 연산 장치(*ARITHMETIC LOGIC UNIT*)
- 10진 보정(*DECIMAL ADJUST*)
- 명령 레지스터(*INSTRUCTION REGISTER*)
- 명령 디코더 및 기계 사이클 디코더(*INSTRUCTION DECODER AND MACHINE CYCLE ENCODING*)

- 레지스터 배열(*REGISTER ARRAY*)
- 레지스터 선택(*REGISTER SELECT*)
- 멀티플렉서(*MULTIPLEXER*)
- B, C, D, E, H, L, W, Z 레지스터(*B, C, D, E, H, L, W, Z REGISTER*)
- 스택 포인터(*STACK POINTER*)
- 프로그램 카운터(*PROGRAM COUNTER*)
- 증산기/감산기 및 주소 래치(*INCREMENTER/DECREMENTER ADDRESS LATCH*)
- 주소 버퍼(*ADDRESS BUFFER*)
- 주소 버스(*ADDRESS BUS*)
- 타이밍 및 제어(*TIMING AND CONTROL*)
- 전원(*POWER SUPPLIES*)

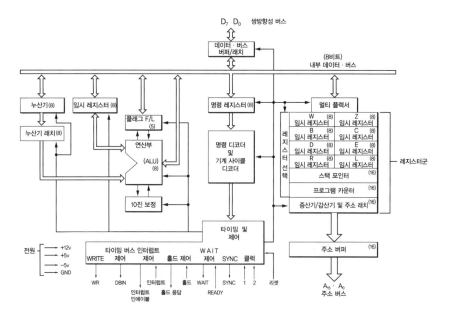

출처 : "마이크로컴퓨터 사용자 매뉴얼 MSC-85(부록 8080 해설)"(Intel)

◐ 그림 2.1 Intel 8080의 내부 구조

주1) 그림 중의 'F/L'은 '플립플롭', '연산부'는 '연산 장치', '쌍방향성 버스'는 '쌍방향성 데이터 버스', '레지스터군'은 '레지스터 배열'입니다.

시분할 버스

2.5

정체가 심하군.

모두 동일한 버스에 타면 정체되지 않아.

8080에는 '버스'라고 하는 용어가 포함된 구성 요소가 많습니다. 먼저 버스에 대해 설명합시다.

부품을 연결하지 않으면 함께 동작하지 않습니다. 부품을 연결하는 데는 전선 등의 전기를 통과하는 부품이 사용됩니다. 이러한 부품을 사용하여 부품을 연결하는 것을 '배선'이라고 합니다. 사용하는 부품이 많아지면 배선도 많아집니다.

예를 들어 64비트의 정보를 처리하는 부품이 열 개 있고, 각자 상호 통신한다고 가정합시다. 아무것도 생각하지 않고 배선하면, 열 개의 부품이 자신 외의 아홉 개 부품과 통신하기 때문에 통신선은 90벌이 필요하게 됩니다. 개개의 통신선은 64비트로 64벌 있기 때문에 합계 5,760벌의 전선이 필요합니다. 전선을 바르게 배선하고, 고장 없이 가동시키는 것은 매우 어려운 일입니다(◎ 그림 2.2).

여기에서 **모든 부품을 한 세트의 전선으로 접속**하면, **모든 부품이 공유**합니다. 이 전선이 **버스**입니다. 당연히 데이터를 동시에 송신하면 쇼트가 일어나기 때문에 동시에 사용해서는 안 됩니다. 이를 **시분할**이라 하고, 시분할에서 사용하는 버스를 '**시분할 버스**'라고 합니다.

이로써 전선의 수는 부품이 몇 개 증가해도 64벌로 충분하고, 배선에 문제가 발생하지도 않습니다. 결국 버스는 동시에 사용되지 않도록 신사적으로 행동하고 공유하는 소수의 전선입니다. 접속하는 모든 부품이 신사적으로 행동하는 한, 버스는 시스템 설계를 단순화시켜줍니다.

그 대신 동시에 버스를 사용하지 않도록 하는 조정 기구가 필요합니다(◎ 그림 2.3).

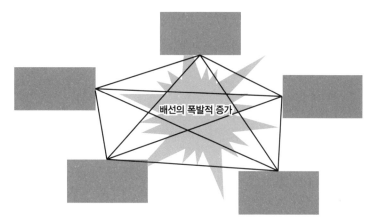

◎ **그림 2.2** 버스 없는 세계

CPU를 사용한 시스템에서는 통상 CPU나 DMA 제어기('3.18 : DMA 제어기'에서 상세히 설명합니다)가 조정 역할을 맡습니다.

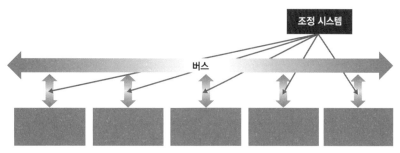

버스에 데이터를 송신하기 위해서는 한 사람으로 충분함

◎ **그림 2.3** 시분할 버스

내부 버스와 외부 버스

2.6

이쪽은 원 내를 순환하는 버스입니다.

이쪽은 시가지를 순환하는 외부 버스입니다.

8080에서는 두 가지 종류의 버스가 있습니다(◎ 그림 2.4).

- 내부 버스 : 8080의 내부에서 데이터 전송에 사용
- 외부 버스 : 8080과 다른 장치 사이에서 데이터 전송에 사용

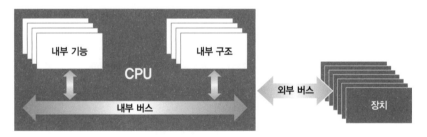

◎ **그림 2.4** 내부 버스와 외부 버스

8080에는 다음과 같은 세 가지 버스가 있지만, 처음 두 가지는 외부 버스, 내부 데이터 버스만 내부 버스에 해당합니다.

- 쌍방향성 데이터 버스(*BI-DIRECTIONAL DATA BUS*)
- 주소 버스(*ADDRESS BUS*)
- 내부 데이터 버스(*INTERNAL DATA BUS*)

내부 데이터 버스와 외부 데이터 버스는 반드시 구분해야 합니다. 둘을 겸용하는 것은 불가능합니다. 왜냐하면, 외부 세계에서는 누구와 통신하는지를 지정하는 정보 '**주소(어드레스)**'가 필요하지만, 내부의 세계에 **주소**가 없기 때문입니다. 동일한 칩 위에 미지의 통신 상대가 출현할 수 없습니다.

이 때문에 주소를 지정하기 위한 주소 버스의 유무라는 차이가 발생합니다.

- 내부 버스 : 주소와 주소 버스가 존재하지 않음
- 외부 버스 : 주소와 주소를 지정하기 위한 주소 버스가 존재함

그런데 쌍방향성 데이터 버스에만 쌍방향성(*BI−DIRECTIONAL*)이라는 표현이 붙은 이유는 무엇일까요?

외부 데이터 버스는 CPU가 데이터를 보내는 경우에도 사용되고, CPU가 데이터를 받아들이는 경우에도 사용됩니다. 결국 쌍방향성입니다. 이에 반해 주소 버스는 CPU가 외부에 대하여 어느 장치와 통신하고 싶은지를 지정하는 일방통행 신호선입니다. 결국, 단방향성입니다(○ 그림 2.5).

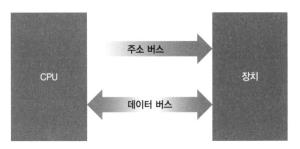

○ **그림 2.5** 쌍방향성과 단방향성 버스

내부 데이터 버스 역시 쌍방향성입니다. 내부 데이터 버스에 접속된 모든 구성 요소가 데이터를 보내기도 하고 받기도 합니다.

쌍방향성 데이터 버스를 단순히 **데이터 버스**라고 부릅니다. 특별히 쌍방향성이라고 수식하지 않아도 쌍방향성으로 사용되기 때문입니다.

그런데 반드시 어떤 형태로 배선을 연결하지 않는 한, 데이터가 닿지 않는 하드웨어의 세계에서 버스는 특히 중요한 기능을 가집니다. 그러나 데이터를 전달하기 위한 배선이 필요 없는 소프트웨어의 세계에서는 의미를 가지지 않습니다. 그래서 이번에는 CPU를 모방할 때 버스에 해당하는 기능을 구현하지 않습니다.

버스 수

2.7

가는 편은 1,000원, 오는 편은 10,000원.

요금이 비대칭이군!

버스는 복수의 데이터를 묶은 것이므로 최소한 한 개지만, 많은 것은 열 개 이상 됩니다. 8080에서는 몇 개가 될까요?

- 쌍방향성 데이터 버스   여덟 개
- 주소 버스   열 개
- 내부 데이터 버스   여덟 개

쌍방향성 데이터 버스와 내부 데이터 버스는 0~255를 식별할 수 있고, 주소 버스는 0~65,536을 식별할 수 있습니다.

이 비대칭성이 CPU를 이해하는 한 가지 포인트가 됩니다.

레지스터/래치

2.8

금전 등록기[2]에 들어 있는 돈을 전부 꺼내.

이 레지스터에는 비트밖에 들어 있지 않습니다.

128~129페이지에 제시한 8080의 구성 요소에는 **레지스터**와 **래치**라는 용어가 여러 개 보입니다. 두 가지 모두 **지정된 비트의 데이터를 유지하는 기능이** 있고(● 그림 2.6), 거의 동일한 것으로 생각해도 좋습니다(● '1.36 : 래치'). 여기에서는 동일한 것으로 간주하고 구현했습니다.

8080에는 레지스터와 래치가 구체적으로 어떠한 회로로 구현되었는지, D 플립플롭인지 D 래치인지, 아니면 그 외에 다른 방식인지 알 수 없습니다. 그러나 정보를 기억하는 논리 회로를 구현하는 것만은 확실합니다. 이 경우, 상세한 것은 칩 내부에 감추어져 있고, 비트를 기억하는 기능이 있다는 것만 이해하고 넘어갑시다.

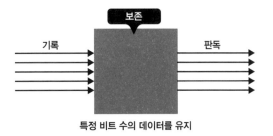

특정 비트 수의 데이터를 유지

● 그림 2.6 레지스터/래치

데이터를 보관하고 기록과 판독이 가능한 것은 메모리와 동일한 것으로 생각됩니다. 용량이 지극히 작은 메모리라고 이해해도 문제는 안 되겠지요. 그러나 일반적인 메모리와 달리, 사용되는 방법은 극히 제한적으로 CPU의 구

주2) 역자 주 : 일본어로 금전 등록기를 '레지스타'라고 발음합니다.

조가 허용하는 사용 방법만 가능합니다. 141페이지에서 설명하는 누산기 (ACCUMULATOR)는 레지스터와 동일하게 취급됨에도 레지스터 대접을 받지 못하는 특별한 존재입니다.

그런데 레지스터를 에뮬레이트하는 클래스의 구현은 간단합니다.

다음과 같은 기능만 주어집니다.

- 수치를 하나 보존할 수 있음
- 변경 가능한 상한 값이 주어짐
- 0과 상한 값 사이의 수치만 받아들임
- 데이터의 기록과 판독만 가능함
- +1, −1, 난수에 의한 초기화 기능을 가짐

난수에 의한 초기화는 전원이 켜진 직후에 레지스터에 특정 값이 들어가지 않고 임의의 값으로 설정되는 상태를 재현합니다. 설정된 상한 값보다 큰 값을 설정하는 것은 허용되지 않지만, 오버플로, 언더플로는 오류 없이 순환합니다. 결국, 최댓값을 넘으면 최솟값으로 되돌아옵니다. 이 구현이 음수가 취급되지 않는 것처럼 보이지만, 2의 보수 표현의 값을 입력하면 음수도 이용할 수 있습니다.

이러한 기능을 구현한 소스 코드는 다음과 같습니다.

```
// 레지스터 클래스
class register
// 레지스터에 들어 있는 최댓값은 기본적으로 65,535(상속으로 덮어씀)
    protected upperLimit = 65535;
// 레지스터가 유지하는 값. 아무것도 대입되지 않은 상태에서는 0으로 함
    private value = 0;
// 레지스터에 값을 설정
    public setValue(n: number) {
        if (n < 0 || > this.upperLimit) {
// 취급하는 범위 밖이면 예외를 발생시킴
            throw Error("value is out of range n=" + n);
```

```
    }
// 값을 유지하는 필드에 값을 저장
        this.value = n;
    }
// 레지스터의 값을 획득
    public getValue(): number {
        return this.value;
    }
// 레지스터의 값에 1을 더함
    public Increment() {
        this.value++;
// 1을 더한 결과, 오버플로라면 0이 됨
        if (this.value > this.upperLimit) this.value = 0;
    }
// 레지스터의 값에서 1을 뺌
    public Decrement() {
        this.value--;
// 1을 뺀 결과, 언더플로라면 최댓값으로 돌아감
        if (this.value < 0) this.value = this.upperLimit;
    }
// 값을 난수로 초기화함. 값이 일정하지 않은 전원 입력 상태를 모방하기 위함
    public randomInitialize() {
        this.value = Math.floor(Math.random() * this.upperLimit);
    }
}
```

8비트 레지스터와 16비트 레지스터

2.9

> 나는 16비트 레지스터다. 2배 차이가 나지.

> 그래도 데이터 버스는 여덟 개밖에 없어.

8080 데이터 버스는 여덟 개지만, 주소 버스는 16개입니다. 따라서 8080 의 내부에는 데이터 버스와 주고받으며 사용하는 8비트 레지스터와 주소 버스와 주고받으며 사용하는 16비트 레지스터가 존재합니다.

8080에는 8비트 레지스터를 두 개 연결하여 16비트 레지스터로 취급하는 레지 스터 페어라는 기능이 있습니다. 8비트 레지스터를 두 개를 16비트 레지스터 로 취급하는 것이지, 레지스터 페어라는 유형의 레지스터가 존재하는 것은 아 닙니다. 8비트 레지스터만으로 충분하기 때문입니다. 그런데 8비트 레지스터 의 구현은 다음과 같습니다. **Register** 클래스를 상속하여 상한 값을 **255**로 변경할 뿐입니다.

```
//Register 클래스를 상속하여 Register8 클래스를 작성
class Register8 extends Register {
// 수정은 상한 값을 255로 고치는 것만. 8비트 레지스터의 상한 값은 255
    protected upperLimit = 255;
}
```

16비트 레지스터도 **Register** 클래스를 상속하는 것만으로 충분하고, 원래 상한 값이 **65535**이기 때문에 재설정할 필요는 없습니다. 그러나 소스 코드를 간결하게 하기 위해 상위 8비트, 하위 8비트를 동시에 설정하여 16비트 레지 스터에 값을 설정하는 메소드(**setValueHL**)를 추가했습니다.

```
//Register 클래스를 상속하여 Register16 클래스를 작성
class Register16 extends Register {
// 하위 바이트와 상위 바이트를 받아들인 후, 이것을 결합하여 하나의 값으로 저장함
    public setValueHL(L: number, h: number) {
        this.setValue(H * 256 + l);
    }
}
```

8비트 레지스터로 간주되는 것

2.10

이거, 이름이 다른데요….

내용은 사실상 동일해.

　다음 항목은 사실상 8비트 레지스터 자체라고 보아도 무방합니다. 마지막 한 항목 이외에는 단순히 **Register8** 클래스(8비트 레지스터 클래스)를 상속하는 것만으로 끝납니다. 마지막 하나는 **Register8** 클래스의 인스턴스를 작성하여 그대로 이용합니다. 소스 코드를 수록하는 의미는 없기 때문에 여기서는 생략합니다.

- 데이터 버스 버퍼/래치(*DATA BUS BUFFER/LATCH*)
- 누산기(*ACCUMULATOR*)
- 누산기 래치(*ACCUMULATOR LATCH*)
- 임시 레지스터(*TEMP.REG.*)
- 명령 레지스터(*INSTRUCTION REGISTER*)
- B, C, D, E, H, L, W, Z 레지스터(*B, C, D, E, H, L, W, Z REGISTER*)

　데이터 버스 버퍼/래치에 관해서는 '2.12 : 버퍼'에서 상세히 설명합니다. 이 항목은 래치의 기능과 버퍼의 기능 양쪽을 모두 가지고 있다는 것을 의미하지만, 소프트웨어로 모방하면 전기 회로의 구동력을 증강하는 버퍼가 아니라 사실상 래치=8비트 레지스터라고 간주해도 됩니다. 그러나 기능이 동일하다고 간주하더라도 역할은 다릅니다. 역할은 다음과 같습니다.

◎ 데이터 버스 버퍼/래치

외부의 쌍방향성 데이터 버스와 내부 버스의 경계에 존재합니다. 이 둘 사이의 통신은 모두 이곳을 경유합니다. 결국, CPU의 내부로부터 외부의 쌍방향성 데이터 버스에 입출력하려고 하면, 반드시 이곳을 경유해야 합니다. 다른 경로에서는 절대로 외부의 쌍방향성 데이터 버스와 주고받을 수 없습니다.

◎ 누산기

CPU 계산은 언제나 누산기를 대상으로 수행됩니다. 결과는 반드시 누산기에 들어갑니다. 혹시 덧셈과 같이 두 개의 값을 대상으로 수행하는 계산이라면, 한쪽 값은 언제나 누산기로부터 받습니다. 이와 같이 **언제나 계산 대상이 되는 특별한 레지스터**를 도입하는 것으로, CPU의 구조를 지나치게 복잡하지 않도록 만들어 해결합니다.

◎ 누산기 래치

누산기의 값을 계산할 때 기억해두는 일시적인 기억 장치입니다. 계산하는 연산 장치(ALU, *ARITHMETIC LOGIC UNIT*)에는 기억 능력이 없기 때문에 결과의 기억이 완료될 때까지 입력 값을 유지해야 합니다. 그러나 결과는 누산기에 기록되기 때문에 누산기의 값이 안전하게 유지되는지는 알 수 없습니다. 따라서 누산기의 값을 복사하여 보존하는 이 회로가 필요합니다.

◎ 임시 레지스터

두 개의 값을 대상으로 수행하는 계산에서 누산기가 아닌 쪽의 값이 일시적으로 저장되는 레지스터입니다. 연산 장치는 계산하는 상대가 어떤 것이든 누산기와 임시 레지스터를 상대로 계산을 수행합니다. 누산기와 B 레지스터의 덧셈이든, 누산기와 C 레지스터의 덧셈이든, B 레지스터와 C 레지스터의 값은 임시 레지스터에 복사되기 때문에 계산이 수행됩니다.

◎ 명령 레지스터

이제부터 해석해야 하는 명령이 저장되는 레지스터입니다. 2바이트 명령, 3바이트 명령에서는 첫 번째 바이트가 들어갑니다. 명령 디코더에는 명령을 기억하는 기능이 없기 때문에 명령의 실행이 끝날 때까지는 값을 이곳에서 유지해야 합니다. 이 회로는 단순히 명령을 기억만 할 뿐, 해석하지는 않습니다. 해석을 하기 위하여 CPU가 어떠한 명령을 처리할 수 있는지를 알 필요는 없습니다.

◎ B, C, D, E, H, L, W, Z 레지스터

모두 범용성이 높은 레지스터입니다. 고유의 사용 방식이 존재하는 경우도 있지만, 비교적 자유롭게 취급할 수 있습니다. 두 세트로 레지스터 페어(◐ 138페이지)로 사용되는 경우도 있지만, 어디까지나 해석의 문제이며, 실제로는 8비트 레지스터가 여러 개 있을 뿐입니다. 레지스터 페어에는 **BC**, **DE**, **HL**의 조합이 있습니다. **HL** 레지스터 페어의 값을 주소라고 간주할 때 메모리 값을 **M** 레지스터라고 부르지만, 실제로 **M** 레지스터는 존재하지 않고, 메모리가 있을 뿐입니다.

W 레지스터와 **Z** 레지스터에 관해서는 전문가라 하더라도 존재를 파악하지 못할 가능성이 있습니다. 이것들은 일부의 명령을 실행하는 도중에 값을 일시적으로 보관하기 위해 존재합니다. 프로그래머가 의식적으로 사용할 수는 없습니다. 그렇기 때문에 입문서 등에서는 "**8080의 8비트 레지스터는 B, C, D, E, H, L의 여섯 가지 종류입니다**"라고 설명하는 것도 많고, 이것으로 대부분 해결됩니다. 그러나 CPU의 동작에서는 이러한 레지스터가 존재해야만 실행할 수 있는 명령이 있습니다. 동작을 이해하기 위해서는 의식하는 것이 좋습니다.

16비트 레지스터로 간주되는 것

2.11

이것도 역시.

내용은 사실상 동일해.

다음 항목은 사실상 16비트 레지스터 그 자체로 간주해도 무방합니다. 실제로 **Register16** 클래스(16비트 레지스터 클래스)의 인스턴스를 작성하여 그대로 이용합니다. 소스 코드는 수록할 의미가 없기 때문에 생략합니다.

- 스택 포인터(*STACK POINTER*)
- 프로그램 카운터(*PROGRAM COUNTER*)
- 증산기/감산기 및 주소 래치(*INCREMENTER/DECREMENTER ADDRESS LATCH*)

16비트 레지스터의 역할은 다음과 같습니다.

◎ 스택 포인터
스택을 구현하는 데 사용됩니다.

스택은 LIFO(*Last In, First Out*, 마지막에 들어간 것이 처음 나옴) 스타일의 데이터를 담는 용기로 구현합니다. 특정 메모리 영역을 스택으로 이용하고, 프로그램의 선두에 스택 포인터를 적절한 값으로 초기화하는 것이 필수적입니다.

◎ 프로그램 카운터
현재 취득 중인 명령이 저장되어 있는 메모리 주소를 항상 유지하는 레지스터입니다.

1바이트 취득할 때마다 1이 증가하고, 이에 따라 차례대로 다음 명령이 실행됩니다.

프로그램 동작의 흐름을 변경하고 싶을 때는 프로그램 카운터의 값을 고쳐 쓰면 됩니다. **PCHL**과 같이 **HL** 레지스터 페어의 값을 프로그램 카운터에 설정하는 명령을 사용할 수도 있고, **JMP**와 같은 점프 명령으로 직접 새로운 값을 설정할 수도 있습니다. **PCHL**과 **JMP**에 관해서는 162페이지 '2.16.4 : 분기 명령 그룹'에서 상세하게 설명합니다.

◎ 증산기/감산기 및 주소 래치

직접 사용하는 것은 불가능합니다.

유감스럽게도 어떤 식으로 사용되는지는 확실하지 않습니다. 어떤 16비트 레지스터/레지스터 페어가 아닌 값(예를 들어 명령 중에서 직접 지정되는 주소)을 주소 버스에 송출하는 경우와 16비트의 +1/-1을 수행하는 경우 등에 사용되는 것으로 추측합니다. 이 점은 조금 불확실합니다. 8080의 모방에서는 적절한 곳에서 사용됩니다.

버퍼

2.12

자네는 그들과의 완충 역할을 해주게.

결국 버퍼군요.

128~129페이지에 열거한 8080의 구성 요소에는 **버퍼**라고 하는 용어가 여러 번 나타납니다. 버퍼는 '완충 장치'라는 의미로는 사용되지 않습니다. **정보를 통과시키며 전기적으로 두 개의 회로를 분리**하고, **구동 능력**(뒤에 상세히 설명합니다)을 늘리기 위해 사용됩니다.

그 역할을 설명하겠습니다.

버퍼는 논리적으로 아무런 기능도 없습니다. 모든 데이터를 통과시키는 것뿐입니다.

NOT 게이트(인버터)에는 **NOT** 연산, **AND** 게이트에는 **AND** 연산, **OR** 게이트에는 **OR** 연산이라는 기능이 있습니다(각 게이트에 관해서는 '1장 : 기본 논리 편'을 참조하기 바랍니다). 그런데 버퍼는 아무 논리 연산도 아닙니다.
그러나 버퍼에는 구동 능력을 확대하는 기능이 있습니다.

여기서 구동 능력이란 무엇일까요?(○ 그림 2.7)

어떠한 장치라도 출력에 원하는 만큼의 다른 장치를 접속하는 것이 좋은 것만은 아닙니다. 구동 능력에는 한도가 있습니다. 즉, 사전에 설계된 한계가 존재합니다. 한계에 도달하면 다수의 기기에 접속할 수 없습니다.

따라서 버퍼를 중간에 넣는 것으로 구동 능력을 강화합니다(○ 그림 2.8).

그 밖에 전압을 보정하고 전기적으로 회로를 분리하는 목적으로 사용하는 경우도 있습니다. 소프트웨어로 CPU를 모방하는 경우에는 잠시 잊어도 되는 존재입니다.

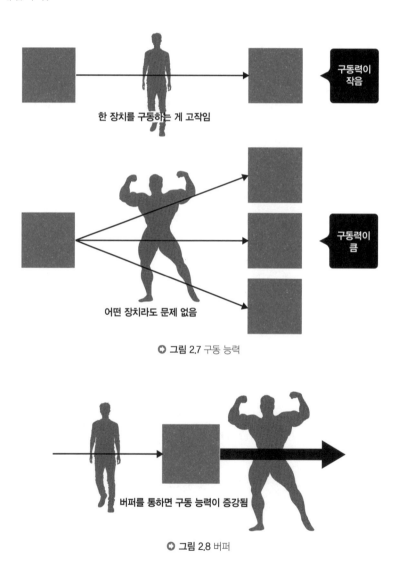

한 장치를 구동하는 게 고작임

구동력이 작음

어떤 장치라도 문제 없음

구동력이 큼

● 그림 2.7 구동 능력

버퍼를 통하면 구동 능력이 증강됨

● 그림 2.8 버퍼

주소 버퍼

2.13

이 주소로 보내는 물건입니다.

배달해야 하는 주소가 달라요.

버퍼에는 보통 소프트웨어로 구현해야 할 기능이 없습니다. 그러나 8080의 기능을 구현할 때, 어떤 주소를 출력하는지를 고르는 기능이 필요하기 때문에 이것을 `AddressBuffer` 클래스로 구현합니다.

```typescript
// 주소 버퍼 클래스의 정의
class AddressBuffer {
// CPU 외의 장소와 통신하기 위하여 CPU 객체에 대한 참조를 가짐
    private chip: i8080;
// 생성자. CPU 객체에 대한 참조를 설정함
    constructor(thischip: i8080) {
        this.chip = thischip;
    }
// 주소 버퍼의 내용을 취득함
// 취득하는 대상의 레지스터는 CPU 객체 registerSelect16의 값에 따라 결정함
    public getAddress(): number {
// CPU 객체 registerSelect16의 값으로 경우를 분류함
        switch (this.chip.registerSelect16) {
// BC 레지스터 페어가 지정됨
            case RegisterSelect16.bc:
                return this.chip.regarray.getRegisterPairValue(0);
// DE 레지스터 페어가 지정됨
            case RegisterSelect16.de:
                return this.chip.regarray.getRegisterPairValue(1);
// HL 레지스터 페어가 지정됨
            case RegisterSelect16.hl:
                return this.chip.regarray.getRegisterPairValue(2);
// SP가 지정됨
            case RegisterSelect16.sp:
                return this.chip.regarray.sp.getValue();
```

```
        // PC가 지정됨
                case RegisterSelect16.sp:
                        return this.chip.regarray.pc.getValue();
    // WZ 레지스터 페어가 지정됨
                case RegisterSelect16.wz:
                        return this.chip.regarray.getRegisterPairValue(4);
    // 그 외의 것이 지정됨(증산기 감산기 주소 래치라고 간주함)
                default:
                    return this.chip.regarray.incrementerDecrementerAddressLatch.
                                                        ➡ getValue();
            }
        }
    }
```

레지스터를 참조해야 주소를 확정할 수 있기 때문에 CPU 객체를 참조하는 필드 **chip**을 준비해둡니다. 선택해야 하는 레지스터의 종류도, 필드 **chip**을 경유하여 **this.chip.registerSelect16**이라는 필드로부터 취득할 수 있습니다. 이 값으로 다음의 다양한 값을 취득합니다.

- RegisterSelect16.bc   BC 레지스터 페어
- RegisterSelect16.de   DE 레지스터 페어
- RegisterSelect16.hl   HL 레지스터 페어
- RegisterSelect16.sp   SP
- RegisterSelect16.pc   PC
- Register16.wz   WZ 레지스터 페어
- 그 외   incrementerDecrementerAddressLatch

이때 주의해야 할 것은 CPU 내에서 어느 레지스터/래치에도 기억되지 않은 정보는 주소 버스로 송신할 수 없다는 것입니다.

어느 레지스터에도 저장되지 않은 값을 송신하고 싶은 경우에는 **WZ** 레지스터 페어나 **incrementerDecrementerAddressLatch**에 일단 저장해야 합니다. 이것들은 프로그램으로부터 임의로 사용하는 것이 불가능하기 때문에 언제든지 값을 덮어써야 이용할 수 있습니다.

레지스터 페어와 16비트 레지스터에서는 값의 취득 방법이 다르다는 것에도 주의해야 합니다. 16비트 레지스터 페어의 경우는 16비트 정보가 존재하므로 값을 취득하는 것만으로 충분합니다. 예를 들어 레지스터 배열(`regarray`) ('2.20 : 레지스터 배열'에서 상세히 설명합니다)의 스택 포인터(`sp`)라면 다음과 같이 취득할 수 있습니다.

```
return this.chip.regarray.sp.getValue();
```

한 편으로 레지스터 페어에는 그와 같은 레지스터가 존재하지 않기 때문에 레지스터 배열이 가진 메소드인, **레지스터 페어가 실제로 존재하는 것처럼 16비트 값을 취득하는 메소드**(getRegisterValue)를 호출하고 있습니다.

```
return this.chip.regarray.getRegisterPairValue(2);
```

이 부분은 실제의 CPU 구조가 확실하지 않기 때문에 많은 추정을 통해 작성하였습니다.

플래그 플립플롭

2.14

깃발을 들자.

플래그가 섰다!

CPU의 내부에는 플래그라고 부르는 1비트 기억 영역이 존재합니다. 플립플롭은 1비트 기억 영역의 의미로 사용되고 있습니다. 플래그의 역할은 결과가 0이 되었다, 오버플로가 발생했다 등의 상황을 나타내는 것입니다. 8080에는 다섯 가지 플래그가 포함되어 있습니다.

이것을 다음에 열거합니다.

- Z 플래그　　　연산 결과가 0이면 1
- S 플래그　　　연산 결과의 MSB(◐ 151페이지)가　1
- P 플래그　　　연산 결과의 패리티(◐ 151페이지)가 짝수
- CY 플래그　　자리올림, 자리내림이 있으면　1
- AC 플래그　　DAA(◐ 161페이지)용의 보조 캐리

이러한 플래그가 변화하는지의 여부는 명령마다 정의되어 있습니다. 유사한 명령에도 동작이 다른 경우가 있습니다. 예를 들어 8비트 레지스터에 1을 더하는 INR 명령은 모든 플래그(캐리는 제외)에 영향을 미칩니다. 그러나 레지스터 페어가 아닌 16비트 레지스터에 1을 더하는 INX 명령은 모든 플래그에 영향을 미치지 않습니다. 이것은 16비트 단위의 계산은 주소 계산이기 때문에 수치 계산의 결과에 영향을 미치지 않도록 배려한 것입니다. 그러나 동작의 차이를 이해해두지 않으면, 생각대로 동작하지 않는 프로그램이 만들어집니다.

이제 각각의 플래그를 상세하게 설명하겠습니다.

◎ Z 플래그

'제로 플래그'라고도 부릅니다. Z 플래그는 연산 결과가 0인지 아닌지를 재빨리 판단하는 데 사용됩니다.

◎ S 플래그

'사인(부호) 플래그'라고도 부릅니다. S 플래그의 설명 중 **MSB**라는 것은 '*Most Significant Bit*', 즉 최상위 비트입니다. 2의 보수 표현 등 최상위 비트가 **1**일 때는 음수입니다. 결국 **S** 플래그는 양수와 음수 여부(부호, *Sign*)를 표시합니다.

◎ P 플래그

'패리티 플래그'라고도 부릅니다. **모든 비트를 더한 값이 짝수인지 홀수인지의 여부를 패리티라고 부릅니다.** P 플래그는 이 정보를 유지합니다. 비트가 한 개 어긋나면 패리티가 일치하지 않고, 오류가 발생한다는 것을 알 수 있습니다.

◎ CY 플래그

'캐리 플래그'라고도 부릅니다. **CY** 플래그는 덧셈을 할 때 자리 넘침을 나타냅니다. 이것을 '캐리'라고 부릅니다. 뺄셈을 할 때는 값을 빌려온 것을 나타냅니다. 이를 '빌림(borrow)'이라고 합니다.

◎ AC 플래그

'보조 캐리 플래그'라고도 부릅니다. **AC** 플래그는 2진화10진수(ⓞ '1.30 : 2진화10진수')를 이용할 때에 사용합니다. **DAA** 명령에서 의미를 가진 플래그입니다. 그다지 존재를 의식할 필요는 없겠지요.

이러한 플래그를 소스 코드에 기술할 때는 각각을 boolean형으로 변환해야 합니다. **True**나 **False**의 값만 취급하지만, 플래그는 이것으로 충분합니다. 이때 주의해야 하는 것은 **PUSH PSW, POP PSW**[3]라는 명령에서 플래그를 하나로 묶은 바이트를 다루는 경우도 있다는 것입니다. 이와 같은 바이트를 작성하거나 바이트로부터 플래그를 얻기 위한 `getPacked`, `setPacked` 메소드가 존재합니다.

주3) PSW는 'Program Status Word'의 약어로 각종 플래그와 누산기의 값을 설정합니다.

```typescript
// 플래그 관계 클래스의 정의
class FlagFlipFlop {
// Z 플래그의 정의
    public z: boolean = false;
// S 플래그의 정의
    public s: boolean = false;
// P 플래그의 정의
    public p: boolean = false;
// CY 플래그의 정의
    public cy: boolean = false;
// AC 플래그의 정의
    public ac: boolean = false;
// PUSH PSW용으로 플래그를 8비트로 채운 값을 작성함
    public getPacked(): number {
        var n = 2;
        if (this.cy) n |= 1;
        if (this.p) n |= 4;
        if (this.ac) n |= 16;
        if (this.z) n |= 64;
        if (this.s) n |= 128;
        return n;
    }
// POP PSW용으로 채워진 플래그를 분해함
    public setPacked(n: number) {
        this.cy = (n & 1) != 0;
        this.p = (n & 4) != 0;
        this.ac = (n & 16) != 0;
        this.z = (n & 64) != 0;
        this.s = (n & 128) != 0;
    }
}
```

리틀 엔디언과 빅 엔디언

2.15

> 원 리틀 인디언~♫

> 나의 바이트는 리틀 엔디언.

8비트 단위로 데이터를 취급하는 시스템에서 그 이상인 비트 폭의 데이터를 취급할 때는 데이터를 8비트 단위로 나열합니다. 이때 상위 자리를 앞에 두는 방법을 빅 엔디언(*big-endian*), 하위 자리를 앞에 두는 방법을 리틀 엔디언(*little-endian*)이라고 합니다. 엔디언은 바이트 순서(*byte order*)라고도 합니다.

8080과 같이 자신의 바이트 폭(8비트)을 넘어서는 데이터를 취급하는 기능이 있는 경우에는 반드시 엔디언이 관련되어 있습니다. 엔디언을 바르게 다루지 않으면 의도한 결과가 얻어지지 않습니다(◐ 그림 2.9).

8080은 리틀 엔디언이기 때문에 예를 들어 "명령의 두세 번째 바이트에 16비트의 값이 있습니다"라고 설명되고 있을 때는 두 번째 바이트가 하위 바이트, 세 번째 바이트가 상위 바이트가 됩니다.

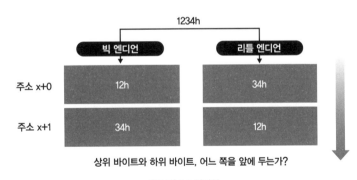

상위 바이트와 하위 바이트, 어느 쪽을 앞에 두는가?

◐ 그림 2.9 엔디언

이것으로 CPU의 토대가 되는 기본 기능을 대강 설명했습니다. 그러나 이러한 기능을 그냥 두기만 해서는 아무것도 할 수 없습니다. 이것들을 활용하도록 CPU에 명령을 내릴 필요가 있습니다. 그러나 단순히 "일을 해라"라고 말하면 CPU는 이해할 수 없습니다. 다음에는 CPU가 이해할 수 있는 언어와 명령에 관하여 설명합니다.

칼럼

문자와 엔디언

엔디언의 문제는 문자에도 영향을 미칩니다.

16비트 단위로 문자를 표현하는 UTF-16과 같은 표현 방법은 8비트 단위로 취급하는 시스템을 경유할 때 엔디언의 영향을 받습니다.

따라서 리틀 엔디언의 UTF-16, 빅 엔디언의 UTF-16을 구별해야 합니다.

그러나 처음부터 8비트 단위로 취급하는 UTF-8이면 엔디언에 영향을 미치지 않습니다. 가령 내부 처리를 UTF-16으로 수행할 때에도 다른 시스템과의 교환은 UTF-8로 수행하는 편이 좋습니다.

Intel 8080 전체 명령의 상세한 설명

2.16

명령이네. 자네는 나의 명령을 들을 것!

네! 그런데 무슨 명령입니까?

이제부터 다루는 기능은 CPU가 받아들인 명령을 알지 못하면 이해할 수 없습니다. 명령을 해석하여 실행하는 기능에 관한 것이기 때문입니다.

여기에서는 8080이 해석하는 명령에 관하여 설명합니다. CPU가 이해하는 프로그램은 **기계어**(*Machine Language*)라고 부르는 프로그래밍 언어로 작성됩니다. 기계어는 **비트의 집합체**입니다. 사람이 보아도 의미를 알 수 없습니다. 기계어의 프로그램을 구성하는 개개의 요소를 **명령**(Instruction)이라고 부릅니다.

CPU의 중요한 일 중 한 가지는 이 명령을 해석하여 실행하는 것입니다. 그러나 안타깝게도 명령의 호환성이 없는 CPU도 많이 존재합니다. 8080의 명령은 현재의 x86이나 x64와 비슷하지만, 다른 기능도 많습니다. 그러나 개수는 많지 않기 때문에 여기에서 8080의 전체 명령을 해설합니다.

이러한 명령을 이해하면 CPU를 이해할 수 있고, 일반 사용자에게 감추어져 있는 여러 가지 기능을 이용할 수도 있습니다. 예를 들어 8장에서 소개하는 스스로 증식하는 프로그램, 운영 체제를 탈취하는 프로그램, 자기 자신을 메모리에서 지워 버리는 프로그램은 이러한 명령을 활용하여 실현한 것입니다.

그러면 구체적으로 8080의 명령을 설명하겠습니다. 8080의 기계어는 한 개의 명령이 1바이트부터 3바이트까지 다양합니다. 그러나 비트 표현이나 8진수, 16진수 등으로 표현해도 이해하기 어렵기 때문에 **연상 기호**(*mnemonic*)라고 부르는 **사람에게 친숙한 표기**를 사용하여 프로그램을 기술하고, 뒤에 번역시키는 방식으로 수행됩니다(연상 기호를 이용해 소스 코드를 기술하는 언어를 어셈블리 언어라 하고, 번역 작업을 어셈블이라고 합니다(◐ 그림 2.10).

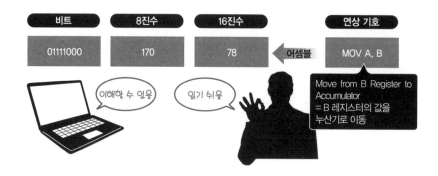

◐ **그림 2.10** 어셈블

예를 들어 다음은 연상 기호 표기를 이용하여 **1+2**의 계산을 수행하는 예입니다. 실행하면 누산기에 3이라는 결과를 남기고 CPU는 정지합니다.

```
mvi a,1 ; 누산기에 1이라는 값을 넣음4) ;
mvi b,2 ; B 레지스터에 2라는 값을 넣음
add a,b ; 누산기의 값에 B 레지스터의 값을 더함. 결과는 누산기에!
hlt ; CPU를 정지시킴
```

이 경우에는 **mvi**, **add**, **hlt**가 연상 기호입니다5). 뒤에 이어지는 **a,2**나 **b,2** 등의 보조적인 문자는 **피연산자**(operand)라고 부릅니다. **mvi**는 "**지정된 값을 지정된 레지스터에 저장하시오**"라는 명령이지만, 피연산자에 레지스터 이름과 값을 별도로 지정할 수 있게 되어 있습니다. 그런데 예전에는 16진수를 읽는 것만으로 어느 명령인지를 알 수 있는 연상 기호도 많았지만, 지금은 그 정도의 암기를 요구할 수 없습니다. 영단어의 약어로 되어 있는 연상 기호+피연산자의 표기로, 다음 해설을 진행합니다.

주4) 기호 이후는 주석입니다(◐ 169페이지 '2.16.8 : 주석').
주5) 8080의 연상 기호와 피연산자는 보통 대소 문자를 구별하지 않습니다.

연상 기호+피연산자와 16진수 표기의 대응 관계는 마지막에 표로 정리합니다. 이 표를 볼 필요는 없지만, 몇 가지 예외가 있습니다. 학습을 위하여 CPU의 동작을 이해하는 것이 그 예외 중 하나입니다. 이와 관련하여 별도로 기록하지 않은 경우에는 다음 명령을 실행해도 플래그는 변화하지 않습니다.

2.16.1 각 명령의 설명 중에 사용되는 공통 기호

◎ SSS, DDD

예를 들어 **MOV DDD, SSS**는 DDD와 SSS 부분에 **A, B, C, D, E, H, L, M**을 자유롭게 선택하여 기술할 수 있는 것을 의미합니다. 따라서 **MOV A,B**로도 **MOV B,A**로도 기술할 수 있습니다. **A**는 누산기이고, **B, C, D, E, H, L**은 8비트 레지스터입니다. **M**은 M 레지스터라고 부르는 '실제로는 존재하지 않지만, 존재하는 것처럼 지정할 수 있는' 가상 레지스터입니다. 실제로는 HL 레지스터 페어가 가리키는 메모리가 됩니다. **M**을 지정한 경우에만 명령의 실행 시간이 길어집니다(메모리에서 취득하는 만큼 시간이 걸리기 때문입니다).

◎ BD

B, D를 지정할 수 있습니다. **B**는 BC 레지스터 페어, **D**는 DE 레지스터 페어입니다.

◎ BDHPSW

B, D, H, PSW를 지정할 수 있습니다. **B**는 BC 레지스터 페어, **D**는 DE 레지스터 페어, **H**는 HL 레지스터 페어, **PSW**는 누산기와 플래그를 하나로 정리하는 값입니다.

◎ BDHSP

B, D, H, SP를 지정할 수 있습니다.
B는 BC 레지스터 페어, **D**는 DE 레지스터 페어, **H**는 HL 레지스터 페어, **SP**는 스택 포인터의 값입니다.

◎ COND

Z, NZ, C, NC, PO, PE, P, M 중 하나로 조건을 나타냅니다. 의미는 다음과 같습니다.

- **Z**   Z 플래그가 1
- **NZ**   Z 플래그가 0
- **C**   C 플래그가 1
- **NC**   C 플래그가 0
- **PO**   P 플래그가 0
- **PE**   P 플래그가 1
- **P**   S 플래그가 0
- **M**   S 플래그가 1

이제부터 각 명령의 설명입니다. 다음에 데이터 전송 그룹 등 그룹마다 나누어 명령을 설명합니다.

2.16.2 데이터 전송 그룹

◎ MOV DDD, SSS(*Move register/Move from/to memory*)

SSS의 값을 **DDD**로 전송합니다. **SSS**의 값은 변하지 않습니다. 다만, **M** 레지스터로부터 **M** 레지스터 페어로의 전송은 불가능합니다. 설사 가능하더라도 실행의 의미는 없습니다. **MOV M, M**은 165페이지의 **HLT** 그 자체이고, 전송은 수행하지 않고 CPU를 정지시킵니다.

MOV A, A와 **MOV B, B**는 작성할 수 있지만, 결과적으로 아무것도 일어나지 않습니다. 뒤에 기술하는 **NOP** 명령의 대용으로 사용할 수 있지만, 대개는 **NOP**가 있기 때문에 사용되지 않습니다.

◎ MVI DDD, 8비트 값(*Move immediate*)

명령의 두 번째 바이트를 **DDD**에 넣습니다. **MVI B, 12**이면 B 레지스터에 12라는 값이 직접 입력됩니다. immediate는 '바로 이 값'이라는 의미이고, 레지스터나 메모리의 값이 아닌 피연산자에 기록된 '바로 이 값'이 직접 이용된다는 것을 의미합니다.

◎ LXI BDHSP, 16비트 값(*Load register pair immediate*)

명령의 두세 번째 바이트를 BDHSP에 저장합니다. **LXI B, 1234**라면 BC 레지스터 페어에 **12**라는 값을 직접 입력합니다. **LXI**는 *LOAD INDEX IMMEDIATE*의 약어라고 생각하면 기억하기 쉽겠지요.

◎ STAX BD(*Store accumulator indirect*)

BC 레지스터 페어 또는 **DE** 레지스터 페어가 나타내는 주소에 누산기의 값을 기록합니다. **HL** 레지스터 페어가 나타내는 주소를 취급하고 싶을 때에는 **MOV M, A**도 좋습니다.

◎ LDAX BD(*Load accumulator indirect*)

BC 레지스터 페어 또는 **DE** 레지스터 페어가 나타내는 주소로부터 누산기로 값을 읽어 들입니다. **HL** 레지스터 페어가 나타내는 주소를 취급하고 싶을 때에는 **MOV A, M**도 좋습니다.

◎ STA 16비트 값(Store accumulator direct)

명령의 두세 번째 바이트가 나타내는 주소에 누산기의 값을 기록합니다.

◎ LDA 16비트 값(*Load accumulator direct*)

명령의 두세 번째 바이트가 나타내는 주소로부터 누산기로 값을 읽어 들입니다.

◎ SHLD 16비트 값(*Store H and L direct*)

명령의 두세 번째 바이트가 나타내는 주소에 **HL** 레지스터의 값을 기록합니다.

◎ LHLD 16비트 값(*Load H and L direct*)

명령의 두세 번째 바이트가 나타내는 주소로부터 **HL** 레지스터로 값을 읽어 들입니다.

◎ XCHG(*Exchange H and L with D and E*)

DE 레지스터 페어와 **HL** 레지스터의 값을 서로 맞바꿉니다.

2.16.3 산술/논리 연산 그룹

◎ ADD SSS(*Add register/memory*)

◎ ADC SSS(*Add register/memory with carry*)

◎ SUB SSS(*Subtract register/memory*)

◎ SBB SSS(*Subtract register/memory with borrow*)

◎ AND SSS(*AND register/memory*)

◎ ORA SSS(*OR register/memory*)

◎ XRA SSS(*Exclusive OR register/memory*)

◎ CMP SSS(*Compare register/memory*)

◎ ADI 8비트 값(*Add immediate*)

◎ ACI 8비트 값(*Add immediate with carry*)

◎ SUI 8비트 값(*Subtract immediate*)

◎ SBI 8비트 값(*Subtract immediate with carry*)

◎ ANI 8비트 값(*AND immediate*)

◎ ORI 8비트 값(*OR immediate*)

◎ XRI 8비트 값(*Exclusive OR immediate*)

◎ CPI 8비트 값(*Compare immediate*)

누산기의 값과 **SSS** 또는 8비트 값의 계산을 수행한 결과를 누산기에 저장합니다. 계산 내용은 위부터 각각 덧셈, 캐리를 포함하는 덧셈, 뺄셈, 빌림을 포함하는 뺄셈, AND, OR, XOR, 비교입니다. 비교는 누산기를 변화시키지 않는 뺄셈입니다. 모든 플래그가 영향을 받습니다.

◎ INR DDD(*Increment register/memory*)
DDD의 값을 1 증가시킵니다. 캐리를 제외한 모든 그룹이 영향을 받습니다.

◎ DCR DDD(*Decrement register/memory*)
DDD의 값을 1 감소시킵니다. 캐리를 제외한 모든 그룹이 영향을 받습니다.

◎ INX BDHSP(*Increment register par*)
BDHSP의 값을 1 증가시킵니다. 모든 그룹이 영향을 받지 않습니다.

◎ DCX BDHSP(*Increment register par*)

BDHSP의 값을 1 감소시킵니다. 모든 그룹이 영향을 받지 않습니다.

◎ DAD BDHSP(*Add register pair to H and L*)

HL 레지스터 페어에 **BDHSP**의 값을 더하고, 결과를 HL 레지스터 페어에 저장합니다. 캐리 플래그(◑ 151페이지)만 영향을 받습니다. **DAD H**는 HL 레지스터 페어를 2배하는 것과 동일합니다(동일한 값 두 개를 서로 더하면 2배의 계산과 동일해집니다).

◎ DAA(*Decimal adjust accumulator*)

맨 앞의 덧셈을 2진화10진수라고 간주하여 누산기를 보정합니다.

◎ RLC(*Rotate left*)

누산기를 왼쪽으로 1비트 회전시킵니다. 일곱 번째 비트에서 밀려난 비트는 0번째 비트에 들어갑니다. 이와 동시에 캐리 플래그에도 들어갑니다.

◎ RRC(*Rotate right*)

누산기를 오른쪽으로 1비트 회전시킵니다. 0번째 비트에서 밀려난 비트는 일곱 번째 비트에 들어갑니다. 동시에 캐리 플래그에도 들어갑니다.

◎ RAL(*Rotate left through carry*)

누산기와 캐리 플래그를 왼쪽으로 1비트 회전시킵니다. 일곱 번째 비트에서 밀려난 비트는 캐리 플래그에 들어갑니다. 캐리 플래그의 값은 0번째 비트에 들어갑니다.

◎ RAR(*Rotate right through carry*)

누산기와 캐리 플래그를 오른쪽으로 1비트 회전시킵니다. 0번째 비트에서 밀려난 비트는 캐리 플래그에 들어갑니다. 캐리 플래그의 값은 일곱 번째 비트에 들어갑니다.

◎ CMA(*Complement accumulator*)

누산기 전체 비트를 반전시킵니다.

◎ CMC(*Complement carry*)

캐리 플래그를 반전시킵니다.

◎ STC(*Set carry*)

캐리 플래그를 설정합니다.

2.16.4 분기 명령 그룹

◎ JMP 16비트 값(*Jump*)

16비트 값 위치에 있는 값을 프로그램 카운터에 저장합니다.

◎ J[COND](*Conditional Jump*)

◎ JNZ 16비트 값

◎ JZ 16비트 값

◎ JNC 16비트 값

◎ JC 16비트 값

◎ JPO 16비트 값

◎ JPE 16비트 값

◎ JP 16비트 값

◎ JM 16비트 값

두 번째 문자 이후를 COND(◉ 158페이지)라고 해석하여, COND에 지정된 조건이 만족되고 있을 때만 **JMP** 명령에 준하는 동작을 수행합니다. 조건을 만족시키지 않을 때는 아무것도 하지 않고 다음 명령으로 나아갑니다.

◎ CALL 16비트 값(*Call*)

현재의 프로그램 카운터의 값을 스택에 저장한 후, 명령 두세 번째 바이트의 값을 프로그램 카운터에 저장합니다. 소위 서브루틴 호출을 수행합니다. 서브루틴이라는 것은 일련의 공통된 처리를 별도 기술해둔 것으로, 이것을 호출합니다.

◎ C[COND](*Conditional Call*)

◎ CNZ 16비트 값

◎ CZ 16비트 값

◎ CNC 16비트 값

◎ CC 16비트 값

◎ CPO 16비트 값

◎ CPE 16비트 값

◎ CP 16비트 값

◎ CM 16비트 값

두 번째 문자 이후를 COND(◐ 158페이지)라고 해석하여 COND에 지정된 조건이 만족되고 있을 때만 **CALL** 명령에 준하는 동작을 수행합니다. 조건을 만족시키지 않을 때는 아무것도 하지 않고 다음 명령으로 나아갑니다.

◎ RET(*Return*)

스택에서 값을 꺼내 프로그램 카운터에 저장합니다. 소위 서브루틴에서의 복귀를 수행합니다.

◎ R[COND](*Conditional return*)

◎ RNZ

◎ RZ

◎ RNC

◎ RC

◎ RPO

◎ RPE

◎ RP

◎ RM

두 번째 문자 이후를 **COND**라고 해석하여 **COND**에 지정된 조건이 만족되고 있을 때만 **RET** 명령에 준하는 동작을 수행합니다. 조건을 만족시키지 않을 때는 아무것도 하지 않고 다음 명령으로 나아갑니다.

◎ RST 0 ~ 7(*Restart*)

소프트웨어 인터럽트(소프트웨어에서 실행되는 인터럽트 동작. 인터럽트에 관해서는 '2.26 : 인터럽트' 참조)를 발생시킵니다. 인수 0~7의 번호에 따라 제어가 옮겨가는 곳은 0, 8H, 10H, 18H, 20H, 28H, 30H, 38H가 됩니다. 제어가 옮겨가는 곳이 한정된 짧은 **CALL** 명령이라고 생각해도 대체로 무난합니다.

◎ PCHL(*Jump H and L indirect*)

HL 레지스터 페어의 값을 프로그램 카운터에 저장합니다.

2.16.5 스택 I/O 및 기계 제어 그룹

◎ PUSH BDHPSW(*Push*)

BDHPSW의 값을 스택에 저장합니다.

◎ POP BDHPSW(*Pop*)

BDHPSW의 값을 스택에서 꺼냅니다.

◎ XTHL(*Exchange stacktop with H and L*)

스택 맨 위의 16비트 값과 **HL** 레지스터 페어의 내용을 교환합니다. 이 명령을
두 번 실행하면 원래대로 돌아갑니다.

◎ SPHL(*Move HL to SP*)

스택 포인터에 **HL** 레지스터 페어의 값을 전송합니다. 스택 포인터의 초깃값을
계산으로 결정하는 경우에 사용합니다. 고정 값의 경우는 **LXI SP,xxxx**입니다.

◎ IN 8비트 값(*Input*)

8비트 값을 주소로 가지는 **IO** 포트로부터 값을 누산기에 전송합니다.

◎ OUT 8비트 값(*Output*)

누산기의 내용을 8비트 값을 주소로 가지는 **IO** 포트에 전송합니다.

◎ EI(Enable *Interrupts*)

인터럽트를 허가합니다. 인터럽트에 관해서는 '2.26 : **인터럽트**'에서 상세히 설
명합니다.

◎ DI(*Disable Interrupts*)

인터럽트를 금지합니다.

◎ HLT(*Halt*)

CPU를 정지시킵니다. 외부에서 재개하는 것은 가능하지만, CPU가 자력으로 재개할 수는 없습니다(프로그램이 정지해 버리기 때문에).

◎ NOP(*No op*)

아무것도 하지 않지만, 실행 시간과 메모리는 소비합니다. 시간을 벌고, 불필요하게 된 명령을 무효로 하기 위해 사용됩니다.

2.16.6 의사 명령

연상 기호를 가지고 있는 것은 CPU의 명령뿐만이 아닙니다. 편의상 명령과 동일한 기능이 있으면 편리하기 때문에 **실제로는 존재하지 않는 의사 명령**이 사용됩니다. **의사 명령**은 명령이 아니기 때문에 CPU를 에뮬레이션하는 프로그램에서는 처리되지 않습니다.

"왜 이 명령을 에뮬레이션하지 않을까?"라고 놀라지 않도록, 자주 사용되는 의사 명령을 여기에서 소개합니다. 이것들은 연상 기호이지만, CPU는 해석하지 않습니다. 다만, **DB** 의사 명령 등에서 CPU의 명령에 해당하는 값을 써넣는 것으로, 의사 명령을 실행시키는 경우도 있습니다. 예를 들어 다음 두 가지는 완전히 동일한 결과가 됩니다. 170페이지의 대응표(○ 표 2.1)를 보면 알 수 있듯이 **MOV A,B**라는 명령은 78H라는 16진수에 대응하기 때문입니다.

CPU 연상 기호를 사용하는 경우

```
MOV A,B
```

의사 명령을 사용하는 경우

```
DB 78H
```

번거롭고 낡은 기술이지만, 이 책에서도 사용되고 있는 샘플 코드가 있습니다.

◎ ORG 16비트 값(*Origin*)

어셈블 결과를 저장하는 시작 주소를 지정합니다. 도중에 주소를 변경하기 위해 사용되는 경우도 있습니다. CP/M의 일반 애플리케이션은 **100h**라는 주소로부터 시작되기 때문에 소스 코드의 시작은 **org 100h**이 되는 경우가 많습니다.

◎ END(*End*)

소스 코드의 끝을 나타냅니다. 이것 이후는 어떤 것이 기록되어 있어도 처리하지 않습니다.

◎ EQU 16비트 값(*Equation*)

EQU의 바로 앞에 있는 기호에 16비트 값을 할당합니다. 예를 들어 다음과 같이 작성되었다고 가정합시다.

```
YORO EQU 4649h
```

값을 쓰는 것이 가능한 장소에 **YORO**라고 기입하면, 모두 **4649h**라는 값이 기록되었다고 간주됩니다.

◎ DB 8비트 값, 8비트 값, ……, 8비트 값(*Define Bytes*)

지정된 8비트 값을 그대로 기록합니다. 데이터의 기억 영역을 확보하는 경우나 특정 값을 메모리상에 준비하기 위해 사용됩니다. 예를 들어 어떠한 이유로 소스 코드 중에 프로그램이 아니라 단순히 **10**과 **13**이라는 숫자를 쓰고 싶으면 다음과 같은 행을 작성해야 합니다.

```
db 10,13
```

또는 16진수를 사용하여 다음과 같이 작성해도 됩니다.

```
db 0ah, 0dh
```

메시지를 준비할 때는 수치가 아닌 문자열로 사용되는 경우도 있습니다.

```
DB "ABC",0
```

이것은 다음과 동일합니다.

```
DB 41h,42h,43h,0
```

◎ DW 16비트 값(*Define Words*)
DB의 16비트 버전에 해당합니다.

◎ DS 16비트 값(*Define Space*)
지정된 16비트 값을 바이트 수라고 간주하여 그 바이트 수만큼 메모리를 확보합니다. 예를 들어 키보드로부터 한 행을 입력하는 프로그램을 작성하는 경우에는 무엇이 입력되는지를 알 수 없기 때문에 장소만 확보하여 구체적인 값을 지정하지 않은 채 그대로 둡니다.

128바이트만큼 입력된 문자열을 저장하는 영역을 확보하려면 다음과 같이 작성해야 합니다.

```
DS 128
```

DS로 확보한 영역은 그곳에 어떤 값을 기록하기 위해 사용하는 것이 기본입니다.

2.16.7 레이블과 값

레이블과 주석은 명령도 아니고 의사 명령도 아니지만, 명령을 기술할 때 병용되는 경우가 많기 때문에 여기에서 설명합니다. 명령의 앞에 이름과 콜론 기호(:)를 써두면 이것이 **레이블**이 됩니다. 레이블은 **수치 대신 기술할 수 있고, 수치를 쓰는 것을 대신하여 이용**될 수 있습니다. 레이블의 이름을 앞에 두지 않을 때에는 반각 공백(활자 한 글자분의 절반의 폭) 또는 탭 문자를 입력합니다.

예를 들어 다음과 같은 프로그램이 있다고 가정합시다.

```
org 0
nop
jmp 0
```

이 프로그램은 레이블을 사용하는 것으로, 다음과 같이 고쳐 쓰는 것이 가능합니다.

```
org 0
label: nop
jmp label
```

nop 명령이 처리될 때의 주소는 이 경우 0번지이기 때문에 **label**의 값은 0이 됩니다. 따라서 **jmp label**은 **jmp 0**입니다. 이와 같이 다시 쓰면, 프로그램이 몇 번지에서 실행되더라도 그것을 따르는 소스 코드가 쉽게 작성될 수 있습니다. 레이블에 사용되는 문자는 일반적으로 맨 앞은 반각 알파벳뿐, 두 번째 문자 이후는 반각 알파벳과 반각 숫자뿐인 경우가 많고, 그 외의 문자가 어디까지 허용되는지는 해당 시스템마다 다릅니다. 또한 유효한 문자도 시스템마다 다릅니다. 여섯 문자 내외로 기술하면 대개의 시스템에서 처리할 수 있습니다.

2.16.8 주석

많은 어셈블러에서 세미콜론 기호(;)에 이어 기록된 문자는 모두 주석으로 간주하여 건너뛰고 읽습니다. 다음의 "x"는 레이블, "mov A, B"는 명령, "B 레지스터로부터 누산기로 전송"은 주석입니다.

```
X: MOV A,B ;B 레지스터부터 누산기로 전송
```

그러나 다음 두 가지는 해석이 다르므로 주의하기 바랍니다.

```
X:; MOV A,B
```

이것은 **x**라는 레이블을 정의하고, 그 뒤는 모두 없는 것으로 간주합니다.

```
X: MOV A,B
```

이것은 **x**라는 레이블을 정의한 후, **MOV A, B**라는 명령이 작성된 것으로 간주합니다. 이것으로 명령을 작성하는 방식, 종류, 명령과 함께 사용되는 경우가 많은 여러 가지 기능의 작성 방식에 대한 설명을 마칩니다. 명령은 8080에 해당하는 것을 모두 설명했지만, 그 외에는 소프트웨어나 환경마다 다양한 강력한 기능을 가지고 있고, 여기에서 설명한 기능 이외에 포함되어 있는 것도 많다고 생각합니다. 그러나 이 책에서 소개하는 샘플 코드를 이해하는 데에는 이것으로 충분합니다. 이제부터는 실제로 개별 명령을 실행하기 위해 구조를 해설합니다. 또한 명령을 확인하기 쉽도록 명령의 첫 번째 바이트의 16진수 값마다 명령을 정리한 표 2.1을 게재했습니다.

	x0	x1	x2	x3	x4	x5	x6	x7
0x	NOP	LXI B,d16	STAX B	INX B	INR B	DCR B	MVI B,d8	RLC
1x		LXI D,d16	STAX D	INX D	INR D	DCR D	MVI D,d8	RAL
2x		LXI H,d16	SHLD d16	INX H	INR H	DCR H	MVI H,d8	DAA
3x		LXI SP,d16	STA d16	INX SP	INR M	DCR M	MVI M,d8	STC
4x	MOV B,B	MOV B,C	MOV B,D	MOV B,E	MOV B,H	MOV B,L	MOV B,M	MOV B,A
5x	MOV D,B	MOV D,C	MOV D,D	MOV D,E	MOV D,H	MOV D,L	MOV D,M	MOV D,A
6x	MOV H,B	MOV H,C	MOV H,D	MOV H,E	MOV H,H	MOV H,L	MOV H,M	MOV H,A
7x	MOV M,B	MOV M,C	MOV M,D	MOV M,E	MOV M,H	MOV M,L	HLT	MOV M,A
8x	ADD B	ADD C	ADD D	ADD E	ADD H	ADD L	ADD M	ADD A
9x	SUB B	SUB C	SUB D	SUB E	SUB H	SUB L	SUB M	SUB A
Ax	ANA B	ANA C	ANA D	ANA E	ANA H	ANA L	ANA M	ANA A
Bx	ORA B	ORA C	ORA D	ORA E	ORA H	ORA L	ORA M	ORA A
Cx	RNZ	POP B	JNZ d16	JMP d16	CNZ d16	PUSH B	ADI d8	RST 0
Dx	RNC	POP D	JNC d16	OUT d8	CNC d16	PUSH D	SUI d8	RST 2
Ex	RPO	POP H	JPO d16	XTHL	CPO d16	PUSH H	ANI d8	RST 4
Fx	RP	POP PSW	JP d1 6	DI	CP d16	PUSH PSW	ORI d8	RST 6

	x8	x9	xA	xB	xC	xD	xE	xF
0x		DAD B	LDAX B	DCX B	INR C	DCR C	MVI C,d8	RRC
1x		DAD D	LDAX D	DCX D	INR E	DCR E	MVI E,d8	RAR
2x		DAD H	LHLD d16	DCX H	INR L	DCR L	MVI L,d8	CMA
3x		DAD SP	LDA d16	DCX SP	INR A	DCR A	MVI A,d8	CMC
4x	MOV C,B	MOV C,C	MOV C,D	MOV C,E	MOV C,H	MOV C,L	MOV C,M	MOV C,A
5x	MOV E,B	MOV E,C	MOV E,D	MOV E,E	MOV E,H	MOV E,L	MOV E,M	MOV E,A
6x	MOV L,B	MOV L,C	MOV L,D	MOV L,E	MOV L,H	MOV L,L	MOV L,M	MOV L,A
7x	MOV A,B	MOV A,C	MOV A,D	MOV A,E	MOV A,H	MOV A,L	MOV A,M	MOV A,A
8x	ADC B	ADC C	ADC D	ADC E	ADC H	ADC L	ADC M	ADC A
9x	SBB B	SBB C	SBB D	SBB E	SBB H	SBB L	SBB M	SBB A
Ax	XRA B	XRA C	XRA D	XRA E	XRA H	XRA L	XRA M	XRA A
Bx	CMP B	CMP C	CMP D	CMP E	CMP H	CMP L	CMP M	CMP A
Cx	RZ	RET	JZ d16		CZ d16	CALL d16	ACI d8	RST 1
Dx	RC		JC d16	IN d8	CC d16		SBI d8	RST 3
Ex	RPE	PCHL	JPE d16	XCHG	CPE d16		XRI d8	RST 5
Fx	RM	SPHL	JM d16	EI	CM d16		CPI d8	RST 7

◎ **표 2.1** 16진수와 전체 명령의 관계[6]

주6) 세로축이 상위 니블, 가로축이 하위 니블. 예를 들어 HLT는 76H.

연산 장치

2.17

나는 뺄셈을 하고 싶습니다.

맡겨주세요. 계산은 전부 저의 일입니다.

연산 장치(ALU, Arithmetic Logic Unit)는 CPU가 수행하는 거의 모든 계산을 혼자서 도맡아 처리합니다. 구체적으로는 8비트 덧셈, 캐리를 포함한 덧셈, 뺄셈, 빌림을 포함한 뺄셈, 비교, **AND, OR, XOR**, 회전, 비트 반전 모두를 혼자 담당합니다.

비교는 뺄셈을 수행하지만, 플래그만 변화시키고, 누산기는 변화시키지 않는 기능입니다. 뺄셈이 비교되는 이유는 **x-y**라는 뺄셈을 수행한 결과의 C 플래그와 Z 플래그를 살펴보면, C 플래그가 **True**(빌림이 발생했다 = 값을 빌려올 필요가 있다)라면 y 쪽이 크다는 것을 알고, Z 플래그가 **True**라면 둘이 모두 동일한 값(빼면 0이 된다)이라는 것을 알기 때문입니다.

또 하나는 비트 회전입니다(**○** 그림 2.11). 비트 회전은 누산기에 포함되는 각 비트를 오른쪽 또는 왼쪽으로 이동시키는 기능이지만, 비트를 이동시키는 처리 그 자체는 ALU에서 수행되어 누산기에 다시 기록됩니다.

그리고 ALU는 누산기, 임시 레지스터, 플래그 플립플롭을 입력으로 하여 누산기와 플래그 플립플롭에 출력합니다.

오른쪽 회전과 왼쪽 회전이 있음

| 비트 | 비트 | 비트 | 비트 | 비트 | 비트 | 비트 |

비트가 순환됨

○ 그림 2.11 회전

그러나 연산 장치가 가져야 하는 기능은 계산 결과를 내는 것만이 아닙니다. 실제로는 **계산 결과를 내고 계산 결과에 따라 플래그를 변화시키는** 두 가지 기능이 필요합니다. 그리고 **비교**만으로는 계산 결과를 저장하지 못하지만, 그래도 **계산 결과를 내는** 절차가 필요하기 때문에 계산이 수행됩니다. 계산이 없으면 플래그를 변화시킬 수 없기 때문입니다.

다음의 소스 코드에서는 명령과 동일한 이름을 가진 **cmp**, **add** 등의 메소드가 **계산 결과를 내는** 기능을 가집니다. 몇 가지 기능은 다시 내부에서 공통 메소드를 호출합니다. 그리고 결과가 나오면 그것을 바탕으로 플래그를 변화시킵니다. **setps** 메소드는 몇 가지 기능에서 공통된 P 플래그와 S 플래그의 변화를 계산합니다. 그리고 **sub**와 **cmp**의 구현의 차이에 주목합시다. 실은 **비교**를 구현한 **cmp** 메소드는 **뺄셈**을 구현한 **sub** 메소드를 호출하는 것뿐입니다. 결국 기능적으로는 100퍼센트 동일한 것입니다. 정말 이것으로 충분할까요? 실제로 충분합니다. 양자의 차이는 결과를 누산기로 되돌리는지 아닌지의 차이밖에 없습니다. 따라서 그것은 연산 장치가 관여하는 문제가 아니기 때문에 연산 장치의 구현에서는 차이가 전혀 없습니다.

결국 연산 장치는 플래그의 변화는 스스로 관리하지만, 결과가 어디에 어떻게 저장되는지에 관해서는 관여하지 않습니다. 또 하나 추가하면, **inc** 메소드와 **dec** 메소드는 **inr** 명령과 **dcr** 명령에 대응합니다.

다음에 '연산 장치'를 에뮬레이션하는 코드를 제시합니다.

```
// ALU 클래스를 정의
class ArithmeticLogicUnit {
// CPU 외의 장소와 통신하기 위하여 CPU 객체에 대한 참조를 가짐
    private chip: i8080;
// 생성자. CPU 객체에 대한 참조를 설정
    constructor(thischip: i8080){
        this.chip = thischip;
    }
// 계산 결과를 유지하는 필드
```

```
        public result: Register8 = new Register8();
// P 플래그와 S 플래그를 설정
    public sets(a: number){
        this.chip.flags.s = ((a & 0x80) != 0);
        var p = 0;
        var x = a;
        for (var i = 0; i < 8; i++) {
            if (x & 1) p++;
            x >>= 1;
        }
        this.chip.flags.p = ((p & 1) == 0);
    }
// 두 개의 값을 비교함. 내용은 뺄셈 그 자체
    public cmp() {
        this.sub();
    }
// 덧셈의 기본 기능. 플래그를 적절하게 취급하기 위해 좀 더 복잡해짐
    private addbase(a: number, b: number, cyUnchange: boolean = false,
                ➥ cyOnlyChnage = false, c: boolean = false) {
        var r = a + b + (c ? 1 : 0);
        var r0 = r & 255;
        var rc = (r >> 8) != 0;
        if (!cyUnchange) this.chip.flags.cy = rc;
        if (!cyUnchange) {
            this.chip.flags.z = (r0 == 0);
            this.setps(r0);
            this.chip.flags.ac = ((a & 0x8) & (b & 0x8)) != 0;
        }
        return r0;
    }
// 낮은 수준의 덧셈 기능. accumulatorLatch와 tempReg의 값을 더함
    private addraw(cyUnchange: boolean = false, cyOnlyChnage = false,
                                    ➥ c: boolean = false) {
        var a = this.chip.accumulatorLatch.getValue();
        var b = this.chip.tempReg.getValue();
        var r0 = this.addbase(a, b, cyUnchange, cyOnlyChange, c);
        this.result.setValue(r0);
    }
// 최상위의 덧셈 기능
```

```
    public add(cyUnchange: boolena = false, cyOnlyChange = false) {
        this.addraw(cyUnchange, cyOnlyChange, false);
    }
// 최상위의 캐리가 붙은 덧셈 기능
    public adc(cyUnchange: boolean = false, cyOnlyChange = false) {
        this.addraw(cyUnchange, cyOnlyChange, this.chip.flags.cy);
    }
// tempReg에 1을 더하는 기능
    public inc() {
        var b = this.chip.tempReg.getValue();
        var r0 = this.addbase(b, 1, true);
        this.result.setValue(r0);
    }
// tempReg에서 1을 빼는 기능
    public dec() {
        var b = this.chip.tempReg.getValue();
        var r0 = this.subbase(b, 1, true);
        this.result.setValue(r0);
    }
// 뺄셈의 기본 기능. 플래그를 적절하게 취급하기 위해 좀 더 복잡해짐
    private subbase(a: number, b: number, cyUnchange: boolean = false,
                                        ➡ c: boolean = false) {
        var r = a - b - (c ? 1 : 0);
        var r0 = r & 255;
        var rc = (r >> 8) != 0;
        this.chip.flags.z = (r0 == 0);
        if (!cyUnchange) this.chip.flags.cy = rc;
        this.setps(r0);
        this.chip.flags.ac = false;
        return r0;
    }
// 낮은 수준의 뺄셈 기능. accumulatorLatch에서 tempReg의 값을 뺌
    private subraw(cyUnchange: boolean = false, c: boolean = false) {
        var a = this.chip.accumulatorLatch.getValue();
        var b = this.chip.tempReg.getValue();
        var r0 = this.subbase(a, b, cyUnchange, c);
        this.result.setValue(r0);
    }
// 최상위의 뺄셈 기능
```

```
        public sub(cyUnchange: boolean = false, c: boolean = false) {
            this.subraw(cyUnchange, false);
        }
```
// 최상위의 빌림이 붙은 뺄셈 기능
```
        public sbb(cyUnchange: boolena = false, c: boolean = false) {
            this.subraw(cyUnchange, this.chip.flags.cy);
        }
```
// 논리 연산 시의 결과를 플래그에 반영시킴
```
        private setLogicFlags(v: number, ac: boolean) {
            this.chip.flags.z = (v == 0);
            this.chip.flags.cy = false;
            this.setps(v);
            this.chip.flags.ac = ac;
        }
```
// 논리 연산 and를 수행
```
        public and() {
            var a = this.chip.accumulatorLatch.getValue();
            var b = this.chip.tempReg.getValue();
            var r = a & b;
            this.setlogicFlags(r, true);
            this.result.setValue(r);
        }
```
// 논리 연산 or을 수행
```
        public or() {
            var a = this.chip.accumulatorLatch.getValue();
            var b = this.chip.tempReg.getValue();
            var r = a ¦ b;
            this.setlogicFlags(r, false);
            this.result.setValue(r);
        }
```
// 논리 연산 xor을 수행
```
        public xor() {
            var a = this.chip.accumulatorLatch.getValue();
            var b = this.chip.tempReg.getValue();
            var r = a ^ b;
            this.setlogicFlags(r, false);
            this.result.setValue(r);
        }
```
// RLC 명령에 해당하는 회전 처리를 수행

```
        public rlc() {
            var r = this.chip.accumulator.getValue();
            r <<= 1;
            var over = (r & 0x100) != 0;
            this.result.setValue((r & 255) + (over ? 1 : 0));
            this.chip.flags.cy = over;
        }
    // RRC 명령에 해당하는 회전 처리를 수행
        public rrc() {
            var r = this.chip.accumulator.getValue();
            var over = (r & 1) != 0;
            r >>= 1;
            this.result.setValue((r & 255) + (over ? 0x80 : 0));
            this.chip.flags.cy = over;
        }
    // RAL 명령에 해당하는 회전 처리를 수행
        public ral() {
            var r = this.chip.accumulator.getValue();
            r <<= 1;
            this.result.setValue((r & 255) + (this.chip.flags.cy ? 1 : 0));
            this.chip.flags.cy = (r & 0x100) != 0;
        }
    // RAR 명령에 해당하는 회전 처리를 수행
        public rar() {
            var r = this.chip.accumulator.getValue();
            var over = (r & 1) != 0;
            r >>= 1;
            this.result.setValue((r & 255) + (this.chip.flags.cy ? 0x80 : 0));
            this.chip.flags.cy = over;
        }
    // CMA 명령에 해당하는 1의 보수 계산을 수행
        public cma() {
            var r = this.chip.accumulator.getValue();
            this.result.setValue((~r) & 0xff);
        }
    }
```

10진 보정
2.18

10진수가 좋아!

그럼, 나중에 수정해줄게.

8080에는 2진수 덧셈 명령만 존재하고, 2진화10진수의 덧셈 명령은 존재하지 않습니다. 그러나 2진화10진수의 값에 2진화10진수의 값을 더한 후, DAA(Decimal Adjust accumulator)라는 명령을 실행하면, **결과를 보정하여 2진화10진수의 결과로 바로잡아줍니다.**

이것을 실행하기 위한 회로의 에뮬레이션은 다음과 같습니다. 구체적으로는 **adjust** 메소드로 다음과 같은 처리를 수행합니다.

- 누산기의 하위 4비트 값이 9보다 크거나 보조 캐리 AC 플래그가 설정된 경우 누산기에 6을 더한다.
- 그 결과, 누산기의 상위 4비트 값이 9보다 크거나 CY 플래그가 설정된 경우에는 누산기 상위 4비트에 6을 더한다.
- 모든 플래그가 영향을 받는다.

```
// 10진 보정을 수행
class DecimalAdjust {
// CPU 외의 장소와 통신하기 위해 CPU 객체에 대한 참조를 가짐
    private chip: i8080;
// 생성자. CPU 객체에 대한 참조를 설정
    constructor(thischip: i8080){
        this.chip = thischip;
    }
// 10진 보정을 실행. 결국 BCD 값의 덧셈 결과를 BCD 값으로 고침
    public adjust() {
        var a = this.chip.accumulator.getValue();
        var al4 = a & 15;
```

```
            if (al4 > 9 || this.chip.flags.ac) += 6;
            var ah4 = (a >> 4) & 15;
            if (ah > 9 || this.chip.flags.cy) a += 0x60;
            var r0 = a & 255;
            this.chip.accumulator.setValue(r0);
            var rc = (a >> 8) != 0;
            this.chip.flags.z = (a == 0);
            this.chip.flags.cy = rc;
            this.chip.alu.setps(r0);
            this.chip.flags.ac = false;
        }
    }
```

명령 디코더 및 기계 사이클 인코더

2.19

명령은 16진수로는 잘 모르겠어요.

16진수로 생각하지 말고, 8진수로 생각해.

CPU가 해석해야 하는 명령은 프로그램 카운터가 가리키는 주소의 메모리로부터 꺼내져, 데이터 버스 버퍼/래치 → 내부 버스 → 명령 레지스터라는 경로로 명령 레지스터에 도착합니다. 그러나 도착한 것은 아직 8비트 값뿐입니다. 이것을 해석하지 않으면 무엇을 해야 할지 모릅니다(◑ 그림 2.12).

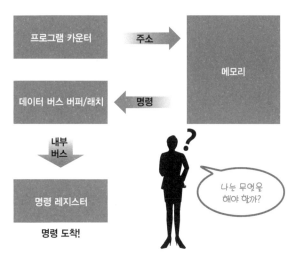

◑ 그림 2.12 도착하는 것만으로는 알 수 없음

따라서 여기에서는 명령의 디코드라는 처리를 수행합니다.

설사 그렇다고 하더라도 자세한 내용은 공개되어 있지 않기 때문에 "대략 이렇지 않을까?"라는 식으로 해석합니다. 요컨대 결과만 일치하면 되는 프로그램을 동작시키기 때문입니다. 구현 방법이 차이나더라도 큰 문제는 발생하지 않습니다.

그런데 **기계 사이클**에 관한 처리는 생략합니다. 기계 사이클이란 CPU가 동작하는 타이밍의 사이클을 의미하지만, 소프트웨어로 모방하는 경우 실제로 CPU와 동일하게 타이밍을 동기화시킬 필요가 없기 때문입니다. 그렇기 때문에 이 클래스의 임무는 명령 디코드뿐입니다.

명령 디코드는 명령 레지스터의 값을 읽어 다음 열거형 중 어느 값에 대응하는지를 판단합니다.

```
enum OperationCode {
    LXI, DAD, LDAX, STAX, LHLD, SHLD, LDA, STA,
    LNX, DEX, INR, DCR, MVI, DAA, STC, CMC, HLT, MOV,
    ALU1, ALU2,
    Rxx, POP, PCHL, SPHL, Jxx, IN, OUT, XTHL, XCHG, Cxx, PUSH, RST,
    NOP, OTHER
}
```

이러한 값은 명령과 일대일로 대응하는 것도 있고, 복수의 명령을 그룹으로 한 것도 있습니다. 예를 들어 **Jxx**, **Rxx**, **Cxx**는 무조건 분기를 포함하는 모든 조건의 점프, 서브루틴 리턴, 서브루틴 호출과 같은 여러 유형을 나타냅니다.

또한 **ALU1**은 입력이 하나의 **ALU**를 이용한 계산 명령 모두, **ALU2**는 입력이 두 개의 ALU를 이용한 계산 명령 모두에 대응합니다. **OTHER**는 정의가 있을 뿐 사용되지 않습니다. 그런데 비트와 명령의 대응 관계는 16진수로 보면 관계가 희박한 듯이 보입니다. 즉, 명령이 제각각 나열되어 있는 것처럼 보입니다.

그러나 이것은 올바른 관점이 아닙니다. 8080의 명령은 16진수, 결국 4비트로 분할되지 않고, 8진수 결국 3비트 분할로 생각하면 매우 명쾌하게 분류할 수 있습니다(◐ 그림 2.13). 따라서 명령 레지스터의 값을 3비트 단위로 분할하여 g1, g2, g3라는 변수에 저장합니다. 이것을 기본으로 명령을 분류하는 것입니다. 이 세 개의 값은 그룹화된 명령을 더욱 세분화하는 데에도 사용되며, 그 값을 제공하기 위하여 g1, g2, g3라는 필드를 공개합니다. 결국 분류를 저장한 operationCode와 g1, g2, g3 모두 디코드 결과라는 것입니다.[7] 그리고 이번에는 인터럽트 기능을 전혀 구현하지 않았기 때문에 **EI, DI** 명령은 **NOP**(아무것도 아닌 명령)로 취급하고 있습니다.

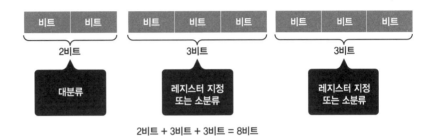

2비트 + 3비트 + 3비트 = 8비트
8080의 명령 표기 스타일

○ **그림 2.13** CPU에 대한 명령의 기본적인 기술 형식

```
// 명령을 디코드
class InstructionDecoderAndMachineCycleEncoding {
// CPU 외의 다른 장소와 통신하기 위해 CPU 객체에 대한 참조를 가짐
    private chip: i8080;
// 생성자. CPU 객체에 대한 참조 설정
    constructor(thischip: i8080){
        this.chip = thischip;
    }
// 명령의 첫 번째 바이트 최상위 다음 2비트를 보존
    public g1 = 0;
// 명령의 첫 번째 바이트 다음 3비트를 보존
    public g2 = 0;
// 명령의 첫 번째 바이트 다음 3비트를 보존
    public g3 = 0;
// 명령의 대분류 코드를 보존
    public operationCode: OperationCode;
// 실제 명령의 첫 번째 바이트를 분석하여 기능을 도출(아직 실행하지 않음)
// g1, g2, g3, operationCode의 각 값을 설정
    public Decode() {
```

주7) 실제 8080이 이러한 식으로 구현되었는지는 알 수 없습니다.

```
var machineCode1 = this.chip.instructionRegister.getValue();
var g1 = machineCode1 >> 6;
var g2 = (machineCode1 >> 3) & 0x7;
var g3 = machineCode1 & 0x7;
this.g1 = g1;
this.g2 = g2;
this.g3 = g3;
this.operationCode = OperationCode.NOP;
if (g1 == 0) {
   if (g3 == 0) {
      if (g2 == 0) this.operationCode = OperationCode.NOP;
      else this.chip.notImplemented(machineCode1);
   }
   else if (g3 == 1) // LXI or DAD
   {
      if ((g2 & 1) ==0) this.operationCode = OperationCode.LXI;
      else this.operationCode = OperationCode.DAD;
   }
   else if (g3 == 2) {
      if ((g2 & 0x5) == 0x0) this.operationCode =
                                    ➥ OperationCode.STAX;
      else if ((g2 & 0x5) == 0x1) this.operationCode =
                                    ➥ OperationCode.LDAX;
      else if (g2 == 4) this.operationCode = OperationCode.SHLD;
      else if (g2 == 5) this.operationCode = OperationCode.LHLD;
      else if (g2 == 6) this.operationCode = OperationCode.STA;
      else if (g2 == 7) this.operationCode = OperationCode.LDA;
      else this.chip.notImplemented(machineCode1);
   }
   else if (g3 == 3) {
      if ((g2 & 1) == 0 this.operationCode = OperationCode.INX;
      else this.operationCode = OperationCode.DEX;
   }
   else if (g3 == 4) this.operationCode = OperationCode.INR;
   else if (g3 == 5) this.operationCode = OperationCode.DCR;
   else if (g3 == 6) this.operationCode = OperationCode.MVI;
   else if (g3 == 7) {
      if ((g2 == 0) this.operationCode = OperationCode.ALU1;
```

```
                                              ➡ // RLC
                else if (g2 == 1) this.operationCode = OperationCode.
                                              ➡ ALU1; //RRC
                else if (g2 == 2) this.operationCode = OperationCode.
                                              ➡ ALU1; //RAL
                else if (g2 == 3) this.operationCode = OperationCode.
                                              ➡ ALU1; //RAR
                else if (g2 == 4) this.operationCode = OperationCode.DAA;
                else if (g2 == 5) this.operationCode = OperationCode.
                                              ➡ ALU1; //CMA
                else if (g2 == 6) this.operationCode = OperationCode.STC;
                else if (g2 == 7) this.operationCode = OperationCode.CMC;
                else this.chip.notImplemented(machineCode1);
            }
            else this.chip.notImplemented(machineCode1);


        }
        else if (g1 == 1) {
            if (g2 == 6 && g3 == 6) this.operationCode = OperationCode.HLT;
            else this.operationCode = OperationCode.MOV;
        }
// 다음 행은 ADD, ADC, SUB, SBB, AND, XRA, ORA, CMP의 모든 명령이
// 2진수로 완전히 동일하다는 것에 주목한 트릭
// 모든 명령을 OperationCode.ALU2라는 편의상의 명령으로 간주함
        else if (g1 == 2) this.operationCode = OperationCode.ALU2;
            ➡ // this is a trick of ADD, ADC, SUB, SBB, AND, XRA, ORA, CMP
        else {
// 모든 리턴 명령은 OperationCode.Rxx라고 간주함
            if (g3 == 0) this.operationCode = OperationCode.Rxx;
            else if (g3 == 1) {
                if ((g2 & 1) == 0) this.operationCode = OperationCode.
                                              ➡ POP;
// 조건 없는 리턴 명령도 OperationCode.Rxx라고 간주함
                else if (g2 == 1) this.operationCode = OperationCode.Rxx; //RET
                else if (g2 == 5) this.operationCode = OperationCode.PCHL;
                else if (g2 == 7) this.operationCode = OperationCode.SPHL;
                else this.chip.notImplemented(machineCode1);
        }
```

```
// 모든 점프 명령은 OperationCode.Jxx라고 간주함
        else if (g3 == 3) this.operationCode = OperationCode.Jxx;
        else if (g3 == 3) {
// 조건 없는 점프 명령도 OperationCode.Jxx라고 간주함
            if (g2 == 0) this.operationCode = OperationCode.Jxx; //JMP
            else if (g2 == 3) this.operationCode = OperationCode.IN;
            else if (g2 == 2) this.operationCode = OperationCode.OUT;
            else if (g2 == 4) this.operationCode = OperationCode.XTHL;
            else if (g2 == 5) this.operationCode = OperationCode.XCHG;
// 미정의 명령이지만 NOP로 취급
            else if (g2 == 6) this.operationCode = OperationCode.NOP;
                                        ➥ // ASSUMED AS NOP
// 미정의 명령이지만 NOP로 취급
            else if (g2 == 7) this.operationCode = OperationCode.NOP;
                                        ➥ // ASSUMED AS NOP
            else this.chip.notImplemented(machineCode1);
        }
// 조건 없는 호출 명령도 OperationCode.Cxx라고 간주함
        else if (g3 == 4) this.operationCode = OperaitonCode.Cxx;
        else if (g3 == 5) {
            if ((g2 & 1) == 0) this.operationCode = OperationCode.PUSH;
// 모든 호출 명령은 OperationCode.Cxx라고 간주함
            else if (g2 == 1) this.operationCode = OperationCode.Cxx;
            else this.chip.notImplemented(machineCode1);
        }
// 다음 행은 ADI, ACI, SUI, SBI, ANI, XRI, ORI, CPI의 모든 명령이
// 2진수로 완전히 동일하다는 것에 주목한 트릭
// 모든 명령을 OperaionCode.ALU2라는 편의상의 명령으로 간주함
        else if (g3 == 6) this.operationCode = OperationCode.ALU2;
                ➥ // this is a trick of ADI, ACI, SUI, SBI, ANI, XRI, ORI, CPI
        else if (g3 == 7) this.operationCode = OperationCode.RST;
        else this.chip.notImplemented(machineCode1);
    }
    return false;
    }
}
```

레지스터 배열

2.20

배열이 무엇인가요?

아령은 아니야[8].

배열(*array*)은 **늘어선 것**이라는 의미로 사용됩니다. 프로그래밍 언어의 배열도 이와 동일한 의미입니다. 즉, 데이터가 늘어선 것이 배열입니다. 그렇다면, **레지스터 배열**은 무엇이 늘어서 있는 것일까요?

물론 레지스터입니다. 레지스터 배열에는 다음 레지스터가 정돈되어 늘어서 있습니다.

- B 레지스터(8비트)
- C 레지스터(8비트)
- D 레지스터(8비트)
- E 레지스터(8비트)
- H 레지스터(8비트)
- L 레지스터(8비트)
- W 레지스터(8비트)
- Z 레지스터(8비트)
- 스택 포인터(16비트)
- 프로그램 카운터(16비트)
- 증산기/감산기 및 주소 래치(16비트)

이 중에 다음은 명령을 실행하기 위해 암묵적으로 사용되는 것으로, 의식적으로 사용되지는 않습니다.

주8) 역자 주 : 배열(array)의 일본식 발음과 아령의 일본어 발음이 동일한 데서 착안해 저자가 제시한 유머입니다.

- W 레지스터
- Z 레지스터
- 증산기/감산기 및 주소 래치

다른 것은 의도한 값을 프로그램에 설정하는 것이 가능하고, 마음대로 변경되지 않습니다. 다만, 프로그램 카운터만은 명령을 취득할 때마다 마음대로 1씩 증가됩니다. 또한 레지스터가 늘어서 있는 것만으로도 매우 단순한 구조이기 때문에 소스 코드는 생략합니다.

레지스터 선택

2.21

대박이네요. 상품을 골라주세요.

그럼, 저것을 주세요.

레지스터 배열에는 다수의 레지스터가 포함되어 있지만, 그중에서 어느 것을 사용할 것인지를 선택해야만 합니다. 이 **선택하는 기능**을 가지고 있는 것이 레지스터 선택입니다.

레지스터 선택은 다음 레지스터 중 어느 것을 사용하는지를 확정합니다.

- B 레지스터(8비트)
- C 레지스터(8비트)
- D 레지스터(8비트)
- E 레지스터(8비트)
- H 레지스터(8비트)
- L 레지스터(8비트)
- W 레지스터(8비트)
- Z 레지스터(8비트)
- 스택 포인터(16비트)
- 프로그램 카운터(16비트)

다음은 선택 가능한 대상에 포함되지 않습니다. 어쩌면 용도가 확정되어 선택할 필요가 없기 때문일 것입니다.

- 증산기/감산기 및 주소 래치(16비트)

멀티플렉서

2.22

다로 군의 신청만 받습니다.

아마 이것이 그렇겠지[9].

레지스터 배열의 레지스터는 모두 값을 출력합니다. 그것들 중 하나만 선택해야 합니다. 멀티플렉서는 특정 레지스터 한 개의 값만 꺼내기 위해 사용합니다(◐ '1.39 : 멀티플렉서'). 그러나 왜 내부 버스에 각각의 레지스터를 직접 연결하지 않을까요?(◐ 그림 2.1)

왜 멀티플렉서를 중간에 두어야 할까요?

그 이유는 Hi-Z(하이 임피던스 상태)를 제외하고는 무엇인가를 출력하는 신호선을 연결해서는 안 되기 때문입니다(쇼트가 일어납니다). 명시적으로 신호를 선택하는 멀티플렉서를 두면, 그곳에서 선택적으로 의도한 레지스터의 내용을 얻을 수 있습니다.

레지스터 선택(◐ '2.21 : 레지스터 선택')이라는 기능은 비슷하지만, 역할이 다르다는 점에 주의하세요.

주9) 역자 주 : 일본어로 명사 다로는 사람 이름 또는 장남이라는 의미이지만, 문장의 끝에 올 때는 "…겠지"의 의미가 있습니다.

타이밍 및 제어

2.23

이 투수는 컨트롤이 나빠.

"이건 축구 중계인데요"라고 개그를 하는 경우는 없습니다.

타이밍 및 제어의 역할은 두 가지입니다. 하나는 **전체 타이밍을 일치시키는 것**입니다. 타이밍의 통일이 중요한 이유는 전기 회로는 반드시 약간의 지연이 발생하기 때문입니다. 지연 정도를 예상하여 필요한 시간에 정확히 처리해야 합니다.

그러나 이번 8080 에뮬레이터에서는 타이밍 문제를 다루지 않습니다. 실제 메모리나 입출력 기기는 순식간에 반응하지 못해 마이크로초 또는 나노초 단위의 지연이 발생합니다. 이 지연을 기다리기 위해서는 타이밍을 맞추는 것이 중요합니다. 그러나 에뮬레이터에서 변수에 기록하는 것이 완료되면 변수에 데이터가 들어가므로 타이밍을 맞추는 것이 의미가 없습니다. 이와 반대로 타이밍을 맞추려면 동작이 늦춰지고, 그렇지 않아도 늦은 에뮬레이션이 더 무겁게 되어 버립니다. 따라서 이 요소는 생략합니다.

또 하나의 역할은 제어입니다. **명령 디코더 및 기계 사이클 인코더로부터 디코드 결과를 취득하여 CPU 내의 각 기능을 동작시키는 것**입니다. `TimingAndControl` 클래스의 `runMain` 메소드가 이 일을 수행합니다.

이 메소드에는 주의해야 할 점이 있습니다. **언제까지나 실행을 계속해도 입력도 출력도 수행되지 않는다는 것**입니다. 결국 때때로 프로그램을 정지시키지 않으면 안 됩니다. 이것은 사실상 병렬 실행의 기능을 가지지 않은 자바스크립트의 제약입니다.

이 제약을 회피하기 위해 다음 두 가지 기능이 추가되었습니다.

- 문자 입력 대기 사이에는 CPU 에뮬레이션을 정지한다.
- 단말 에뮬레이터의 표시 내용이 갱신될 때는 단시간 동안 CPU 에뮬레이션을 정지하여 화면 갱신 기회를 제공한다.

후자의 경우, 어느 정도의 문자 수가 쌓였을 때나 표시 내용에 큰 갱신이 있을 때만 화면 갱신이 발생합니다. 이러한 처리는 CPU 본래의 구조와는 아무런 관계도 없고, 단순히 자바스크립트의 제약을 회피하기 위한 것뿐입니다.

한편 기본은 모두 **runMain** 메소드에 있고, 다른 것은 모두 내부의 메소드입니다. 이 **runMain** 메소드의 구조는 상기 특수한 사정을 제외하면 매우 간단합니다. 소스 코드는 길지만, swtich문으로 case를 구분하여 처리하는 변형이 많기 때문에 기본은 매우 간단합니다. 우선 **instructionFetch** 메소드를 호출하여 명령 인출(fetch)을 수행합니다. 명령 인출은 메모리에서 실행하는 명령을 읽어내는 것을 말합니다. 읽어낸 결과는 명령 레지스터에 들어갑니다(2~3바이트 명령의 경우는 처음 1바이트뿐입니다).

다음으로 명령 디코더를 호출하여 (**this.chip.instructionDecoder. Decode()**), 명령을 디코드합니다. 그 결과에 따라 switch문을 실행하여 (**switch (this.chip.instructionDecoder.operationCode)**), 개개의 명령을 처리합니다. 각 명령의 처리가 비효율적이라도 어느 정도 실제와 가깝게 작성되어 있습니다.

일례로 **DAD**(16진수의 덧셈) 명령의 구현을 소개합니다. 자바스크립트에서 16비트 값의 덧셈은 + 연산자 하나로 끝납니다. 플래그의 변화를 충실하게 모방하더라도, 몇 줄의 추가로 충분합니다. 그러나 여기에서는 일부러 8비트 단위로 ALU와 캐리 플래그를 사용하여 덧셈합니다. ALU를 사용하기 위해서는 설정하는 데 많은 시간이 걸리므로 8비트 덧셈을 두 번 수행하여 16비트 덧셈을 구현하고 있습니다. 이는 원본을 충실하게 모방하기 위한 것입니다. 원래의 8080은 8비트 덧셈 회로를 두 번 사용하는 것으로 16비트 덧셈 회로만큼 회로가 작아지도록 고안하였습니다.

다음은 **TimingAndControl** 클래스 리스트에서 **DAD**의 구현 부분을 꺼낸 것입니다. 실제로 8비트 덧셈을 두 번 수행하고 있습니다.

```
var tgt = this.chip.regarray.getRegisterPairValue(this.chip.
    ➥ instructionDecode.g2 >> 1);
this.chip.accumulatorLatch.setValue(this.chip.regarray.l.getValue());
this.chip.tempReg.setValue(lowByte(tgt));
this.chip.alu.add(false, true); // 8비트 덧셈을 수행
var resultL = this.chip.alu.result.getValue();
this.chip.accumulatorLatch.setValue(this.chip.regarray.h.getValue());
this.chip.tempReg.setValue(highByte(tgt));
this.chip.alu.adc(false, true); // 8비트 덧셈을 수행
var reslultH = this.chip.alu.result.getValue();
this.chip.regarray.l.setValue(resultL);
this.chip.regarray.h.setValue(resultH);
```

마지막에 작은 코드가 추가되었는데, 이는 모니터에서 스텝 실행을 수행하기 위한 것입니다. 실제 CPU에는 이와 같은 기능이 없습니다. 스텝 실행이 요구되는 경우에는 한 가지 명령을 실행한 후에 CPU를 강제로 정지시키는 **break** 메소드를 호출합니다. 다음은 이 절의 주제인 타이밍 및 제어를 모방한 **TimingAndControl** 클래스입니다.

```
// 타이밍 및 제어
// 명령의 실행은 여기에서 총괄 제어를 수행한다고 간주함
// 디코드가 끝난 정보를 이용
class TimingAndControl {
// CPU 외의 장소와 통신하기 위해 CPU 객체에 대한 참조를 가짐
    private chip: i8080;
// 생성자. CPU 객체에 대한 참조를 설정
    constructor(thischip: i8080) {
        this.chip = thischip;
    }
// PC가 나타내는 주소로부터 1바이트를 꺼내고 PC를 1 증가시킴
    public fetchNextByte():void {
        this.chip.registerSelect16 = RegisterSelect16.pc;
```

```
            this.chip.memoryRead();
            this.chip.regarray.pc.Increment();
        }
// PC가 나타내는 주소로부터 1워드를 꺼내고 PC를 2 증가시킴
    public fetchNextWord() {
        this.fetchNextByte();
        var l = this.chip.dataBusBufferLatch.getValue();
        this.fetchNextByte();
        var h = this.chip.dataBusBufferLatch.getValue();
        var hl = h * 256 + l;
        return hl;
    }
// PC가 나타내는 주소로부터 1워드를 꺼내고 PC를 2 증가시킴
// 꺼낸 값은 WZ 레지스터 페어에 저장
    public fetchNextWordToWZ() {
        this.fetchNextByte();
        this.chip.regarray.z.setValue(this.chip.dataBusBufferLatch.
                                            ↪ getValue());
        this.fetchNextByte();
        this.chip.regarray.w.setValue(this.chip.dataBusBufferLatch.
                                            ↪ getValue());
    }
// PC가 나타내는 주소로부터 1바이트를 꺼내고 PC를 1 증가시킴
// 꺼낸 값은 DataLatch에 저장
    private fetchNextByteAndSetDataLatch() {
        this.chip.timingAndControl.fetchNextByte();
        this.chip.dataBusBufferLatch.setValue(this.chip.dataBusBufferLatch.
                                            ↪ getValue());
// PC가 나타내는 주소로부터 1워드를 꺼내고 PC를 2 증가시킴
// 꺼낸 값은 AddressLatch에 저장
    private fetchNextWordAndSetAddressLatch() {
        this.chip.timingAndControl.fetchNextByte();
        var l = this.chip.dataBusBufferLatch.getValue();
        this.chip.timingAndControl.fetchNextByte();
        var h = this.chip.dataBusBufferLatch.getValue();
        this.chip.regarray.incrementerDecrementerAddressLatch.
                                            ↪ setValueHL(l, h);
        this.chip.registerSelect16 = RegisterSelect16.Latch;
```

```
        }
// 명령 인출(fetch)을 실행
// 결국 PC가 나타내는 주소로부터 1바이트를 꺼내고 PC를 1 증가시키고
// 결과를 instructionRegister에 저장
    private instructionFetch() {
        this.fetchNextByte();
        var data = this.chip.dataBusBufferLatch.getValue();
        this.chip.instructionRegister.setValue(data);
    }
// 누산기만을 대상으로 한 계산을 실행
// RLC, RRC, RAL, CMA가 해당됨
    private aluWithAcc() {
        switch (this.chip.instructionDecoder.g2) {
            case 0: this.chip.alu.rlc(); break;
            case 1: this.chip.alu.rrc(); break;
            case 2: this.chip.alu.ral(); break;
            case 3: this.chip.alu.rar(); break;
            case 5: this.chip.alu.cma(); break;
        }
        this.chip.accumulator.setValue(this.chip.alu.result.getValue());
    }
// 누산기와 TempReg를 대상으로 한 계산을 실행
// ADD, ADC, SUB, SBB, AND, XOR, OR, CMP가 해당됨
    private aluWithAccAndTemp() {
        this.chip.accumulatorLatch.setValue(this.chip.accmulator.
                                                   ➥ getValue());
        switch (this.chip.instructionDecoder.g2) {
            case 0: this.chip.alu.add(); break;
            case 1: this.chip.alu.adc(); break;
            case 2: this.chip.alu.sub(); break;
            case 3: this.chip.alu.sbb(); break;
            case 4: this.chip.alu.and(); break;
            case 5: this.chip.alu.xor(); break;
            case 6: this.chip.alu.or(); break;
            case 7: this.chip.alu.cmp(); return;
        }
        this.chip.setRegisterFrom(7);    // save acc if not CMP
    }
```

```
// 실행 메인. CPU가 실행되는 한, 여기에서 루프를 반복
// 실행을 중단하는 어떠한 이유가 있을 때 리턴
    public runMain() {
// 비디오·디스플레이 터미널의 입력 처리를 설정
        vdt.inputFunc = (num) => {
// 입력이 있다면 선행 입력 버퍼에 추가
// 실제 필요할 때까지 그곳에서 대기
            emu.inputChars += String.fromCharCode(num);
// 후처리 함수가 설정되면 그것을 호출
            if (vdt.inputFuncAfter) vdt.inputFuncAfter();
        };
// 여기부터 명령 실행 사이클이 시작
        for (; ;) {
// 반복이 계속되면 다른 처리가 인터럽트되지 않기 때문에
// 인터럽트 기회를 만들기 위해
// 입력 대기 처리를 수행하는 요구가 있을 때에는
// setTimeout으로 자기 자신의 재실행을 요청한 다음에
// 리턴하여 루프를 종료함
            if (emu.waitingInput) {
                emu.watingInputAfter = false;
                vdt.inputFuncAfter = () => {
                    vdt.inputFuncAfter = null;
                    setTimeout(() => {
                        this.chip.runMain();
                    }, 0);
                };
                return;
            }
// 화면을 갱신하는 요청이 있는 경우에는
// 시스템이 화면을 갱신하는 시간을 주기 위해
// setTimeout으로 자기 자신의 재실행을 요청한 다음에
// 리턴하여 루프를 종료함
            if (emu.screenRefreshRequest) {
                emu.screenRefreshRequest = false;
                setTimeout(() => {
                    this.chip.runMain();
                }, 0);
                return;
            }
```

```
// 다음에 실행해야 하는 명령의 첫 번째 바이트를 취득
        this.instructionFetch();
// 명령을 디코드. 정지 명령이었으므로 루프를 빠져나옴
        if (this.chip.instructionDecoder.Decode()) return;
// 디코드 결과의 분류에 따라 처리를 나눔
        switch (this.chip.instructionDecode.operationCode){
    case OperationCode.NOP:
        // do nothing
        break;
    case OperationCode.LXI:
        var dword = this.chip.timingAndControl.fetchNextWord();
        this.chip.registerSelect16 =
                    ➥ this.chip.instructionDecoder.g2 >> 1;
        this.chip.regarray.setSelectedRegisterpairValue(dword);
        break;
    case OperationCode.DAD:
        var tgt = this.chip.regarray.
        ➥ getRegisterPairValue(this.chip.insructionDecoder.g2 >> 1);
        this.chip.accumulatorLatch.
                ➥ setValue(this.chip.regarray.l.getValue());;
        this.chip.tempReg.setValue(lowByte(tgt));
        this.chip.alu.add(false, true);
        var resultL = this.chip.alu.result.getValue();
        this.chip.accumulatorLatch.
                ➥ setValue(this.chip.regarray.h.getValue());
        this.chip.tempReg.setValue(highByte(tgt));
        this.chip.alu.adc(false, true);
        var resultH = this.chip.alu.result.getValue();
        this.chip.regarray.l.setValue(resultL);
        this.chip.regarray.h.setValue(resultH);
        break;
    case OperationCode.LDAX:
        this.chip.registerSelect16 =
                    ➥ this.chip.instructionDecoder.g2 >> 1;
        this.chip.memoryRead();
        this.chip.accumulator.
                ➥ setValue(this.chip.dataBufferLatch..getValue());
        break;
```

```
            case OperationCode.STAX:
                this.chip.registerSelect16 =
                            ➥ this.chip.instructionDecoder.g2 >> 1;
                this.chip.dataBusBufferLatch.
                        ➥ setValue(this.chip.dataBufferLatch.getValue());
                this.chip.memoryWrite();
                break;
        case OperationCode.LHLD:
                this.fetchNextWordAndSetAddressLatch();
                this.chip.memoryRead();
                this.chip.regarray.l.
                    ➥ setValue(this.chip.dataBusBufferLatch.getValue());
                this.chip.regarray.incrementorDecrementorAddressLatch.
                                                    ➥ Increment();
                this.chip.memoryRead();
                this.chip.regarray.h.
                        ➥ setValue(this.chip.dataBusBufferLatch.
                        getValue());
                break;
        case OperationCode.SHLD:
                this.fetchNextWordAndSetAddressLatch();
                this.chip.dataBusBufferLatch.
                        ➥ setValue(this.chip.regarray.l.getValue());
                this.chip.memoryWrite();
                this.chip.regarray.incrementorDecrementorAddressLatch.
                                                    ➥ Increment();
                this.chip.dataBusBufferLatch.
                        ➥ setValue(this.chip.regarray.h.getValue());
                this.chip.memoryWrite();
                break;
        case OperationCode.LDA:
                this.fetchNextWordAndSetAddressLatch();
                this.chip.memoryRead();
                this.chip.accumulator.
                    ➥ setValue(this.chip.dataBusBufferLatch.getValue());
                break;
        case OperationCode.STA:
                this.fetchNextWordAndSetAddressLatch();
```

```
                    this.chip.dataBusBufferLatch.
                            ➥ setValue(this.chip.accumulator.getValue());
                    this.chip.memoryWrite();
                    break;
                case OperationCode.INX:
                    this.chip.registerSelect16 =
                                    ➥ this.chip.instructionDecoder.g2 >> 1;
                    this.chip.regarray.transferSelectedRegister16toAddressLatch();
                    this.chip.regarray.incrementorDecrementorAddressLatch.
                                                        ➥ Increment();
                    this.chip.regarray.
                        ➥ transferSelectedRegister16fromAddressLatch();
                    break;
                case OperationCode.DEX:
                    this.chip.registerSelect16 =
                                    ➥ this.chip.instructionDecoder.g2 >> 1;
                    this.chip.regarray.transferSelectedRegister16toAddressLatch();
                    this.chip.regarray.incrementorDecrementorAddressLatch.
                                                        ➥ Increment();
                    this.chip.regarray.
                        ➥ transferSelectedRegister16fromAddressLatch();
                    break;
                case OperationCode.INR:
                    this.chip.
                        ➥ getRegisterToTempReg(this.chip.instructionDecoder.g2);
                    this.chip.alu.inc();
                    this.chip.setRegisterFromAlu(this.chip.instructionDecoder.g2);
                    break;
                case OperationCode.DCR:
                    this.chip.
                        ➥ getRegisterToTempReg(this.chip.instructionDecoder.g2);
                    this.chip.alu.dec();
                    this.chip.setRegisterFromAlu(this.chip.instructionDecoder.g2);
                    break;
                case OperationCode.MVI:
                    this.fetchNextByteAndSetDataLatch();
                    this.chip.
                        ➥ setRegisterFromDataLatch(this.chip.instructionDecoder.g2);
                    break;
```

```
case OperationCode.DAA:
    this.chip.decimalAdjust.adjust();
    break;
case OperationCode.STC:
    this.chip.flags.cy = true;
    break;
case OperationCode.CMC:
    this.chip.flags.cy = !this.chip.flags.cy;
    break;
case OperationCode.HLT:
    this.chip.hlt();
    return;
case OperationCode.MOV:
    this.chip.
        ➥ getRegisterToTempReg(this.chip.instructionDecoder.g3);
    this.chip.
        ➥ setRegisterFromTempReg(this.chip.instructionDecoder.g2);
    break;
case OperationCode.ALU1:
    this.aluWithAcc();
    break;
case OperationCode.ALU2:
    if (this.chip.instructionDecoder.g1 == 2)
        // with register
        this.chip.
            ➥ getRegisterToTempReg(this.chip.instructionDecoder.g3);
    else {
        // with immediate value
        this.chip.timingAndControl.fetchNextByte();
        this.chip.tempReg.
            ➥ setValue(this.chip.dataBusBufferLatch.getValue());
    }
    this.aluWithAccAndTemp();
    break;
case OperationCode.Rxx:
    if (this.chip.instructionDecoder.g3 == 1) // in case of RET
        ¦¦ this.chip.condCommon(this.chip.
            ➥ instructionDecoder.g2))) { // in case of Rxx
        this.chip.popToWZ();
```

```
                    this.chip.registerSelect16 = RegisterSelect16.wz;
                    var hl = this.chip.regarray.
                                  ➥ getSelectedRegisterPairValue();
                    this.chip.registerSelect16 = RegisterSelect16.pc;
                    this.chip.regarray.setSelectedRegisterpairValue(hl);
                }
            break;
        case OperationCode.PUSH:
            this.chip.regiserSelect16 = RegisterSelect16.sp;
            var data: number;
            switch (this.chip.instructionDecoder.g2 & 6) {
                case 0:
                    data = this.chip.regarray.b.getValue();
                    break;
                case 2:
                    data = this.chip.regarray.d.getValue();
                    break;
                case 4:
                    data = this.chip.regarray.h.getValue();
                    break;
                case 6:
                    data = this.chip.accumulator.getValue();
                    break;
            }
            this.chip.dataBusBufferLatch.setValue(data);
            this.chip.regarray.sp.Decrement();
            this.chip.memoryWrite();
            switch (this.chip.instructionDecoder.g2 & 6) {
                case 0:
                    data = this.chip.regarray.c.getValue();
                    break;
                case 2:
                    data = this.chip.regarray.e.getValue();
                    break;
                case 4:
                    data = this.chip.regarray.l.getValue();
                    break;
                case 6:
```

```
                        data = this.chip.flags.getPacked();
                        break;
                }
                this.chip.registerSelect16 = RegisterSelect16.sp;
                this.chip.dataBusBufferLatch.setValue(data);
                this.chip.regarray.sp.Decrement();
                this.chip.memoryWrite();
                break;
        case OperationCode.POP:
                this.chip.regiserSelect16 = RegisterSelect16.sp;
                this.chip.memoryRead();
                this.chip.regarray.sp.Increment();
                var data = this.chip.dataBusBufferlatch.getValue();
                switch (this.chip.instructionDecoder.g2 & 6) {
                    case 0:
                        this.chip.regarray.c.setValue(data);
                        break;
                    case 2:
                        this.chip.regarray.e.setValue(data);
                        break;
                    case 4:
                        this.chip.regarray.l.setValue(data);
                        break;
                    case 6:
                        this.chip.flags.setPacked(data);
                        break;
                }
                this.chip.registerSelect16 = RegisterSelect16.sp;
                this.chip.memoryRead();
                this.chip.regarray.sp.Increment();
                data = this.chip.dataBusBufferlatch.getValue();
                switch (this.chip.instructionDecoder.g2 & 6) {
                    case 0:
                        this.chip.regarray.b.setValue(data);
                        break;
                    case 2:
                        this.chip.regarray.d.setValue(data);
                        break;
```

```
                case 4:
                    this.chip.regarray.h.setValue(data);
                    break;
                case 6:
                    this.chip.accumulator.setValue(data);
                    break;
        }
        break;
    case OperationCode.PCHL:
        var v = this.chip.regarray.getRegisterpairValue(2); // HL
        this.chip.regarray.pc.setValue(v);
        break;
    case OperationCode.SPHL:
        var v = this.chip.regarray.getRegisterpairValue(2); // HL
        this.chip.regarray.sp.setValue(v);
        break;
    case OperationCode.Jxx:
        this.chip.timingAndControl.fetchNextWordToWZ();
        if (this.chip.instructionDecoder.g3 == 3) // in case of JMP
            ¦¦ this.chip.condCommon(this.chip.
                    ➥ instructionDecoder.g2)) { // in case of Jxx
            this.chip.registerSelect16 = RegisterSelect16.wz;
            this.chip.regarray.transferSelectedRegister16toPC();
        }
        break;
    case OperationCode.XTHL:
        this.chip.popToWZ();
        this.chip.registerSelect16 = RegisterSelect16.hl;
        var hl = this.chip.regarray.getSelectedRegisterPairValue();
        this.chip.pushCommon(hl);
        this.chip.regarray.l.
                    ➥ setValue(this.chip.regarray.z.getValue());
        this.chip.regarray.h.
                    ➥ setValue(this.chip.regarray.w.getValue());
        break;
    case OperationCode.XCHG:
        this.chip.regarray.swapHLandDE();
        break;
```

```
case OperationCode.IN:
    this.chip.timingAndControl.fetchNextByte();
    var d = this.chip.dataBusBufferlatch.getValue();
    this.chip.regarray.w.setvalue(d);
    this.chip.regarray.z.setvalue(d);
    this.chip.registerSelect16 = RegisterSelect16.wz;
    this.chip.regarray.transferSelectedRegisterq16toAddressLatch();
    this.chip.ioRead();
    this.chip.
        ➥ setRegister(7, this.chip.dataBusBufferLatch.
        getValue());
    break;
case OperationCode.OUT:
    this.chip.timingAndControl.fetchNextByte();
    var d = this.chip.dataBusBufferlatch.getValue();
    this.chip.regarray.w.setvalue(d);
    this.chip.regarray.z.setvalue(d);
    this.chip.registerSelect16 = RegisterSelect16.wz;
    this.chip.regarray.transferSelectedRegisterq16toAddressLatch();
    this.chip.dataBusBufferLatch.
                    ➥ setValue(this.chip.getRegister(7));
    this.chip.ioWrite();
    break;
case OperationCode.Cxx:
    this.chip.timingAndControl.fetchNextWordToWZ();
    if (this.chip.instructionDecoder.g3 == 4) // in case of CALL
        || this.chip.condCommon(this.chip.
                ➥ instructionDecoder.g2)) { // in case of Cxx
        this.chip.pushCommon(this.chip.regarray.pc.getValue());
        this.chip.registerSelect16 = RegisterSelect16.wz;
        this.chip.regarray.transferSelectedRegister16toPC();
    }
    break;
case OperationCode.RST:
    var oldpc = this.chip.regarray.pc.getValue();
    if (emu.superTrap && this.chip.instructionDecoder.g2 == 7) {
        this.chip.hlt();
        emu.setMonitor();
        return true;
```

```
                }
                this.chip.regarray.pc.
                        setValue(this.chip.instructionDecoder.g2 << 3);
                this.chip.pushCommon(oldpc);
                break;
            default:
            console.log("Unknown OperaionCode:" +
                    this.chip.instructionDecoder.operationCode);
        }
        if (emu.stepMode) {
            this.chip.break();
            return true;
        }
    }
  }
 }
}
```

에뮬레이트하지 않는 신호선에 관해서는 마지막에 보충합니다.

◎ RESET

전원이 켜지는 시점에 CPU 레지스터의 초깃값은 모두 결정되지 않습니다. 따라서 **RESET** 신호를 주고 프로그램 카운터를 0으로 만들어 0번지부터 실행을 개시할 필요가 있습니다. 이 에뮬레이터에서는 뒤에 기술하는 **CPU** 객체의 **reset** 메소드로 그 기능을 대신합니다. 리셋에 의해 0으로 클리어되는 것은 프로그램 카운터입니다. 초기 상태의 프로그램 카운터가 어떤 값이 되는지는 CPU의 종류에 달려 있습니다. 후속 Intel 8086(현재의 x86의 직접적인 선조)에서는 **0FFFF0H**(다섯 자리)라는 주소가 됩니다. 8080의 라이벌인 Mototola의 6800에서는 주소 **FFFE**와 **FFFF**에 기록되어 있는 주소로 초기화되고, 자유롭게 변경할 수 있습니다.

실제로 이 0번지부터 실행되는 특성은 CP/M에서 큰 문제가 되지만, 이는 '3.13 : 뱅크 전환과 CP/M'에서 상세히 설명합니다.

◎ CLOCKS

```
ø1
ø2
```

CPU의 심장의 고동에 해당하는 중요한 신호입니다. 이 신호가 주어지지 않으면 CPU는 정지 상태가 되어 아무런 일도 할 수 없게 됩니다. CPU의 속도를 결정하는 클럭 주파수라는 것은 이 신호선에 주어진 주파수에 해당합니다. CPU는 이 신호선이 **True**와 **False**를 교대로 반복할 때마다 동작을 진행합니다.

8080에서는 일정 시간마다 **ø1**과 **ø2**가 교대로 1이 되도록 하는 클럭이 주어져야 합니다. CPU의 종류에 따라, 입력되는 신호는 하나로 충분할 수도 있고, 실제 클럭 주파수의 배수 값에 해당하는 주파수의 클럭을 CPU에 제공할 필요도 있습니다.

◎ SYNC

각 기계의 사이클 시작을 나타냅니다. 이때, 데이터 버스에는 상태 정보라는 내부 정보가 출력되지만, 이는 동작의 필수 정보가 아니기 때문에 에뮬레이션하지 않습니다.

◎ WAIT CONTROL

```
READY
WAIT
```

저속의 메모리나 IO 기기를 사용하면 규정 시간 내에 응답할 수 없는 경우가 있습니다. 규정 시간은 8080의 경우에는 클럭 주파스로 결정되기 때문에 클럭 주파수를 떨어뜨리면 시간을 맞추는 것이 가능하지만, CPU의 내부 동작까지 지연되는 것은 바람직하지 않습니다. 예를 들어 레지스터 사이의 계산을 수행할 때, CPU의 외부 요소는 아무것도 관여하지 않기 때문에 늦어지는 것은 바람직하지 않습니다.

이때에는 **WAIT**과 **READY** 신호를 사용합니다. **READY**는 CPU를 기다리게 하는 신호입니다. **WAIT**는 CPU가 대기 상태에 들어간 것을 나타내는 신호입니다.

◎ HOLD CONTROL

```
HOLD
HOLD ACK
```

외부에서 CPU를 정지시키기 위하여 사용합니다. **HOLD**는 CPU에 멈추라고 지시하는 신호이고, **HOLD ACK**은 CPU가 정지한 것을 나타내는 신호입니다.

◎ INTERRUPT CONTROL

```
INT
INTE
```

INT는 인터럽트를 요구합니다. **INTE**는 인터럽트가 허가되는지 아닌지의 상태를 출력하는 신호입니다. 인터럽트의 상세한 내용은 '2.26 : 인터럽트'에서 설명합니다.

◎ DATA BUS CONTROL

```
DBIN
```

CPU가 데이터 버스로부터 데이터를 받아들일 때에 활성화됩니다.

◎ WRITE

```
WR
```

CPU가 데이터 버스로 데이터를 보낼 때에 활성화됩니다.

전원

2.24

이 기계, 동작하지 않습니다. 고장났습니다.

우선 콘센트를 확인해봐.

이 요소는 에뮬레이션 대상이 아닙니다.

당연한 일이지만, 전자 부품인 CPU에는 전원이 필요합니다. 전압과 전압의 종류는 CPU에 달려 있습니다.

일반적으로 CPU는 한 종류 이상의 전압의 전원이 필요합니다. 몇 종류의 전원을 요구하는지는 CPU에 따라 다릅니다. 전압도 CPU에 따라 결정됩니다. 물론, 엄밀하게 결정되는 경우도 있고, 여유를 두고 전원을 제공하는 것이 좋은 경우도 있습니다.

8080은 +12V, +5V, −5V를 전원으로 요구합니다. 물론 기준 전위(0V)를 결정하는 접지(GND)도 필요하기 때문에 총 네 개의 전원을 공급할 필요가 있습니다. 이번의 소프트웨어 에뮬레이터는 전원 공급 없이(에뮬레이션을 실행하는 기계의 전원으로) 동작하는 것이 실물과의 가장 큰 차이라고 할 수 있습니다.

CPU 패키지

2.25

40개나 되는 핀이 붙어 있는 부품을 이해하는 것은 매우 어렵습니다.

인텔 코어 시리즈 등에서 사용되는 LGA1151 소켓이라면 1,151핀이지만, 그쪽이 좋습니까?

129페이지의 8080 내부 구조도에 명시적으로 그려져 있지는 않지만, 이제까지 설명한 모든 구성 요소를 하나로 정리한 패키지라는 존재가 있습니다.

물리적으로는 40개의 핀이 나온 DIP(*Dual in-line Package*, 2열에 별도로 핀이 나온 패키지)가 됩니다. 각 구성 요소로부터 40개의 핀이 나온 것입니다(◐ 그림 2.14).

출처 : https://upload.wikimedia.org/wikipedia/commons/7/7e/Intel_C8080A_9064_33001_N8384_top.jpg(저자 Dirk Oppelt CC-BY-SA-3.0 (http://creativecommons.org/licenses/by-sa/3.0/), wikimedia commons 경유)

◐ **그림 2.14** Intel C8080A 프로세서

이 책의 에뮬레이터 관점으로 말하면, `i8080` 클래스가 여기에 속합니다. 이 클래스는 `icpu` 인터페이스를 구현하고 있습니다. 이와 같은 구조인 이유는 복수 CPU의 에뮬레이션을 선택할 수 있도록 하고 싶기 때문입니다. 이번 에뮬레이터는 **교육용 버전(Educational)**과 **고속 버전(Fast)**의 두 가지를 준비했으므로, 서로 전환 가능합니다.

이 책에서 설명하고 있는 것은 **교육용 버전(Educational)**이지만, 실행 속도가 늦기 때문에 결과가 동일하다면 충실한 재현을 수행하지 않아도 되는 **고속 버전 (Fast)**을 준비했습니다. 그리고 icpu 인터페이스는 다음과 같이 구현됩니다.

```
interface icpu {
    runMain();
    update();
    reset();
    diskread(): number;
    diskwrite(): number;
    getName(): string;
}
```

이 중에서 CPU가 가져야 하는 기능은 **reset**뿐입니다. 나머지는 **편의상 존재하는 메소드**로, 충실하게 구현되지 않았습니다. 실제로 **reset**을 수행하면 CPU는 즉시 동작하기 시작하므로 **runMain** 메소드는 필요하지 않습니다. 그러나 **제멋대로 동작**하는 기능을 구조적으로 구현하기 어렵기 때문에 명시적으로 실행하는 메소드를 준비했습니다.

update는 CPU 내부의 상태를 표시한 UI를 갱신하도록 하는 지시로, 사용하기가 편리합니다. 보통의 CPU는 특별한 하드웨어나 소프트웨어를 사용하지 않는 한 내부 구조를 볼 수 없습니다. **diskread**와 **diskwrite**는 보조 기억 장치의 입출력을 에뮬레이션합니다. 이 두 가지 기능이 인터페이스에서 가상화되는 것은 디스크의 입출력 대상이 되는 메모리 크기가 CPU의 구조에 따라 증감되는 경우가 있기 때문입니다. 따라서 CPU의 인터페이스 일부가 됩니다. 이것은 8080 이외를 에뮬레이트하는 경우의 발전성을 고려한 정의입니다.

8080 전의 모델인 Intel 8008은 메모리 공간 크기가 1/4밖에 안 되지만, 8080의 발전형인 Intel 8086이 되면 메모리 공간 크기는 8080의 16배로 증가합니다. **getName**은 자기 자신의 이름을 반환합니다. 이것 또한 복수의 CPU 에뮬레이션을 구현하는 경우의 혼란을 피하기 위한 조치로, 실제 CPU에는 존재하지 않는 기능입니다. 굳이 말하면, 칩 위에 인쇄되어 있는 이름에 해당합니다.

그런데 이 인터페이스를 구현한 것이 **i8080** 클래스입니다. 이 클래스에는 주로 세 개의 기능이 있습니다.

◎ **지금까지 설명한 모든 기능이 갖추어져 있음**

예를 들어 `Accumulator`, `AccumulatorLatch`, `TempReg`, `RegisterArray`
등 지금까지 설명한 기능을 나열하여 초기화되어 있습니다.

◎ **icpu 인터페이스를 구현함**

`reset` 메소드 등이 구현되어 있습니다.

◎ **공통으로 사용되는 편리한 메소드를 정의함**

예를 들어 `getRegisterToTempReg` 메소드는 레지스터에서 값을 취득하여
임시 레지스터(`TempReg`)에 저장하는 기능을 제공합니다.

다음은 `i8080` 클래스의 소스 코드입니다.

```
// CPU 본체를 구현한 클래스
export class i8080 implements icpu {
// CPU가 정지 상태가 되는 것을 나타내는 플래그
    public halt = true;
// 누산기
    public accumulator = new Accumulator();
// 누산기의 값을 잠시 유지하는 래치
    public accumulatorLatch = new AccumulatorLatch();
// 계산하는 상대의 값을 잠시 유지하는 레지스터
    public tempReg = new tempReg();
// 복수의 레지스터를 모은 레지스터 페어
    public regarray = new RegisterArray(this);
// 플래그
    public flags = new FlagFlipFlop();
// 타이밍 및 제어. 명령의 실행을 관리하고 해석
    public timingAndControl = new TimingAndControl(this);
// 데이터 버스와 입출력을 중개하는 래치
    public dataBusBufferLatch = new DataBusBufferLatch();
// 주소 버스에 보내는 값을 갖는 버퍼
    public addressBuffer = new AddressBuffer(this);
// 어느 16비트 레지스터를 사용하는지를 지정하는 값
    public registerSelect16: RegisterSelect16 = 0;
// 어느 8비트 레지스터를 사용하는지를 지정하는 값
```

```
    public registerSelect8: RegisterSelect8 = 0;
// 명령의 첫 번째 바이트를 유지하는 레지스터
    public instructionRegister = new InstructionRegister();
// 명령 디코더. 명령의 첫 번째 바이트의 값을 조사하여 실행해야 하는 명령을 확정함
    public instructionDecoder =
            ➥ new InstructionDecoderAndMachineCycleEncoding(this);
// 계산 처리를 수행하는 ALU
    public alu = new ArithmeticLogicUnit(this);
// 10진 보정. ALU를 보조함
    public decimalAdjust = new DecimalAdjust(this);
// 메모리로부터 판독
    public memoryRead() {
        var addr = this.addressBuffer.getAddress();
        var data = emu.virtualMachine.memory.Bytes.read(addr);
        this.dataBusBufferLatch.setValue(data);
    }
// 메모리에 기록
    public memoryWrite() {
        var addr = this.addressBuffer.getAddress();
        var data = this.dataBusBufferLatch.getValue();
        emu.virtualMachine.memory.Bytes.write(addr, data);
    }
// 입력 포트로부터 입력
    public ioRead() {
        var addr = this.addressBuffer.getAddress();
        var data = emu.virtualMachine.io.in(addr & 255);
        this.dataBusBufferLatch.setValue(data);
    }
// 출력 포트로 출력
    public ioWrite() {
        var addr = this.addressBuffer.getAddress();
        var data = this.dataBusBufferLatch.getValue();
        emu.virtualMachine.io.out(addr & 255, data);
    }
// 모니터 화면의 출력을 현재의 레지스터 내용으로 갱신
    public update() {
        $("#regA").text(dec2hex(this.accumulator.getValue(), 2));
        $("#regBC").text(dec2hex(this.regarray.b.getValue(), 2) +
                    ➥ dec2hex(this.regarray.c.getValue(), 2));
```

```
            $("#regDE").text(dec2hex(this.regarray.d.getValue(), 2) +
                             ➥ dec2hex(this.regarray.e.getValue(), 2));
            $("#regHL").text(dec2hex(this.regarray.h.getValue(), 2) +
                             ➥ dec2hex(this.regarray.l.getValue(), 2));
            $("#regSP").text(dec2hex(this.regarray.sp.getValue(), 4));
            $("#regPC").text(dec2hex(this.regarray.pc.getValue(), 4));
            var hl = this.regarray.h.getVlaue() * 256 + this.regarray.l.getValue();
            var m = emu.virtualMachine.memory.Bytes.read(Math.floor(hl));
            $("#regM").text(dec2hex(m, 2));
            $("#regS").text(this.flags.s ? 1 : 0);
            $("#regZ").text(this.flags.z ? 1 : 0);
            $("#regP").text(this.flags.p ? 1 : 0);
            $("#regC").text(this.flags.cy ? 1 : 0);
            $("#regAC").text(this.flags.ac ? 1 : 0);
        }
    // 임의의 값으로 레지스터를 초기화
    // 어떤 값이 입력되는지 알 수 없는 전원을 켠 직후를 모방
        private randomInitialize() {
            this.accumulator.randomInitialize();
            this.regarray.b.randomInitialize();
            this.regarray.c.randomInitialize();
            this.regarray.d.randomInitialize();
            this.regarray.e.randomInitialize();
            this.regarray.h.randomInitialize();
            this.regarray.l.randomInitialize();
            this.regarray.sp.randomInitialize();
        }
    // 8비트 레지스터를 선택하여 그 값을 취득
    // M 레지스터일 때는 null을 반환(실제의 레지스터가 아니기 때문)
        public selectRegister(n: number) {
            var r: Register;
            switch (n) {
                case 0: return this.regarray.b;
                case 1: return this.regarray.c;
                case 2: return this.regarray.d;
                case 3: return this.regarray.e;
                case 4: return this.regarray.h;
                case 5: return this.regarray.l;
                case 6: return null;
```

```
                    case 7: return this.accumulator;
            }
        }

    // 8비트 레지스터에 값을 설정
        public setRegister(n: number, v: number) {
            var r = this.selectRegister(n);
            if (r == null) {                // it's M register
                this.registerSelect16 = RegisterSelect16.hl;
                this.regarray.transferSelectedRegister16toAddressLatch();
                this.dtaBusBufferLatch.setValue(v);
                this.memoryWrite();
            }
            else
                r.setValue(v);
        }
    // 8비트 레지스터에서 값을 취득
        public getRegister(n: number) {
            var r = this.selectRegister(n);
            if (r == null) {                // it's M register
                this.registerSelect16 = RegisterSelect16.hl;
                this.regarray.transferSelectedRegister16toAddressLatch();
                this.dtaBusBufferLatch.setValue(v);
                this.memoryRead();
                return this.dtaBusBufferLatch.getValue();
            }
            else
                return r.getValue();
        }
    // getRegister를 실행하여 결과를 TempReg에 입력
        public getRegisterToTempReg(reg8: number) {
            var val = this.getRegister(reg8);
            this.tempReg.setValue(val);
        }
    // TempReg의 값에 대하여 setRegister를 실행
        public setRegisterFromTempReg(reg8: number) {
            var val = this.tempReg.getValue();
            this.setRegister(reg8, val);
        }
```

```
// ALU의 result 값에 대하여 setRegister를 실행
    public setRegisterFromAlu(reg8: number) {
        var val = this.alu.result.getValue();
        this.setRegister(reg8, val);
    }
// DataLatch의 값에 대하여 setRegister를 실행
    public setRegisterFromDataLatch(reg8: number) {
        var val = this.dataBusBufferLatch.getValue();
        this.setRegister(reg8, val);
    }
// 모니터 상태 표시를 실행 중에 변경
    public setRunning() {
        $("#runStopStatus").removeClass("stop");
        $("#runStopStatus").removeClass("run");
        $("#runStopStatus").addClass("run");
        $("#runStopStatus").text("RUN");
    }
// 모니터 상태 표시를 정지 중에 변경
    public setStopped() {
        $("#runStopStatus").removeClass("stop");
        $("#runStopStatus").removeClass("run");
        $("#runStopStatus").addClass("stop");
        $("#runStopStatus").text("STOP");
    }
// 미정의 명령을 실행하려고 하는 것을 경고
// 처리를 정지시킬 수는 없음(사용되지 않음)
    public undefinedInstruction(n: number) {
        alert(n.toString(16) + " is undefined machine code");
    }

// 미구현 명령을 실행하려고 하는 것을 경고
// 처리를 정지시킬 수는 없음
    public notImplemented(n: number) {
        alert(n.toString(16) + " is not implemented");
    }

// 조건부 점프, 호출, 리턴에서 공통적인 조건이 성립하는지를 판정
    public condCommon(g2: number): boolean {
        switch (g2) {
```

```
            case 0: // NZ
                return !this.flags.z;
            case 1: // Z
                return this.flags.z;
            case 2: // Nc
                return !this.flags.cy;
            case 3: // C
                return this.flags.cy;
            case 4: // PO
                return !this.flags.p;
            case 5: // PE
                return this.flags.p;
            case 6: // P
                return !this.flags.s;
            case 7: // M
                return this.flags.s;
        }
    }

// WZ 레지스터 페어에 스택의 내용을 POP함
    public popToWZ() {
        this.registerSelect16 = RegisterSelect16.sp;
        this.memoryRead();
        this.regarray.sp.Increment();
        this.regarray.z.setValue(this.dataBusBufferLatch.getValue());
        this.memoryRead();
        this.regarray.sp.Increment();
        this.regarray.w.setValue(this.dataBusBufferLatch.getValue());
    }

// 스택에 대한 공통의 PUSH 처리
    public pushCommon(val: number) {
        this.registerSelect16 = RegisterSelect16.sp;
        this.regarray.sp.Decrement();
        this.dataBusBufferLatch.setValue(val >> 8));
        this.memoryWrite();
        this.regarray.sp.Decrement();
        var h = this.dataBusBufferLatch.setValue(val & 255);
        this.memoryWrite();
```

```
        }

// CPU를 정지시킴
// 이 메소드 내에서 정지시킬 수는 없고, 정지를 요청하는 것뿐
    public hlt() {
        this.halt = true;
        emu.virtualMachine.update();
        this.setStopped();
        emu.setMonitor();
        emu.tracebox.dump();
    }

// CPU를 일시 정지시킴
    public breakt() {
        emu.virtualMachine.update();
        this.setStopped();
        emu.setMonitor();
        emu.tracebox.dump();
    }

// 실행 시의 메인 루틴
    public runMain() {
        this.timingAndControl.runMain();
    }

// CPU를 리셋
// 0번지부터 자동으로 실행을 개시
    public reset() {
        this.randomInitialize();
        this.regarray.pc.setValue(0);
        this.halt = false;
        this.setRunning();
        setTimeout(() => {
// 실행 시 메인 루틴을 호출
            this.runMain();
        }, 100);
    }

// 가상 디스크 판독
```

```
// 레지스터에 지정된 드라이브, 트랙, 섹터로부터 판독
    public diskread() {
        var hl = this.regarray.getRegisterPairValue(2);
        var r = disk.read(this.regarray.b.getValue();
            this.regarray.c.getValue(),
            this.regarray.e.getValue(),
            hl);
        return r;
    }

// 가상 디스크에 기록
// 레지스터에 지정된 드라이브, 트랙, 섹터에 기록
    public diskwrite() {
        return disk.write(this.regarray.b.getValue(),
            this.regarray.c.getValue(),
            this.regarray.e.getValue(),
            this.regarray.getRegisterPairValue(2));
    }

// 자기 자신의 이름을 반환(다른 유형의 CPU 에뮬레이터와 쉽게 식별할 수 있도록)
    public getName() {
        return "i8080 emulator (Educational) Ready\r\n"
    }
}
```

인터럽트

2.26

인터럽트는 금지입니다.

인터럽트 허가 명령을 내리겠어!

에뮬레이션에는 대응되지 않지만, CPU의 중요한 기능이 인터럽트입니다. 인터럽트에서는 외부로부터 신호선에 CPU에 대한 **인터럽트 요청**이 전달됩니다. CPU는 이에 대해 그 시점에 실행되고 있는 명령 다음에 별도의 명령을 끼어들게 하여 실행시키거나 특정 레지스터로 제어를 옮깁니다.

예를 들어 CPU가 하나밖에 없는 시스템에서 장시간에 걸쳐 계산하고 있는 도중에 키를 눌러 받아들여지는 이유는 인터럽트가 처리되기 때문입니다(● 그림 2.15).

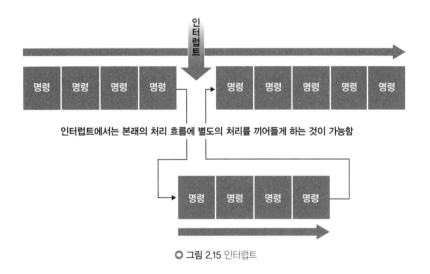

○ 그림 2.15 인터럽트

인터럽트의 종류는 크게 세 종류로 나누어집니다.

- 인터럽트(INT(*Interrupt*), IRQ(*Interrupt Request*) 등)
- 마스크 불가능한 인터럽트(NMI, *Non-maskable Interrupt*))
- 소프트웨어 인터럽트(SWI, *Software Interrupt*)

마스크 불가능한 인터럽트는 금지하는 것이 불가능한 특권적인 인터럽트입니다. 소프트웨어 인터럽트는 인터럽트 요구가 있었던 것처럼 동작하는 명령에 의해 발생하는 인터럽트입니다.

8080은 마스크 불가능한 인터럽트 기능을 가지고 있지 않지만, 다른 두 가지는 가지고 있습니다. 소프트웨어 인터럽트는 RST 명령(*Restart*)(❍ 163페이지)을 사용합니다. 문제는 보통의 인터럽트입니다.

8080은 인터럽트가 발생하면 특정 명령을 버스에서 읽어 실행하는 기능을 가지고 있습니다. 그런데 어떠한 명령이나 RST 명령으로 인터럽트를 처리합니다. 게다가 많은 경우, RST 7을 사용합니다. RST 7은 16진수로는 FF, 비트 표현으로는 모두 1이 되어, 회로에서 생성하기 쉬운 값이기 때문입니다.

결국 8080의 RST 명령은 그 자체로는 소프트웨어 인터럽트를 수행하는 명령이지만, 일반적인 인터럽트를 구현하는 데도 사용됩니다. 8080의 후속 CPU 중 하나인 ZiLOG Z80에는 8080 호환의 인터럽트 기능과 Z80 독자적인 인터럽트 기능 외에 주소 38H로 제어를 옮기는 간단한 모드가 존재합니다. 하필 38H라는 값인 이유는 RST 7 명령으로 제어가 옮겨가는 곳과 동일하기 때문입니다.

DMA

2.27

대리인을 통하여 교섭하는 것은 번거롭습니다. 본인을 만나게 해주세요.

좋습니다. 다만, 그는 기억력만 있고 지혜가 없습니다. 이야기가
성립할까 의문입니다.

　　사이클 스틸링 DMA에 관해서는 227페이지의 '2.29.4 : 동기 버스와 비동기 버
스'에서 상세히 설명합니다. 여기에서는 CPU를 정지시키는 DMA(버스트 모드
DMA)에 관하여 설명합니다. 그런데 DMA라는 것은 영어 의미 그대로 **직접
메모리를 액세스하는 구조**입니다. 에뮬레이션에서는 대응하지 않지만, 이것 또
한 중요한 CPU 기능입니다.

　　보통 버스의 지배권은 CPU가 쥐고 있습니다. CPU가 주소를 송신하고, 송수
신의 타이밍을 결정합니다. 그러나 이것도 충분하지 않습니다. 8080의 경우,
CPU가 저속이고, CPU가 하나하나 처리하면 전송이 늦어지는 경우도 많습니
다. 따라서 장치가 직접 버스의 제어권을 쥐고 CPU를 경유하지 않고 직접 메
모리를 읽고 쓰기도 합니다. 이것이 바로 DMA입니다. DMA는 지금의 시스
템에서도 많이 사용되고 있습니다(◐ 그림 2.16).

DMA는 어떤 식으로 수행될까요?

❶ 외부 기기는 CPU에 정지를 요구한다.
❷ CPU는 주소 버스, 데이터 버스, 그 외의 신호선을 하이 임피던스 상태로 한다.
❸ CPU는 정지한 것을 전달하는 신호선을 활성화한다.
❹ 외부 기기가 주소 버스, 데이터 버스, 그 외의 신호선에 필요한 정보를 송출한다.
❺ 필요한 입출력을 실행한다.
❻ 외부 기기는 주소 버스, 데이터 버스, 그 외의 신호선을 하이 임피던스 상태로
　한다.
❼ 외부 기기는 CPU에 대한 정지 요구를 철회한다.
❽ CPU의 실행이 정지된 장소로부터 재개한다.

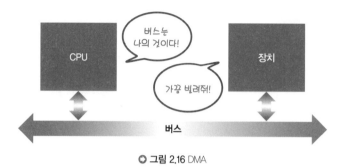

◎ 그림 2.16 DMA

DMA를 수행하는 기기는 이와 같은 구조에서 동작하기 때문에 CPU에 준하는 기능이 필요합니다. 그렇기 때문에 적당히 어려운 회로가 요구됩니다. 따라서 전용 DMA 제어기의 LSI를 이용하고 칩에 DMA 기능을 포함합니다.

그러나 대부분 단일 기능을 고속으로 처리하는 것만으로 CPU보다 현명한 것은 없습니다. 다만, 흥미 있는 예외가 있습니다. 그것은 바로 CPU를 가로채는 것입니다.

종종 개인용 컴퓨터에는 **다른 CPU를 동작시키는 옵션 확장 카드**가 존재합니다. 예를 들어 6502 CPU를 탑재한 애플 사의 Apple II에는 SoftCard라고 하는 ZiLOG Z80 CPU를 탑재한 옵션 제품(Microsoft 사 제작)이 있습니다. 이 기기는 본체의 확장 슬롯이 들어 있는 것으로, 본체의 6502 CPU를 정지시키고, 그 대신 카드 위의 Z80 CPU가 시스템의 동작을 가로채 실행하게 해줍니다. 이로 인해 본래는 실행할 수 없는 Z80용의 소프트웨어를 실행하게 해줍니다.

이와 동일한 사례는 이 외에도 여러 가지가 있습니다. 68098 CPU를 가진 후지쓰의 FM-7(1982년)에도 확장 슬롯에 끼우는 Z80 카드가 존재했습니다. 후지쓰의 FM-11(1982년)에 이르러서는 처음부터 6809와 Intel 8088(Intel 8086의 8비트 버스판)의 양쪽이 이용 가능하게 되고, Z80 카드도 추가로 제공되었습니다.

이와 같은 구성은 원래의 CPU에서 동작시킬 수도 있기 때문에 간단히 복수의 CPU를 오가며 복수의 개인용 컴퓨터를 가지고 있는 것처럼 취급할 수 있습니다.

이것과 언뜻 보면 비슷하지만 실제로는 다른 것으로 CPU를 교체할 수 있는 제품도 존재했습니다. 예를 들어 저자는 NEC의 PC-9801VM2 CPU를 V30에서 Intel 80386(i386)으로 교체하는 옵션 기기를 사용한 적도 있지만, 이것은 버스의 지배권을 가진 부품을 교체한 것으로, DMA는 아닙니다.

그러나 기존의 CPU가 회로에 접속된 채 동작을 정지시키고 버스를 가로채는 것은 DMA 그 자체입니다.

이 외에 별도의 두 파트가 동시에 동일한 메모리를 이용해도 문제가 생기지 않는 부품인 2포트 메모리가 있습니다. 이 부품을 사용하면, CPU와 다른 기기가 동시에 동일한 메모리를 액세스할 수 있지만, 이것도 DMA라고 부르지는 않습니다. 버스의 제어권은 문제가 되지 않기 때문입니다.

CPU 구조 편의 나머지

2.28

나는 시스템 중심에 있는 CPU를 이해한 정복자다.

프로그램을 기억한 메모리가 없으면 한 개의 명령도 실행할 수 없어.

이것으로 CPU 구조편의 설명이 끝났습니다. 그러나 이것으로 이야기를 끝 낼 수는 없습니다.

i8080 클래스의 **memoryRead** 메소드를 잘 살펴보십시오.

이 메소드는 주소 버퍼로부터 값을 꺼내 그 주소의 메모리로부터 데이터를 읽 습니다. 행선지는 주소 버퍼/래치입니다. 여기까지는 좋습니다. 그러나 **emu. virtualMachine.memory**에 관해서는 지금까지 전혀 설명하지 않았습니다.

```
public memoryRead() {
    var addr = this.addressBuffer.getAddress();
    var data = emu.virtualMachine.memory.Bytes.read(addr);
    this.dataBusBufferLatch.setValue(data);
}
```

이것은 무엇일까요?
결국 CPU 패키지의 바깥쪽에 메모리가 존재하고 있는 것입니다.

CPU의 구조를 완전히 이해한 후에는 CPU를 중심으로 여러 가지 기능을 가진 부품을 모아 시스템을 구성해야 합니다. 이에 관해서는 3장에서 설명합니다.

CPU – 그 외의 필수 지식

2.29

2.29.1 버스 자체를 시분할하는 시분할 버스

8080의 선조에 해당하는 Intel 8008은 14개의 주소 버스와 여덟 개의 데이터 버스가 필요합니다. 합계 22개입니다. 이 외에도 여러 가지 전원이나 리셋 등의 신호가 필요합니다. 그러나 8008은 전자 부품으로서는 18개의 단자만 존재합니다. 절대 이것으로 충분할 리가 없습니다.

이를 해결하기 위해 시분할 버스라는 구조가 사용되고 있습니다. 그러나 '2.5 : 시분할 버스'에서 소개한 시분할 버스와는 **사용 방법이 다릅니다.**

8008의 시분할 버스는 무엇일까요? 버스는 편리하지만, 개수가 증가한다는 문제도 있습니다. 혹시 주소 버스가 16개, 데이터 버스가 여덟 개라면 합계 24개이지만, 주소 버스가 32개, 데이터 버스가 32개라면 합계 64개가 됩니다. 이러한 문제를 피하기 위해, 버스의 정보 그 자체를 분할하여 시간을 겹치지 않게 버스에 보내는 경우가 있습니다. 결국 **시간차로 동일 전선에 복수의 정보를 싣는 것입니다**(⊙ 그림 2.17).

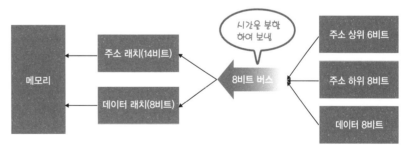

⊙ **그림 2.17** 시분할 버스

8008은 당연히 이 버스의 시분할로 문제를 해결한 것입니다. 8008의 버스는 여덟 개밖에 존재하지 않습니다. 이 여덟 개밖에 없는 버스로 두 번에 나누어 주소를 보내고, 그 후에 데이터의 송수신을 수행하는 방식입니다. 당연히 외부에 주소를 보관해두는 회로가 필요하고, 주변 회로가 복잡해지는 CPU였습니다. 이러한 유형의 시분할 버스는 핀의 수는 절약할 수 있지만, 회로가 복잡하고 실행 속도도 떨어지는 단점이 있습니다.

2.29.2 메모리 맵드 I/O와 포트 맵드 I/O

8080은 0~65,535의 메모리 주소를 지정하는 기능과 0~255의 I/O 주소를 지정하는 기능을 가지고 있습니다. 보통 메모리 주소는 메모리를 지정하는 데 사용하고, I/O 주소는 각종 I/O 포트를 지정하는 데 사용합니다. 각각 별도 명령으로 이용하는 형식이 됩니다.

그러나 CPU 외의 전기 회로로 보면 CPU로부터의 메모리 액세스와 I/O 액세스의 차이는 거의 없습니다. 고작 "**이제부터 메모리를 액세스하겠습니다, 이제부터 I/O 포트를 액세스하겠습니다**"라는 신호선이 다른 정도입니다. 이러한 것은 I/O 주소에 맞추어 준비해야 하는 기기를 메모리 주소에 적용해도, 그 반대로도 문제는 생기지 않습니다.

이 주소를 잘 생각해보면, 애초에 주소는 한 가시로 충분합니다. 즉, 메모리 주소와 I/O 주소를 나누지 않고 단 한 가지 주소로 충분합니다.

다시 말해, 어느 쪽이 나은지는 말할 수 없는 문제이고, 주소를 두 종류로 준비하는지 한 종류 준비하는지는 전적으로 설계자에게 달려 있습니다.

I/O 기기를 메모리 주소에 배치하는 것을 **메모리 맵드 I/O**라 하고, I/O 주소에 배치하는 것을 **포트 맵드 I/O**라고 합니다(**○ 그림 2.18**).

○ **그림 2.18** 메모리 맵드 I/O와 포트 맵드 I/O

여기에서 주의해야 할 것은 주소를 두 종류 가지고 있는 CPU라도 외부 회로의 설계자가 I/O 기기의 주소를 메모리 주소에 배치하는 것은 자유라는 점입니다. 이렇게 설계되어 있는 시스템도 실제로 존재합니다.

그 반대(I/O 주소에 메모리를 접속)도 가능하지만, 별로 행해지지 않습니다. 그 이유는 다음과 같습니다.

- I/O 주소는 메모리를 담기에 너무 작은 것이 많다.
- 프로그램은 이곳에서 실행할 수 없다.

2.29.3 클럭 회로

CPU는 극히 단순한 처리를 초고속으로, 대량으로 실행하는 것으로, 고도의 처리를 실현합니다. 그렇기 때문에 **전체를 동기화시키는** 것이 중요하므로 **클럭**이라는 신호를 기준으로 받아들입니다.

이 클럭은 정밀도가 필요합니다. 온도나 습도 때문에 빨라지거나 늦어지면, 정상적인 동작이 저해될 가능성이 있기 때문입니다. 그렇기 때문에 많은 경우 수정 발진자 등을 사용하여 클럭을 발생시킵니다.

그러나 정확한 시각을 가리키는 신호만 있으면 그것으로 충분하다는 이야기는 아닙니다. 다수의 CPU에는 복수의 클럭, 신호의 길이나 타이밍 등의 조건이 붙어 있습니다. 이를 달성하기 위해 CPU에 맞춘 클럭을 생성하는 전용 회로가 필요합니다. 이 회로는 통째로 전용 LSI로 제공되는 것도 있고, CPU에 내장되어 있는 경우도 있습니다.

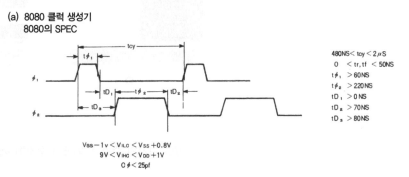

(a) 8080 클럭 생성기
8080의 SPEC

출처 : "마이크로컴퓨터 사용자 매뉴얼 MCS-85(부록 8080 해설)"(intel)

◑ **그림 2.19** Intel 8080 클럭의 타이밍

어쨌든 클럭은 시스템의 심장 박동(heartbeat)이고, 클럭 발생 회로는 심장입니다. 8080의 경우에는 **그림 2.19**와 같이 타이밍이 겹치지 않게 두 개의 신호를 입력할 필요가 있습니다(신호의 상승과 하강 타이밍으로 동작합니다).

2.29.4 동기 버스와 비동기 버스

버스는 크게 동기 버스와 비동기 버스로 나눌 수 있습니다. 동기 버스는 클럭 사이클 중에서 반드시 동일한 타이밍에 액세스가 발생하는 유형(● 그림 2.20)이고, 비동기 버스는 타이밍에 관계없이 액세스가 발생하는 유형입니다.

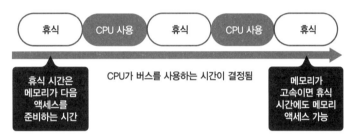

○ 그림 2.20 동기 버스

기술적으로는 장단점이 있고, 어느 것을 적용하는지는 개개의 CPU마다 다릅니다. 동기 버스를 이용하는 장점의 좋은 예는 **사이클 스틸링 DMA**입니다. DMA의 상세한 내용은 '2.27 : DMA'에서 설명한 것처럼, 어떤 기기가 CPU를 매개로 하지 않고 직접 메모리에 액세스하는 것을 말합니다. 동기 버스는 CPU가 액세스를 수행하지 않는 타이밍이 명확하기 때문에 그 틈에 데이터를 전송하는 것이 가능합니다. CPU의 사이클을 훔친다는 의미에서 사이클 스틸링(*Cycle stealing*)이라고 합니다. 애플 사를 일약 인기 기업으로 만든 1977년의 Apple II는 이 사이클 스틸링 DMA를 이용하여 비디오 출력을 수행하는 것으로, 작은 부품 수와 고속 처리를 양립시킨 효율적이고 멋진 설계로 기술자에게 인기가 많았던 기종입니다. 이것을 설계한 사람은 스티브 잡스가 아니라 스티브 워즈니악입니다.

이와 같이 훌륭한 결과를 가져다준 것이 동기 버스이지만, 실은 반전이 숨어 있습니다. Apple II는 당시 미국이나 일본에서 사용되었던 NTSC라는 텔레비전 규격에 맞추어 설계되었습니다. 그러나 유럽에서는 당시 PAL이라는 규격이 주류였습니다. PAL은 동기 신호의 주파수가 다르기 때문에 타이밍을 변경해야 표시할 수 있습니다. 그러나 모든 타이밍이 동기화되어 있는 동기 버스에서는 비디오 출력만 늦출 수 없었고, CPU의 동작도 약간만 늦출 수밖에 없었습니다.

이와 같은 복잡한 내부 사정도 있기 때문에 정말로 무엇이 훌륭한 것이지 잘 모르겠습니다. 8080은 비동기 버스를 사용하고 있습니다. Apple II에 채택된 MOS Technology의 6502라는 CPU는 동기 버스를 사용하고 있습니다.

2.29.5 프로그램 카운터

프로그램 카운터(◎ 143페이지)는 다른 이름으로 부르는 경우도 있습니다. 예를 들어 x86에서 16비트는 **IP**(*Instruction Pointer*), 32비트는 **EIP**(*Extended Instruction Pointer*), 64비트는 **RIP**(*Register Instruction Pointer*)라고 부르고, 우리말로는 모두 **명령 포인터**라고 부릅니다.

라이벌 기업에서도 프로그램 카운터라는 이름으로 부르는 경우도 많습니다. 8080의 라이벌격인 MOS Technology 6502와 Motorola 6800에서도 **PC**(프로그램 카운터)라고 부릅니다. 그러나 아무리 이름이 달라도 CPU의 수는 모두 하나로, 다음에 실행해야 하는 명령의 주소를 표시하는 기능은 동일합니다. 다른 점은 덧셈을 하는 타이밍 정도로, 다음 명령을 읽어내기 전이라면 언제 덧셈을 해도 결과는 동일하기 때문에 별 차이는 없습니다.

프로그램 카운터의 값은 항상 증가할 뿐입니다. 감소하는 기능을 가진 CPU는 본 적이 없습니다.

2.29.6 스택 포인터

스택 포인터(◎ 143페이지)도 프로그램 카운터와 마찬가지로 필수 기능으로 생각될지 모릅니다. 이것이 없으면, 서브루틴 호출 하나도 불가능한 것이 되어 버릴 것 같지만, 실제로 그렇지는 않습니다. 스택 포인터가 존재하지 않는 CPU나 스택 포인터가 두 개 이상 있는 CPU도 있습니다. 다양한 변형이 있는 것입니다.

스택 포인터가 존재하지 않는 CPU는 서브루틴에서 돌아오는 곳을 스택에 저장할 수 없습니다. 그렇게 되면, 서브루틴이라는 기능을 사용할 수 없을까요? 실제로 서브루틴 선두에 돌아오는 곳의 주소를 저장하는 영역을 확보하는 방법이 있습니다. 이를 사용하면 스택 포인터 없이 서브루틴을 호출할 수 있습니다. 다만, 자기 자신을 호출하는 재귀 호출은 구현할 수 없습니다. 돌아오는 곳을 저장하는 영역은 하나밖에 없기 때문입니다. 스택이 두 개 이상 있는 CPU에는 어떤 것이 있을까요? 예를 들어 8080의 라이벌 Motorola 6800의 후속 CPU인 6809는 두 개의 스택 포인터를 가지고 있습니다(◎ 그림 2.21).

- S 레지스터(System Stack Pointer)
- U 레지스터(User Stack Pointer)

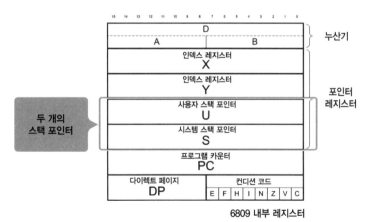

6809 내부 레지스터

출처 : https://upload.wikimedia.org/wikipedia/commons/5/51/6809registers.png(저자 : Lamune)

◎ 그림 2.21 Motorola 6809의 스택 포인터

S 레지스터(*System Stack Pointer*)가 8080의 SP에 해당합니다. U 레지스터 쪽은 사용자가 원하는 대로 사용해도 관계없습니다. 추가로 다음 두 개는 대체로 8080의 **HL** 레지스터 페어에 해당하는 것이지만, 이것들도 스택 포인터처럼 취급할 수 있습니다.

- X 레지스터(*Index Register*)
- Y 레지스터(*Index Register*)

결과적으로 최대 네 개의 스택 포인터를 가질 수 있습니다. 처음 하나 이외에는 사용 방식이 정해져 있지 않습니다. 이용자가 원하는 대로 자유롭게 사용할 수 있습니다. 그러나 여기까지 요구되는 빈도가 적기 때문에 설령 스택 포인터가 하나밖에 없더라도 나쁘다고 단언할 수는 없습니다. 스택 포인터의 개수는 설계자와 이용자의 기호에 따라 결정됩니다.

2.29.7 인덱스 레지스터

상황에 따라 변화하는 주소 데이터를 처리하고 싶은 경우가 있습니다. 8080에서는 **HL** 레지스터 페어가 가리키는 주소 데이터를 **M** 레지스터로 취급할 수 있습니다. 그러나 한 걸음 더 나아가, CPU가 **변경 가능한 기준 주소로부터의 상대 위치로 메모리를 액세스하는** 기능을 가지는 경우도 있습니다. 이것을 **인덱스 주소 지정**(index addressing)이라고 합니다. 이 기준 위치를 제공하는 것이 **인덱스 레지스터**입니다(● 그림 2.22).

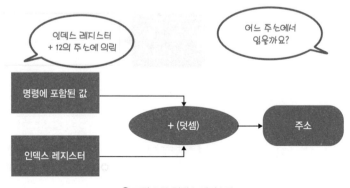

● 그림 2.22 인덱스 레지스터

인덱스 레지스터 자체는 8080에 존재하지 않습니다. 후속 CPU인 Intel 8086에는 **SI**(*Source Index*), **DI**(*Destination Index*)라는 두 개의 인덱스 레지스터가 포함됩니다. 그러나 8080에는 인덱스 레지스터가 불가능할까요?

그런 것은 아닙니다. 노력은 들지만, 16비트 덧셈의 **DAD** 명령을 사용해 하나 하나 주소를 계산하면 동일한 것이 가능합니다. 이것으로부터 CPU의 진화는 **불가능한 것을 가능하게 하는 것**보다도 주목적이 **더욱 효율 좋은 것을 실현하는** 방향으로 진화했다는 것을 알 수 있습니다.

2.29.8 베이스 포인터

8080에서 진화한 Intel 8086에는 언뜻 보면 인덱스 레지스터와 비슷하지만 서로 다른 **베이스 포인터**(**BP**)라는 레지스터가 존재합니다. 그러나 8080에는 존재하지 않습니다. 이것은 도대체 무엇을 실현하기 위한 것일까요?

베이스 포인터의 존재 목적은 주로 지역 변수를 구현하기 위한 것입니다. 지역 변수는 스택(⊙ 143페이지)상에서 확보되어, 당시의 스택 이용량에 따라 주소가 변화하는 특징이 있습니다. **지역 변수가 저장되어 있는 주소를 유지하는 것**이 베이스 포인터의 역할입니다. 그러나 왜 8080에는 베이스 포인터가 존재하지 않을까요? 지역 변수는 주로 고급 언어가 가지고 있는 개념입니다. 고급 언어로 작성된 소스 코드를 효율적으로 실행하기 위해서는 베이스 포인터가 존재하는 쪽이 유리합니다. 8086은 이와 같은 이유로 베이스 포인터를 갖추고 있습니다.

이에 비해 8080이 최첨단이었던 당시에는 고급 언어의 이용이 제한적이었고, 기계어/어셈블리 언어의 이용이 많았습니다. 이 때문에 고급 언어의 지원 기능은 이 정도로 중요하지 않았습니다. 어떻게 해서라도 사용하고 싶을 때에는 하나하나 계산하여 구하면 그것으로 족한 것입니다. 8080에서도 고급 언어를 이용하는 것은 가능했고, 사용자는 있었습니다. 그러나 BASIC 언어와 같이 베이스 포인터를 필요로 하지 않는 예전 세대의 고급 언어가 압도적으로 많았고, 그 언어 외의 이용자도 프로그램이 동작만 하면 납득해주었습니다. 8080

에서도 베이스 포인터 없이 가능했던 것입니다.

2.29.9 플래그

플래그라는 용어는 여러 측면에서 사용됩니다(⊙ 그림 2.23).

- CPU 내부에 존재하는 1비트의 기억 영역(예 : 캐리 플래그)(⊙ 151페이지)
- 프로그램 중에 어떤 조건을 나타내는 논리형의 변숫값(예 : bool형 변수)
- 극적인 무엇인가의 전개를 암시하는 어떤 조건(예 : 사망 플래그)

그러나 이것들의 특성은 여러 의미에서 다르기 때문에 서로 다르다는 것에 주의합시다. CPU 내부의 플래그가 사망 플래그[10]처럼 섰다고 해서 무엇인가가 일어나는 것은 아닙니다. 무엇인가가 일어나기 위해서는 플래그를 참조하여 어떤 동작을 일으키는 명령을 실행해야 합니다.

또한 프로그램 중의 변숫값과 달리 사용자가 정의하는 것은 불가능합니다. CPU의 설계자가 **이 CPU의 플래그는 다섯 종류**라고 결정하면 여섯 번째 종류의 플래그가 생길 수 없습니다. 다시 말해, 특성이 다른 것은 충분히 주의하십시오.

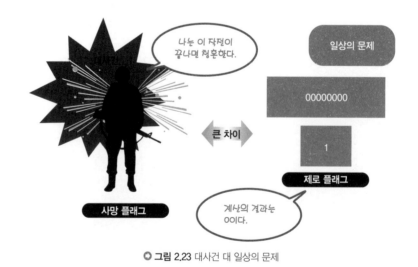

⊙ **그림 2.23** 대사건 대 일상의 문제

주10) 역자 주 : 영화나 소설 등에서 등장 인물의 죽음을 암시하는 발언이나 행동

2.29.10 누산기

누산기(◐ 141페이지) 또한 신기한 기능입니다(◐ 그림 2.24).

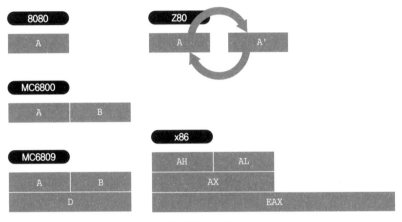

◐ **그림 2.24** 누산기

대부분의 CPU는 누산기를 갖추고 있습니다. 어쩌면 누산기가 존재하지 않는 CPU는 없을 것입니다. 이와 반대로 누산기의 명칭이 고정되지 않고 복수의 누산기가 존재하는 경우가 있습니다.

8080의 누산기는 'A 레지스터'라고 부르는 경우가 있습니다. 8080을 개발한 Intel 순정 매뉴얼 속에서조차 표기가 혼재되어 있는 경우도 있습니다. 그러나 내부 구조도(◐ 그림 2.1)를 보면 알 수 있는 것처럼, 누산기는 레지스터에 포함되어 있지 않습니다. 그러나 B 레지스터나 C 레지스터와 마찬가지로 선택 가능하고, A 레지스터라고 불러도 불편하지 않습니다.

더욱 까다로운 것은 8080의 라이벌인 Motorola의 6800입니다. 이 CPU는 누산기를 두 개 가지고 있습니다. 이름은 각각 A 레지스터와 B 레지스터입니다. 누산기(Accumulator)의 첫 글자가 A이기 때문에 A 레지스터라고 부른다는 추측은 B 레지스터 앞에서는 맞지 않습니다.

더욱 까다로운 것은 6800의 후속 CPU인 6809입니다. 이 CPU도 A 레지스터와 B 레지스터인 두 개의 누산기를 가지고 있지만, 16비트 계산을 수행할 때는 A 레지스터와 B 레지스터를 하나로 합쳐 16비트인 D 레지스터로 사용할 수 있습니다. D 레지스터도 누산기입니다. 결국, 6809에는 A, B, D 세 개의 누산기가 존재하지만, 실제로는 A와 B밖에 존재하지 않습니다. 매우 까다로워졌습니다.

8080의 후속인 Intel 8086도 이에 준하는 구성을 가집니다. **AH**와 **AL**이라는 8비트 레지스터가 하나로 합쳐져 **AX**라는 16비트 레지스터가 됩니다(추가로 32비트로 진화하면, **AX**가 16비트 레지스터의 디딤돌 역할을 하는 **EAX**라는 레지스터가 출현하지만, 거기까지 가면 범용 레지스터가 누산기로 취급되도록 명령이 확장됩니다).

다른 의미로 까다로운 것은 8080의 후속 CPU의 하나인 ZiLOG의 Z80입니다. 이 CPU는 섀도 레지스터를 가지고 있어서 하나의 명령으로 간단하게 교환할 수 있습니다. 누산기와 섀도 누산기가 존재합니다. 따라서 누산기를 두 개 가지고 있다고 해도 틀린 말은 아닙니다. 그러나 섀도 누산기를 이용하는 방법은 아니기 때문에 한꺼번에 이용할 수 있는 누산기는 하나뿐입니다. 6800처럼 두 개가 있다고 단언할 수는 없습니다. 이에는 매우 미묘한 차이가 있습니다.

2.29.11 구동 순서

CPU를 리셋하는 것으로 초기화되는 요소가 실제로 많지 않은 것이 일반적입니다. 대부분의 CPU에서 공통적인 것은 **프로그램 카운터의 초기화와 인터럽트 금지의 설정** 정도입니다. 그 외에 레지스터나 플래그의 초기화가 필요하지만, 모두 프로그램을 작성하고 실행해야 합니다. 예를 들어 스택을 사용하기 위해서는 스택 포인터에 올바른 값을 넣어야 하는 번거로움이 있습니다.

그러나 왜 인터럽트까지 금지되는 것일까요?

인터럽트에 들어가면 사실상의 서브루틴 호출이 실행 순서와 관계없이 인터럽트로 실행됩니다. 그러나 스택 포인터의 초기화가 가능하지 않은 상태로, 정상 동작은 기대할 수 없습니다. 초기화가 끝난 후 인터럽트 금지는 해제되어야 합니다. 그렇다면, **NMI**(금지 불가능한 인터럽트)가 온다면 어떻게 될까요?

이것에는 두 가지 방식이 있습니다.

- 하드웨어의 장애와 같이 치명적으로 발생하는 인터럽트이므로 초기화 과정에 관계없이 받아들여야 함. 복귀는 생각하지 않기 때문에 스택 포인터가 미초기화되는 것도 허용함.
- 초기화 중에 인터럽트되면 곤란하기 때문에 외부 회로에서 금지/허가를 명시적으로 설정할 수 있어야 함.

결국 선택의 문제입니다. 금지/허가를 명시적으로 설정 가능하더라도, 인터럽트 금지 상태에서도 인터럽트될 수 있는 **NMI**의 특징은 가치가 있습니다(❍ 그림 2.25).

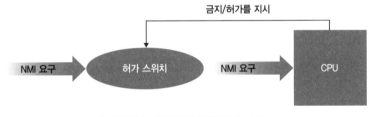

❍ 그림 2.25 금지 회로를 포함하고 있는 NMI

2.29.12 정지 명령과 정지 신호

CPU를 정지시키는 신호는 외부 기기가 **일시적으로 버스 지배권을 넘겨주면** CPU에게 전달하기 위해 사용합니다. 대개 용무가 끝나면 해제하여 CPU가 실행을 재개합니다. 이에 비해, **CPU를 정지시키는 HLT 명령**은 용도가 다릅니다. 어쨌든 CPU가 정지해 버리면, 정지한 CPU의 실행을 재개시키는 명령도 실행할 수 없습니다. 물론, 이러한 명령은 존재하지 않습니다. 그러나 인터럽트를 수행하는 것으로 실행을 재개하는 것은 가능합니다(❍ 그림 2.26).

따라서 정지 명령의 용도는 다음 두 가지입니다.

- 인터럽트가 올 때까지는 일이 없으므로 CPU는 쉰다고 표명
- 더이상 할 것은 아무것도 없기 때문에 이것으로 CPU는 아무것도 하지 않는다고 표명

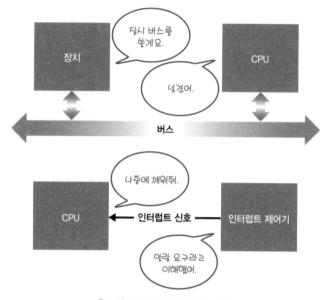

○ **그림 2.26** 정지 명령과 정지 신호

후자의 경우에도 리셋 신호를 넣어 강제로 깨우는 것은 가능하지만, 프로그램은 초기 위치부터 실행되고 도중의 프로그램 카운터 값은 잃어버립니다.

2.29.13 가장 강력한 인터럽트

인터럽트는 몇 개의 레벨을 가지고 있습니다. 그중에서도 NMI(금지 불가능한 인터럽트)는 가장 강력한 인터럽트라고 해도 될 것입니다. 어쨌든 절대로 금지시킬 수 없기 때문입니다.

그러나 리셋도 인터럽트의 한 가지로 받아들일 수 있습니다. 절대 원래의 흐름으로 돌아갈 수는 없지만, 가장 강력한 클래스의 힘으로 CPU의 동작을 즉석에서 변경할 수 있습니다.

그러나 뛰는 놈 위에 나는 놈이 있는 법입니다. 오래전 개인용 컴퓨터 잡지에서 **최강의 인터럽트는 전원 스위치**라는 문구를 본 적이 있습니다. 전원을 차단하면, CPU의 제어 핀으로부터의 신호를 전혀 받아들이지 않고, 어느 정도 폭주 상태가 된 CPU라도 정지시키는 것이 가능합니다. 다만, 전혀 동작을 계속할 수 없고, 그때까지 축적한 데이터를 회수할 수 있다는 전망도 할 수 없게 됩니다. 그러나 CPU의 흐름을 바꾼다는 의미에서는 최강의 인터럽트입니다(◐ 그림 2.27).

INT	보통의 인터럽트
NMI	금지할 수 없는 인터럽트
RESET	금지할 수 없고 복귀할 수도 없는 더욱 강력한 인터럽트?
전원을 끔	아무것도 남지 않지만, CPU를 영원히 멈추는 인터럽트?

◐ 그림 2.27 최강의 인터럽트?

2.29.14 WAIT 제외

현재 CPU를 정격 이상의 속도로 사용하는 기술의 주류는 오버 클럭입니다. 개조를 행하지 않고도 비교적 간단하게 도전할 수 있으니까요. 그러나 8비트 CPU의 전성기에 비교적 많았던 고속화 기술이 WAIT 제외입니다.

많은 시스템에서는 저렴한 가격의 저속 메모리 테이프를 사용하기 위해 CPU에 **WAIT** 신호를 제공했습니다. 저속의 메모리에서는 시간을 맞출 수 없기 때문에 **기다려줘**라는 의미를 CPU에게 전달하기 위한 것입니다. 그러나 테이프에는 두꺼운 여백이 있기 때문에 대부분의 경우 저속의 메모리라도 타이밍을 맞출 수 있습니다. 따라서 **WAIT** 신호를 커트하고, 그 대신 활성화가 아닌 상태(항상 시간을 맞춘 상태)로 배선을 변경하도록 개조를 수행하는 것이 비교적 많았던 것입니다.

수행하는 방식은 간단하고, CPU의 소켓으로부터 **WAIT** 신호의 핀만 뽑아 저항을 통하여 전원에 접속하는 것뿐입니다. 음의 논리의 **WAIT** 신호라면 VCC(+5V)에 접속하면 영원히 무효화되는 것입니다. 그러나 잔재주가 필요한 하드웨어 개조에 해당하는 것은 이 정도가 한계입니다. 시판 중인 하드웨어를 추가하는 것이 아니라면, 그 뒤는 소프트웨어로 무엇인가 하는 것밖에 없습니다.

그러나 이것이 가능할까요?

시스템으로 조립된 부품을 규격을 벗어나 설정하면 고속화가 가능한 경우도 있습니다. 예를 들어 NEC PC-8001과 같이 화면 표시에 DMA(◉ '2.27 : DMA')를 사용하는 기종은 DMA를 금지하는 것만으로 CPU의 정지 시간이 없어지고, 바로 처리가 고속화됩니다. 물론 화면은 새까맣게 되지만, 많은 시간이 걸리는 계산이라면 따로 결과가 나올 때까지 보이는 것은 아무것도 없기 때문에 화면이 사라져도 문제는 아닙니다.

이 기술은 형태를 바꾸어 후속 기기인 PC-8801에서도 가치를 가집니다. PC-8801의 그래픽 표시 메모리는 표시를 위해 액세스하는 사이 CPU로부터 액세스할 수 없고, 기다려야 하는 제약이 걸려 있었습니다. 따라서 화면 표시를 꺼 버리면 그것만으로도 그래픽 처리가 고속화됩니다.

여기까지 오면 기본 기능을 조합하는 방식의 문제가 되고, 아무런 특수한 기능이 필요하지 않은 세계가 됩니다.

CPU라는 부품은 주체성이 없는 두뇌일 뿐이며, 손발과 심장을 추가해야만 어떤 일을 할 수 있습니다. CPU를 동작하는 시스템으로 구성하는 데 필요한 요소에 관하여 설명합니다.

Chapter

03

시스템 편

표준화된 서비스

3.1

> 아, 고양이 버스[1].

> 버스는 표준화하지 않으면 비싸. 변덕스러운 고양이는 안 돼.

버스는 크게 세 가지로 나눌 수 있습니다. 첫 번째는 특정 장치 내부에서만 사용되는 **내부 버스(○ '2.6 : 내부 버스와 외부 버스')**입니다. 예를 들어 이 책에서 해설하는 8080은 LSI 내부에 버스를 가지고 있습니다. 이것은 외부에 공개된 버스와는 별개입니다.

두 번째는 CPU가 외부에 보이는 버스(**외부 버스(○ '2.6 : 내부 버스와 외부 버스')**)입니다. 이것은 CPU마다 설계가 다르고, 다른 버스가 존재합니다. 물론 호환되는 설계의 CPU가 있고, 이 경우에는 CPU가 달라도 동일한 버스를 출력하는 경우가 있습니다. 그러나 동일하게 보여도 미묘하게 타이밍 등이 달라 완전 호환은 아닌 경우가 있습니다.

여기까지는 CPU 측의 이야기입니다. 이곳에는 CPU와 완전히 분리된 버스가 있습니다. **복수의 장치 사이에서 공통으로 사용하기 위한 공통 규격화된 버스(표준 버스)**입니다.

사상 최초로 표준화된 개인용 컴퓨터용 버스로 출현한 것은 S-100 버스(○ 그림 3.1)라고 부르는 것으로 1970년대의 것이었습니다. 이 버스의 특징은 새로 구입하여 확장한 장치를 어느 슬롯에 끼워도 기본적으로 기능이 변하지 않는다는 것입니다.

이 특징은 현재의 PC의 버스에도 계승되었습니다. 모양이 다른 커넥터의 슬롯에는 삽입할 수 없지만, 공통 규격의 슬롯이 있으면 어디에 끼워도 기본적으로

주1) 역자주 : 미야자키 하야오 감독의 영화 '이웃집 토토로'에 나오는 고양이 버스

동일합니다. 예를 들어 PCI Express x1의 슬롯이 네 개 부착되어 있는 PC라면, 구입한 PCI Express x1의 확장 카드를 어디에 끼워도 동작합니다. 크기의 제약 때문에 끼울 수 없는 것이 있을지도 모르지만, 전기적으로는 제약이 없습니다.

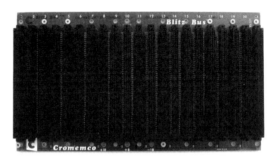

○ 그림 3.1 S-100 버스

출처 : https://upload.wikimedia.org/wikipedia/commons/a/ad/Cromemco-Blitz_Bugs.jpg
(저자 : Cromemco(투고자 자신에 의한 작품) [CC BY-SA 3.0(https:////creativecommons.org/
licenses/by-sa/3.0)], 위키미디어 Commons 경유)

'표준 버스는 한 가지 종류만 있는 것이 좋은 것은 아닌가?'라고 생각할 수 있지만, 유감스럽게도 그렇지 않습니다. CPU의 버스의 비트 수가 확대되고, 시스템이 고속화하면, 표준화된 버스로는 비트 폭이나 전송 속도가 만족되지 않는 경우가 있기 때문입니다. 또한 동기 버스나 비동기 버스, 메모리 맵드 I/O나 포트 맵드 I/O도 이와 마찬가지 이유로 동일한 것을 사용할 수 없는 경우도 있습니다.

이와 같은 이유에서 표준 버스의 종류는 많습니다. 위키피디아의 'Template: 컴퓨터 버스'(`https://ja.wikipedia.org/wiki/Template`: 컴퓨터 버스)에서 **컴퓨터 버스의 규격(데스크톱)**이라는 명목으로 열거되어 있는 이름을 다음에 나열했습니다(2017년 12월 9일 현재).

S-100 bus · Unibus · VAXBI · MBus · STD Bus · SMBus · Q-bus · Europe Card Bus · ISA · STEbus · Zorro II · Zorro III · CAMAC · FASTBUS · LPC · HP Precision Bus · EISA · VME · VXI 버스 · NuBus · TURBOchannel · MCA ·

SBus · VLB · PCI · PXI · HP GSC bus · CoreConnect · InfiniBand · UPA · PCI-X · AGP · PCI Express · Direct Media Interface(DMI) · RapidIO · 인텔 QuickPath 인터커넥트 · HyperTransport · NVLink

이 개수를 보면, S-100 버스도, PCI Express도 많은 규격 중 한 가지에 지나지 않는다는 것을 알 수 있습니다. 특정 제품에서 사용되는 다른 회사가 제작한 확장 카드에서도 사용되고 있는 제품군(예를 들어 NEC PC-9800 시리즈의 C 버스)은 위 리스트에 포함되지 않기 때문에 이러한 것도 포함되면 수는 몇 배 늘어날 것입니다.

개개의 버스에는 각각 특징이 존재합니다. 그렇다면, 초기 개인용 컴퓨터용 버스인 S-100에는 어떤 특징이 있을까요? 우선 기능에 비해 핀 수가 많습니다. S-100 버스에서 100이라는 숫자는 커넥터가 100개의 접점에서 접속하는 것을 의미합니다. 그러나 8080에서 사용하면, 주소 버스는 16개, 데이터 버스는 여덟 개로 약간의 신호선만 추가하면 되고, 100개나 되는 접속은 필요하지 않습니다.

도대체 어떻게 된 것일까요? S-100 버스에는 큰 특징이 있습니다. 데이터 버스가 쌍방향성이 아닌 것입니다. 입력용 데이터 버스와 출력용 데이터 버스는 별개로 존재합니다. 결국, 8비트 단위로만 전송하므로 데이터 버스가 16개 존재하는 것입니다.

왜 쌍방향성 데이터 버스를 사용하지 않고, 입력 데이터 버스와 출력 데이터 버스는 분리되어 있을까요? 저자는 정확한 이유를 모릅니다. 그러나 어딘가에서 2102라는 번호를 가진, 당시 많이 사용된 메모리 칩은 간단한 회로에서 버스에 접속하기 위한 것이라는 설명을 본 적이 있습니다. 2102는 1,024비트를 보존할 수 있는 메모리 칩의 형식 번호로, 동등한 것이 많은 제조사에서 생산되었습니다. 핀의 설명도를 보면, **입력 데이터 버스와 출력 데이터 버스가 분리되어 있다는 것이** 무슨 의미인지 알 수 있습니다(**○** 그림 3.2).

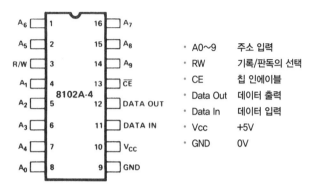

○ **그림 3.2** 2102 메모리 칩의 핀 할당

출처 : "마이크로 컴퓨터 사용자 매뉴얼 MSC-85(부록 8080 해설)"(Intel)

그림 3.2에서 알 수 있듯이, 데이터 입출력의 핀이 분리되어 있습니다. 그러나 이러한 것이 어느 정도 장점이 있을까요?

실제로 장점이 있습니다. 8080의 메모리 공간은 65,536바이트입니다. 1,024 비트밖에 없는 2102에서 이것을 만족시키려고 하면, 65536 × 8/1024=512가 되어, 512개의 2102 칩이 필요합니다. 하나의 기판에 구현할 수 있는 메모리 칩은 고작 64개이기 때문에 512개를 올리려고 하면 여덟 개의 기판을 S-100 버스에 삽입할 필요가 있습니다. 메모리 관련 회로를 간소화할 수 있으면, 소비 전력 측면, 발열 측면, 비용 측면에서도 유리합니다.

데이터 입출력이 분리되어 있는 메모리 칩은 2102에 한정되지 않습니다. 예를 들어 저자가 과거에 사용했던 PC-8001에서 사용된 PD416(용량 16,384비트)이라는 메모리 칩도 데이터 입출력을 분리했습니다(물론 분리하지 않은 칩도 많습니다).

이 쌍방향성 데이터 버스를 사용하는 칩을 접속하는 경우에는 입출력에서 접속하는 곳을 바꿀 필요가 있습니다. 그러나 이를 위한 회로가 그 정도로 어려운 것은 아닙니다. 전환하면 좋은 것뿐입니다. 그런데 무엇이 좋은지 모릅니다. 이 입출력 분리라는 특징은 S-100 버스의 수명을 연장시켰습니다.

8080부터 시작한 8비트 CPU의 붐이 가열되자, 필연적으로 파워를 더 원하게 되고, 16비트 CPU가 각 기업에서 출현하게 되었습니다. 그런데 CPU도 S-100 버스에 접속하고 싶다는 생각을 하게 되었습니다. 그러나 데이터 버스는 여덟 개밖에 가정할 수 없습니다. 이때에 발상의 전환으로 문제를 해결해 버렸습니다. 입력 8비트와 출력 8비트를 합쳐 쌍방향성 16비트의 데이터 버스로서 취급하는 모드를 추가해 버린 것입니다.

주소 버스는 미사용 핀을 사용하여 16비트에서 24비트로 확장되었습니다. 이와 반대로 처음부터 8비트의 쌍방향성 버스밖에 존재하지 않는 버스에 16비트 CPU를 접속하려고 해도 16개의 데이터 버스는 절대로 확보할 수 없습니다. 데이터 버스용으로 준비된 핀은 여덟 개밖에 없기 때문입니다. 이 밖에 16비트의 데이터를 두 번으로 나누어 송수신하는 것도 있습니다.

직렬 버스와 병렬 버스

3.2

> 창구가 하나밖에 없습니다.

> 모두 정렬!

　　지금까지 설명한 버스를 **8비트 전송하려면 여덟 개의 전선이 필요**하므로 병렬 버스라고 합니다. 이에 비해, **몇 비트를 전송하더라도 전선 하나로 끝나는 직렬 버스**라는 유형도 존재합니다. 직렬 버스를 한 비트씩 차례대로 보내면, 몇 비트가 있더라도 전선은 하나로 충분한 것입니다(접지(=0V)도 들어 있어서 실제로는 두 개). 다만, 전송 속도는 떨어집니다. 직렬 버스가 이용되는 것은 다음과 같은 경우입니다.

- 속도보다 간소한 회로가 요구될 때
- 상대가 저속이라 전송 속도가 요구되지 않을 때
- 충분히 고속으로 송수신이 가능하기 때문에 속도 저하의 문제가 없을 때

이해하기 쉬운 사례를 들어봅시다. USB라고 부르는 규격은 외부 메모리의 규격이 아니라 유니버설 시리얼 버스(*Universal Serial Bus*)라는 직렬 버스의 일종입니다.

직렬 버스와 병렬 버스를 절충한 버스도 존재합니다. 예를 들어 PCI Express에서는 데이터를 전송하는 단위를 '레인'이라고 부르지만, 이것을 몇 개 준비하는지에 따라 x1부터 x32까지의 변형이 존재합니다. x2(2레인)나 x4(4레인)를 직렬이라고 부르기에는 수가 많지만, 병렬이라고 부르기에는 수가 부족합니다. 단 하나의 레인밖에 없는 PCI Express x1의 슬롯이나 카드가 의외로 많은 것은 전송 속도가 맞는 장치가 의외로 많기 때문입니다.

그러나 보다 고속 전송을 필요로 하는 비디오 카드 등에서는 대부분 PCI Express x16 등보다 전송 비율이 높은 규격이 사용됩니다.

메모리(기억 장치)

3-3

> 자네, 어제 말한 것을 잊었나?

> 저의 메모리(기억)는 휘발성입니다. 하룻밤 자고 나면 모두 지워져요.

메모리(기억 장치)는 크게 휘발성 메모리와 비휘발성 메모리로 나누어집니다 (○ 그림 3.3). 휘발성 메모리는 전원을 끄면 기억 내용을 잃어버리는 것이고, 비휘발성 메모리는 전원을 꺼도 기억 내용이 유지되는 것입니다.

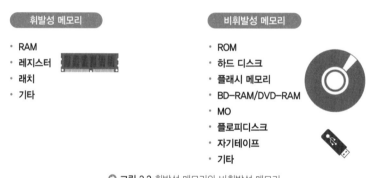

휘발성 메모리

- RAM
- 레지스터
- 래치
- 기타

비휘발성 메모리

- ROM
- 하드 디스크
- 플래시 메모리
- BD-RAM/DVD-RAM
- MO
- 플로피디스크
- 자기테이프
- 기타

○ **그림 3.3** 휘발성 메모리와 비휘발성 메모리

다만, 양자의 경계는 애매하여 순간적으로 전원이 꺼진 정도로는 기억 내용이 사라지지 않는 휘발성 메모리도 있고, 장기 보관하면 사라져 버리는 비휘발성 메모리도 드물지 않습니다.

휘발성 메모리 대부분은 CPU 버스에 접속되어 직접 이용됩니다. 비휘발성 메모리는 대부분 어떤 형태로든 입출력 장치를 경유하여 접속됩니다. 파일 등을 보관하는 목적에 사용되는 경우가 많은 메모리입니다. 다만, 이것도 경계가 애매하여 휘발성 메모리를 사용하여 파일을 보관하는 RAM 디스크와 같은 존재도 있습니다. 그러나 이제부터는 CPU와 직접 통신할 수 있는 버스에 접속된 메모리를 중심으로 이야기를 해 나갑시다.

칼럼

32비트 CPU는 4G바이트까지만 메모리를 사용한다는 이야기

한때(혹은 지금까지도) 유행했던 오해로, 32비트 CPU는 4G바이트까지만 메모리를 사용할 수 있다는 말이 있습니다.

32비트로 표현 가능한 수의 종류는 4,294,967,296입니다. 이것을 기가 단위로 세면 4기가바이트가 됩니다(보다 엄밀하게는 4기가바이트). 이 때문에 그것을 넘는 메모리는 다룰 수 없다고 믿었습니다. 그러나 주소 버스의 개수는 32비트 CPU의 경우, 32개로 결정되는 것이 아니라, 더욱 많은 개수가 나오는 경우가 있습니다(8비트 CPU인 8080에서도 16개의 주소 버스를 가지고 있습니다).

x86의 CPU로서의 아키텍처는 논리적으로 48비트 주소를 가능하게 합니다. 32비트로 제약될 수는 없습니다. 과거의 우스갯소리로 소개하려고 생각했지만, Wikipedia의 '4294967296' 항목(https://ja.wikipedia.org/wiki/4294967296)에는 2017년 12월 9일 현재도 버젓이 "32비트 CPU가 관리하는 것이 가능한 메모리 주소 공간의 상한 용량이 4,294,967,296바이트."라고 기록되어 있습니다. 우스갯소리는 아닙니다.

비슷한 오해로, 16비트 CPU가 출현하게 되어 일본어 처리가 가능하게 되었다는 것이 있습니다. 8비트로는 256종류밖에 문자를 구별할 수 없기 때문에 이것으로 수천 종류의 한자를 식별할 수 없습니다. 그러나 16비트이면 식별할 수 있다는 주장이지만, 8비트 CPU인 8080에서도 주소는 16비트이고, 주소 계산은 16비트 계산으로 수행되었습니다. 16비트 계산을 별도로 하기 위해서는 16비트 CPU가 필수적인 것은 아닙니다. 사실, 8비트 개인용 컴퓨터용의 일본어 워드 프로세서 소프트웨어는 몇 가지 종류가 있습니다. 그러나 16비트 주소 버스를 가진 8080이 취급하는 메모리 상한이 65,536바이트(16비트로 표현 가능한 수의 종류)라면 충분할까요?

뱅크 전환이라는 기술을 사용하면 더 다룰 수 있습니다. 복수의 메모리를 준비해두고, 그것을 전환하면서 사용할 수 있도록 해두면, 한 번에 이용할 수 있는 메모리는 65,536바이트로 제한되지만, 그 이상 사용하는 것이 가능합니다. 사실상 한계가 없다고 생각해도 무방합니다. 그럼에도 더욱 버스의 수가 많은 신형 CPU가 요구되는 것은 왜일까요? 그것은 간단하고 효율적이며, 소프트웨어를 신속하게 개발할 수 있고, 실행 속도도 빠르기 때문입니다.

교환 가능한 메모리

3.4

> 자네, 어제 말한 것을 잊었나?

> 저의 메모리(기억)는 교환식입니다.

메모리에는 **교환 가능한 것과 교환 불가능한 것**이 있습니다. 예를 들어 1980년대에 유행한 패미컴이라는 게임기는 게임 소프트웨어가 저장된 메모리를 포함한 카세트를 교환하는 방식으로, 복수의 게임을 즐길 수 있었습니다(◐ 그림 3.4).

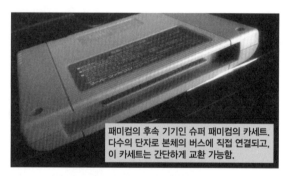

패미컴의 후속 기기인 슈퍼 패미컴의 카세트.
다수의 단자로 본체의 버스에 직접 연결되고,
이 카세트는 간단하게 교환 가능함.

◐ **그림 3.4** 교환 가능한 메모리

그 후에 등장한 게임기 플레이스테이션(PlayStation)에서 게임은 CD-ROM으로 제공되었습니다. CD-ROM은 교환 가능하지만, CD-ROM 자체는 CPU에서 직접 이용 가능한 메모리가 아니기 때문에 내장 RAM으로 전송되고 난 후에 실행됩니다. 내장 RAM은 교환 가능한 것이 아닙니다.

스마트폰이나 태블릿으로 말하면, 내장된 SSD는 교환 가능한 것이 아닙니다. 그러나 USB 단자에 삽입된 USB 메모리는 교환 가능합니다.

양자의 경계는 애매합니다. 예를 들어 PC에 내장된 HDD는 교환 가능하지 않지만, eSATA 단자에 접속된 외장 HDD는 교환 가능하다고 할 수 있습니다. 하지만 내장 HDD는 절대로 교환할 수 없다고 단언할 수는 없습니다. PC의 덮개를 열어 범용 부품인 HDD로 교환하는 것이 불가능하지 않기 때문입니다.

메모리 – 고쳐 쓰는 것이 가능한지의 여부

3·5

너는 0점.

답안을 고쳐줘. 됐다, 이제 나는 100점이다.

메모리에는 고쳐 쓰는 것이 가능한 것과 불가능한 것이 존재합니다. 예를 들어 DVD-ROM은 공장에서 구워지는 단계에서 내용이 결정되고, 고쳐 쓸 수 없습니다. 한편으로는 동일한 크기의 원판에 지나지 않는 DVD-RW와 DVD-RAM은 나중에 자유롭게 내용을 고쳐 쓸 수 있습니다(◐ 그림 3.5). 그러나 이것도 경계가 모호합니다. 고쳐 쓸 수는 없지만 조건에 따라 고쳐 쓰는 것이 허용된 것이 있습니다. 고쳐 쓸 수 있지만 조건에 따라 고쳐 쓰는 것이 허용되지 않은 것이 있습니다. 횟수 제한이 존재하는 것 등이 있기 때문입니다.

예를 들어 DVD-R은 한 번만 기록할 수 있고, 한 번 기록하면 읽어내는 것만 가능합니다. 그러나 아직 기록하지 않은 영역에는 추가로 기록할 수 있습니다.

일반적으로 고쳐 쓸 수 있는 메모리는 RAM, 고쳐 쓸 수 없는 메모리는 ROM 이라고 부릅니다. RAM은 'Random Access Memory'의 약어로, 임의의 순서로 액세스할 수 있는 메모리라는 의미이고 ROM은 'Read Only Memory' 의 약어로, 읽기 전용의 메모리라는 의미입니다.

실은 양자의 의미가 그다지 대칭적인 것은 아닙니다. 고쳐 쓸 수 있는 메모리는 원래 RWM(*Read Write Memory*)이라고 불러야 합니다. 그러나 대개의 경우에는 관습적으로 고쳐 쓸 수 없는 메모리를 'ROM', 고쳐 쓸 수 있는 메모리를 'RAM'이라 부릅니다.

◐ **그림 3.5** 각종 DVD 미디어
사진 출처 : 맥스웰

메모리 – 액세스 속도에 따른 분류

3.6

우리 신문은 속보 기사가 자랑이야.

빠르기는 하나, 오보야.

액세스 속도로 메모리를 분류하는 것은 중요합니다. 왜냐하면 용도에 따라 가려 쓰는 것이 필요하기 때문입니다. 예를 들어 CPU라면 **WAIT** 신호를 사용하여 기다릴 수 있습니다. 처리 속도를 느리게 하는 것만으로도 액세스 속도가 늦어지는 유형의 메모리에 적합합니다. 그러나 영상 표시용 메모리는 그렇지 않습니다. 텔레비전이나 모니터가 요구하는 타이밍에 표시 데이터를 제공할 필요가 있기 때문입니다(● 그림 3.6).

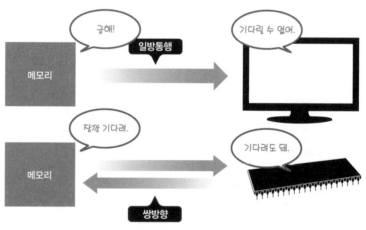

● **그림 3.6** 스피드 문제

주요한 RAM의 분류

3·7

> 나의 인생은 다이내믹해.

> 내버려두면 잊혀진다는 말이죠.

CPU에 직접 접속되는 RAM은 크게 S-RAM(*Static RAM*)과 D-RAM (*Dynamic RAM*)으로 나누어집니다.

◎ S-RAM(*Static RAM*)
플립플롭이 대량으로 포함되어 있는 메모리입니다. 약간 고가이지만, 대부분은 고속으로 액세스할 수 있습니다. 1비트를 유지하기 위해 필요한 트랜지스터 수가 많기 때문에 용량은 적어지는 경향이 있습니다.

◎ D-RAM(*Dynamic DAM*)
콘덴서에 전기를 축적하는 것으로 비트의 정보를 표현하는 메모리입니다. 필요한 트랜지스터가 적기 때문에 저렴한 가격에 대용량을 실현할 수 있습니다. 그러나 속도는 약간 느리고, 게다가 방치하면 방전되어 정보를 잃어버린다는 단점도 있습니다. 잃어버리지 않기 위해서는 정기적으로 액세스하는 리프레시라는 절차가 필요합니다. 회로가 약간 복잡하고, 리프레시 중에는 액세스할 수 없다는 단점도 있습니다. 하지만 저렴한 가격에 용량을 늘릴 수 있기 때문에 이용 사례가 많습니다.

D-RAM 리프레시

3.8

리프레시 휴가를 얻지 못하면 나는 죽을 것 같아요.

그 전에, 일단 출근한 날은 일해주세요.

D-RAM 리프레시에는 몇 가지 패턴이 있습니다.

◎ 아무것도 하지 않음

칩마다 정해진 특정 단위에 정기적으로 액세스되면 메모리의 내용은 사라지지 않습니다. 따라서 비디오 메모리 등 일정 시간 내에 반드시 액세스할 수 있는 경우에는 의식적으로 리프레시할 필요는 없습니다.

◎ 사이클 스틸 DMA

동기 버스를 사용하고 있는 경우에는 CPU가 버스를 사용하지 않는 타이밍이 반드시 발생합니다. 이 틈에 리프레시를 수행합니다. CPU를 느리게 하는 것은 없지만, 액세스 종류 후의 복귀 시간을 리프레시에 맞추는 경우에는 보다 고속인 메모리 칩이 필요할 가능성도 있습니다.

◎ 버스트 모드 DMA

뒤에 기술하는 DMA 제어기를 사용하여 CPU를 멈추고 의미 없는 메모리 액세스를 연속하여 발생시키는 것을 '리프레시'라고 합니다. CPU를 정지시켜버리기 때문에 속도 측면에 영향을 받습니다.

◎ CPU 내장 리프레시 제어기 사용

8080의 발전형인 Z80에는 리프레시 제어기가 내장되어 있습니다. 이를 사용하면, CPU가 버스를 사용하지 않는 시간에 자동으로 인터럽트로 리프레시 동작을 해주기 때문에 CPU가 느려지지 않습니다.

그러나 CPU가 감당할 수 있는 크기를 초과한 메모리 칩을 리프레시하는 것은 불가능합니다. Z80의 경우, 리프레시 카운터는 7비트밖에 카운트하지 않기 때문에 리프레시를 위하여 7비트 이상의 주소 지정을 요구하는 경우는 사용할 수 없습니다.

◎ 소프트웨어에 의한 리프레시

일정 시간마다 CPU에 인터럽트를 걸어, 논리적으로 아무런 의미도 없는 메모리 액세스를 발생시켜 리프레시합니다. CPU의 처리 속도는 저하되고, 어떤 이유로 인터럽트가 금지되거나 CPU가 정지하면 리프레시가 수행되지 않고, 메모리의 내용도 소실됩니다. 그러나 회로가 간소화된다는 장점이 있습니다.

◎ 온 칩 대응

메모리 칩에 리프레시 회로를 내장하여 밖에서 보면 마치 S-RAM처럼 취급되는 유형도 존재합니다. 가장 취급하기 편리하지만, 메모리 칩의 비용은 약간 높아집니다.

주요한 ROM의 분류

3·9

> 나는 언제까지나 그대로야.

> 아니, 적당히 머릿속을 바꿔주세요. 아이 상태로는 곤란합니다.

CPU에 직접 접속되는 ROM은 제조할 때 내용이 결정되는 **마스크 ROM**과 제조 후에 내용을 설정할 수 있는 **프로그래머블** ROM으로 크게 구분됩니다.

◎ 마스크 ROM

공장에서 제조되는 단계에서 기억 내용이 결정되고, 변경할 수 없는 유형입니다. 대량으로 제조하는 경우에는 가격이 저렴합니다. 그러나 나중에 내용을 수정하는 것은 불가능합니다.

◎ PROM(*Programmable ROM*)

공장에서 제조되는 단계에서는 아무것도 기록해두지 않고, 구입하고 나서 내용을 기록하여 사용할 수 있는 유형입니다. 배선을 달구어 끊는 유형, PN 접합을 파괴하는 유형, MOS 절연막을 파괴하는 유형 등이 있습니다. 다음에 설명하는 자외선 소거형 EPROM 중 자외선을 쬐는 창이 없는 유형도 PROM으로 분류할 수 있습니다. 소량 생산에서는 마스크 ROM보다 이쪽이 유리하지만 플래시 메모리의 보급에 따라 사용 기회가 줄어들었습니다.

◎ EPROM(*Erasable Programmable ROM*)

특별한 순서에 따라 내용을 소거하고 다시 기록할 수 있는 유형입니다. 빈번하게 버전업하는 중에 사용할 때는 이것이 편리합니다. 자외선으로 소거하는 유형(UV-EPROM, Ultra-Violet Erasable PROM)과 전기적으로 소거할 수 있는 유형(EEPROM, Electrically Erasable PROM)이 있습니다. 전기적으로 소거할 수 있는 유형도 특별한 전압 등을 제공하는 경우에만 소거되고, 일반적인 사용 방식에서는 고쳐 쓸 수 없습니다. UV-EPROM은 자외선을 쬐기 위한 창이 있기 때문에 겉으로 보면 쉽게 구별할 수 있습니다(○ 그림 3.7).

○ **그림 3.7** 창이 있는 EPROM(Intel 1702 UV-EPROM)
출처 : https://upload.wikimedia.org/wikipedia/commons/3/39/EPROM_Intel_C1702.jpg
(저자 : Poil 01:10, 17 Apr 2005 (YTC) (Author personnal collection.) CC-BY-SA-3.0(http://
creativecommons.org/licenses/by-sa/3.0), wikimedia Commons 경유)

다만, 자외선 때문에 지워지는 사고를 막기 위해, 창에는 실(seal)을 부착하여 속을 볼 수 없도록 하는 경우도 있습니다. 이 경우에는 창이 보이지 않습니다. 또한 UV-EPROM이면서 창이 없는 제품도 있습니다. 내용이 삭제되는 것을 염두에 두지 않는 경우에는 창이 없는 만큼 비용이 적게 들기 때문입니다.

EEPROM의 경우에는 겉보기로는 다른 LSI와 구별할 수 없습니다. 언뜻 편리하게 보이지만, 플래시 메모리 쪽이 더 편리하기 때문에 현재는 주류가 아닙니다.

메모리 백업

3.10

> 조직의 백업으로 당선되었습니다.

> 백업 조직이 해산되었더라면 낙선이야.

휘발성 메모리를 비휘발성 메모리처럼 사용하는 경우도 있습니다. 사용 방식은 다음과 같습니다.

◎ 소전력으로 대기

시스템의 전원을 차단해도 메모리 전용 전력을 공급해두고, 단시간에 복귀시키는 방식이 있습니다. 정전되거나 배터리가 방전되면 내용이 사라집니다.

◎ UPS(Uninterruptible Power Supply, 무정전전원장치)

전력 공급이 끊겨져도 일정 시간 배터리에 전력을 공급하는 장치가 있습니다. 대개 장시간 동안은 이용할 수 없고, 파일을 보관하고 셧다운하는 기회를 제공하는 수준입니다. 휘발성 메모리를 비휘발성 메모리처럼 사용하는 것보다는 유예가 제공된 휘발성 메모리라고 생각하는 편이 좋을 것입니다.

◎ CMOS 메모리와 전지의 내장

CMOS(Complementary MOS)라고 부르는 기술로 만들어진 장치는 고속은 아니지만 상태를 유지하기 위해 거의 전력을 소비하지 않는 특징이 있습니다. 따라서 CMOS의 메모리에 전지를 결합하여 전원이 차단되어도 내용이 사라지지 않는 메모리를 구현하는 방법이 있습니다. 1976년에 발매된 NEC TK-80 메인 메모리는 CMOS이고, 배터리 백업이 가능하지만, 그다지 편리하게 사용되지는 않았기 때문에 염가판 TK-80E에서는 통상의 메모리 칩(N-MOS)으로 치환되어 백업 기능을 사용할 수 없게 되어 버렸습니다. CMOS 메모리는 가격이 높은 편이었습니다.

그러나 소용량이라도 용도는 있습니다. 현재의 PC에서도 BIOS 설정을 유지하기 위하여 CMOS 메모리와 전지를 결합하여 사용되는 경우가 있습니다. 마더보드에 전지( 그림 3.8)가 있고, 전지를 빼내면 BIOS 설정이 사라져 버리는 경우는 CMOS 메모리와 전원을 결합하여 사용되고 있는 것이라고 생각하면 될 것입니다.

○ **그림 3.8** 마더보드상의 단추형 전지

CMOS 메모리와 전지를 결합하는 것은 일본에서 발매된 개인용 컴퓨터 제품인 TK-80에 포함되었던 기술이지만, 지금의 컴퓨터에도 살아 있는 기술입니다. BIOS 설정을 초기화하는 것을 'CMOS 초기화'라고 부르는 사람이 있지만, BIOS 설정을 'CMOS'라고 부르는 것은 잘못입니다. CMOS는 어디까지나 장치 구조의 이름이고, 메모리 외에도 사용되며, CMOS 메모리는 BIOS 외에도 사용되는 범용 장치입니다. 예를 들어 CMOS의 **NAND** 게이트 등도 존재하지만, 메모리로서의 기능은 전혀 포함되어 있지 않습니다.

캐시 메모리

3.11

지불은 캐시입니까? 카드입니까?

캐시 메모리가 있으면 캐시로 부탁합니다.

8080의 시대에 메모리의 속도는 그리 중요하지 않았습니다. CPU를 기다리지 않고 데이터를 주고받을 수 있는 칩이 있었고, 기다리게 하더라도 성능에는 큰 문제가 없었습니다. 그런데 1990년대부터 CPU의 고속화와 메모리의 고속화가 균형이 맞지 않게 되었습니다. CPU만 고속화가 두드러졌던 것입니다. 그러나 메모리는 이에 따라갈 만한 속도가 아니었습니다. 보다 정확하게 말하면, 고속의 메모리는 있지만 대용량화할 수 없었습니다.

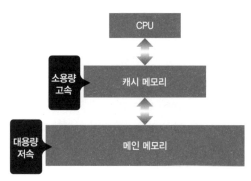

○ 그림 3.9 캐시 메모리

따라서 발상의 전환이 이루어졌습니다. **한 번에 액세스하는 메모리의 범위는 한정적입니다. 그 범위의 메모리를 몽땅 고속 메모리에 복사해 버리면 대기 시간은 최소로 끝나지 않을까요?** 그 아이디어를 실현한 것이 캐시 메모리입니다(**○ 그림 3.9**). 캐시 메모리의 출현으로 컴퓨터의 성능 향상과 비용 절감이 단번에 진행되었습니다.

그러나 방심해서는 안 됩니다. 캐시 메모리에 복사되는 데이터는 빠르게 처리하지만 그 범위를 벗어난 데이터에 액세스하려는 순간, 시스템 속도가 느려지기 때문입니다. 결국 새로운 범위의 데이터를 캐시에 복사하는 시간 대기가 발생하기 때문입니다. 이는 흔히 범하는 잘못으로, **메모리가 이만큼 대용량화되었으니, 계속 메모리를 낭비해도 된다**라는 주장이 있습니다. 이것은 완전히 잘못된 생각입니다. 캐시 메모리의 크기는 그 정도로 대용량도 아니고, 캐시 메모리에 들어가지 못하는 처리는 CPU를 느리게 만들기 때문입니다. 자원을 대량으로 사용하는 이른바 **부자 프로그래밍**[2]은 매우 한정적인 조건이 갖추어지지 않으면 성립하지 않는다고 생각하는 것이 좋을 것입니다(◑ 그림 3.10).

◑ **그림 3.10** 부자 프로그래머의 착오

그런데 캐시 메모리는 계층을 가진 경우가 있습니다(◑ 그림 3.11). CPU가 요구하는 속도에 대응할 수 있는 메모리의 용량이 충분하지 않은 경우에는 속도에는 불만이 있어도 대용량의 2차 캐시 메모리를 준비하여 메인 메모리와의 사이에 둡니다. 다시 2차 캐시에도 불만이 있으면, 그 아래에 3차 캐시를 둡니다. 이와 같은 계층 구조로 가능하면 속도 저하를 일으키지 않도록 연구한 것이 지금의 CPU와 시스템입니다.

주2) 역자 주 : 1997년에 일본의 마스이 토시유키가 "GUI 소프트웨어 개발에서 프로그래머는 컴퓨터의 실행 효율보다는 사용자의 사용성 및 개발자의 디버깅 용이성을 중시해야 한다"라고 주장한 개념입니다.

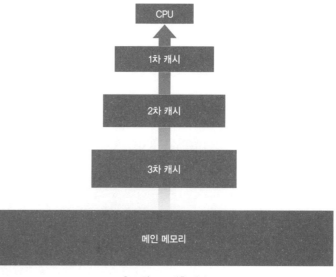

○ 그림 3.11 계층 캐시

그러나 이러한 경우에도 **요구한 데이터가 어느 캐시에도 없으면**, 속도가 느린 메인 메모리로부터 캐시로 데이터를 전송하기 위한 대기 시간이 발생하고 그 결과, 시스템이 느려집니다.

어느 정도의 시간이 필요한 데이터와 프로그램은 1차 캐시에 들어가는 크기로 정리하는 것이 바람직하지만, 그것이 안 된다면 2차 캐시에 들어가는 크기로 정리하는 것이 바람직합니다. 그것도 안 된다면 3차 캐시에 들어가도록 정리합니다. 3차 캐시에도 들어가지 않으면 메인 메모리에 대한 액세스를 발생시켜 속도 저하가 꽤 커질 것입니다.

뱅크 전환

3.12

은행 강도다. 돈 내놔!

돈을 보관하고 있는 곳은 다른 은행입니다. 뱅크 전환을 부탁합니다.

1980년대 미국에서 히트를 친 IBM PC와 일본에서 히트를 친 NEC PC-9801은 메인 메모리의 최대 용량이 640킬로바이트로 설계되었습니다. 이것이 발매되었을 때, 메모리는 용량도 작고, 가격도 비쌌습니다. "640킬로바이트의 한계까지 메모리를 탑재하는 일이 과연 있을까?", "그것을 모두 사용하는 일이 있을까?"라는 것이 대다수 사용자의 생각이었습니다.

그러나 1980년대 후반에는 간단히 640킬로바이트를 넘는 제품이 출현하기 시작했습니다. 메모리 칩의 대용량화 및 원가 절감이 진행되었기 때문입니다.

이것에 대응하여 대용량의 메모리를 취급하는 신형 CPU와 그것을 사용한 신형 PC도 등장했지만, 한 가지 장애가 있었습니다. IBM PC 시리즈와 PC 9801 시리즈의 후속 운영 체제로 기대되었던 OS/2의 개발이 잘 이루어지지 않았던 것입니다. 대부분의 사람들이 구세대의 운영 체제인 MS-DOS를 계속 사용할 수밖에 없었습니다. 이것과는 별개로 컴퓨터를 새로 구입하지 않은 사람들도 있었습니다. 이들은 가격이 저렴한 메모리를 구입하여 확장 슬롯에 삽입했습니다. 그러나 이대로는 잘 안 되는 것도 사실이었습니다.

여기에서 문제가 되었던 것은 640킬로바이트라는 메모리 공간의 상한은 움직일 수 없지만, 메모리를 더욱 늘리고 싶다는 요구였습니다. 이것에 대한 답은 EMS(*Expanded Memory Specification*)나 I/O 뱅크 방식이라는 형태로 나왔습니다. 이것들은 **특정 주소에서 이용 가능한 메모리를 교환 가능하게 한다**는 아이디어를 이용합니다. 이른바 **뱅크 전환**입니다(● 그림 3.12).

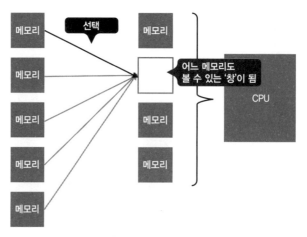

● **그림 3.12** 뱅크 전환

사용 방식은 간단합니다. 우선 이제부터 사용하려고 하는 메모리를 지정합니다. 그리고 정해진 주소로 액세스합니다. 메모리의 지정을 변경하면, 동일한 주소로 다른 메모리를 액세스할 수 있습니다. 이 방식은 일일이 메모리 지정을 할 필요가 있어서 효율이 좋다고 말할 수는 없습니다. 가능하면 피하는 쪽이 현명합니다. 과도기의 제약을 회피하는 방법이라고 생각하는 편이 좋겠지요.

여담이지만, 제약을 멋지게 피하는 실례를 본 적이 있습니다. 1981년의 NEC PC-8801은 메모리 공간 64킬로바이트의 Z80을 사용했지만, 메인 메모리 64킬로바이트에 그래픽 표시용으로 48킬로바이트의 메모리를 갖추었습니다. 뱅크 전환에 대처한 것입니다. 이것과 경쟁했던 기종인 1982년의 샤프 X1은 I/O 주소 공간 64킬로바이트를 이용하여 그래픽 표시용 메모리를 할당했습니다. 그 결과, 뱅크 전환 없이 메인 메모리 64킬로바이트와 그래픽 표시용 48킬로바이트로 액세스하는 것이 가능했습니다. 그러나 이것은 예외적인 대응으로, 실제로는 보다 메모리 공간이 큰 CPU로 바꾸어 대처해야 하는 문제일 것입니다.

뱅크 전환과 CP/M

3·13

나의 스마트폰을 뱅크에서 무엇으로 바꿀까?

잘 봐, 네가 가지고 있는 것은 스마트폰이 아니야. 스마트 미디어야.

뱅크 전환이 가장 큰 의미를 갖는 것은 범용 운영 체제인 CP/M의 이용입니다. CP/M의 세부 내용은 5장에서 자세히 다루기 때문에 여기에서는 뱅크 전환과 관계된 부분만 설명합니다.

그런데 CP/M은 8080용의 범용 운영 체제이고, 구조적으로는 0번지부터 RAM으로 이어지는 것이 요구되었습니다. 따라서 8080은 리셋하면 0번지부터 실행되도록 하드웨어로 결정되었습니다. 변경은 불가능합니다.

전원이 켜진 후에 수동으로 0번지부터 구동하는 코드를 작성하면 모순은 일어나지 않습니다. 실제로 초기의 S-100 버스 시스템인 Altair 8800이나 IMSAI 8080은 이를 위한 LED와 토글 스위치를 가지고 있었습니다. 그러나 스위치를 켜서 즉석에서 CP/M이 움직이기를 원하면 모순이 생깁니다.

- CP/M을 읽고 구동하는 코드는 전원을 꺼도 지워지지 않는 읽기 전용 ROM 으로 준비하고, 0번지부터 배치해야 한다.
- CP/M은 0번지부터 메모리를 읽고 쓰는 것이 가능한 RAM을 준비할 것을 요구한다.

놀랍게도 요구가 서로 모순됩니다. 0번지는 ROM이어야 할까요, RAM이어야 할까요? 이 모순을 해결하는 방법은 하나밖에 없습니다.

뱅크 전환입니다. 리셋 직후는 ROM이 CPU로부터 액세스 가능한 상태가 될 필요가 있습니다. 그러나 CP/M의 준비가 끝나면, 뱅크를 ROM으로부터 RAM으로 전환하여 CP/M을 시작합니다. 스위치를 켜면 CP/M을 실현할 수 있습니다.

1970년대 후기부터 1980년대 초기에 걸쳐 8080이나 후속 CPU인 Z80을 장착한 개인용 컴퓨터는 다수 존재하였지만, 이 뱅크 전환 기능을 가지고 있는 것과 가지고 있지 않은 것 때문에 성공과 실패가 판가름 났습니다.

◎ 뱅크 전환 기능을 가지고, 그대로 CP/M을 실행할 수 있는 것의 예
- S-100 버스 시스템(엄밀하게 말하면 확장 카드가 그 기능을 가지고 있음)
- NEC PC-8001(확장 유닛이 필요함)

◎ 뱅크 전환 기능을 가지지 않고, 그대로 CP/M을 실행할 수 없는 것의 예
- 샤프 MZ-80K
- Tandy Corporation TRS-80

그렇다면, 후자의 이용자는 포기한 것일까요? 실은 각자 대책을 마련했습니다. 샤프 MZ-80K에는 주소를 변환하여 이동시키는 옵션 기판이 발매되었습니다.

TRS-80은 CP/M이 필요하면 RAM 영역을 TRS-80의 내장 RAM 영역으로 이동시키는 커스텀 버전을 작성하여 대처했습니다. 당연히 TRS-80 전용 버전이 아니면 동작하지 않았지만, 1970년대 후기에 '트리오'라고 불렸던 인기 있는 개인용 컴퓨터 중 하나였고, 전용 소프트웨어는 충분히 공급되었습니다. 그런데 같은 시기의 라이벌 기종인 NEC PC-8001과 샤프 MZ-80K에는 설계상의 차이가 있었습니다. 개조하지 않고 CP/M을 실행할 수 있었던 NEC PC-8001 쪽이 스마트하였던 것입니다.

그러나 그 스마트함이 계속 유지되지는 않았습니다. 상위 기종인 PC-8801이 되면서 인터럽트로 점프하는 곳을 저장해두는 영역의 주소와 그래픽 VRAM의 주소가 겹쳤던 것입니다. 결국, 뱅크 전환으로 그래픽 VRAM에 액세스하려고 하면, 반드시 인터럽트를 금지시켜야 했습니다. 그래픽 VRAM으로 전환된 상태에서 유효한 인터럽트를 받아들이면, 주소로서의 의미를 갖지 않은 데이터를 주소로 읽어내어 그곳을 호출해 버립니다. 그 결과 CPU는 폭주합니다. 그렇다고 인터럽트를 금지하면, 음악 재생이 멈추고, 키보드 입력이 받아들여지지 않는 문제가 발생합니다. 인터럽트 금지와 허가를 반복하여 인터럽트 기회를 제공하면, 이번에는 인터럽트 금지 허가 오버헤드로 프로그램의 속

도가 느려집니다. 이러한 내용의 설계가 스마트한 것이 아닙니다. PC-8001의 성능을 향상시킨 뱅크 전환이 PC-8801에서는 스스로의 무덤을 파게 된 것입니다. 세상은 역설적인 상황으로 가득차 있습니다.

칼럼

불과 32바이트, 그러나 32바이트

1970년대 말, CP/M을 구동할 수 있는 제어기에 관한 기사를 개인용 컴퓨터 잡지에서 읽었을 때 무척 놀랐습니다. ROM의 용량이 32바이트라는 것입니다. 이것은 당시로서도 파격적으로 적은 용량입니다. 과연 이런 것으로 운영 체제를 읽어낼 수 있을까요?

결론은 무리입니다. 이것만으로는 운영 체제를 읽어낼 수 없습니다.

그러나 로더를 읽어내는 것은 가능합니다.

로더를 모두 잘 읽어내는 것을 기대한다면, 이것으로 충분합니다.

최소한의 하드웨어로 편리하게 사용할 수 있는 '지혜'가 이 32바이트에 가득차 있었던 것입니다.

이와 같이 작은 하드웨어, 간결한 소프트웨어를 기폭제로 하여 큰일을 성취한 구조는 지금에 와서도 가치가 있습니다.

예를 들어 작은 구동 프로그램이 네트워크로부터 항상 업데이트를 확인하면서 항상 최신판을 구동하는 구조는 드문 것이 아닙니다.

거대한 프로그램, 시스템에서도, 압축된 간결한 프로그램, 시스템에서도 각각의 역할이 있습니다.

2포트 메모리

3.14

쇼토쿠태자[3]는 복수의 상대가 동시에 이야기해도 알아들었을 것 같아요.

지금의 메모리도 쇼토쿠태자를 본받아 진화한 거야!

비디오 표시 회로는 정해진 타이밍에 영상 신호를 송출해야 하는 필요성 때문에 메모리 액세스를 기다리는 것이 불가능합니다. CPU도 속도 우선으로 동작한다면 기다리는 것이 불가능합니다. 경합하는 두 개의 요구에 대응하는 메모리 칩을 2포트 메모리라고 합니다(● 그림 3.13).

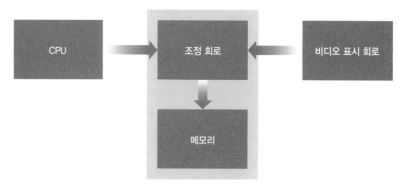

❖ **그림 3.13** 2포트 메모리

2포트 메모리는 두 개의 각 요구를 받아들이는 포트를 가집니다. 그리고 **요구를 조정하는 조정 회로**를 내부에 가지고 있습니다. 이것을 이용하여 화면 표시와 CPU의 효율을 양립시킬 수 있습니다. 그러나 모든 시스템이 이것을 사용할 수는 없습니다. 동기 버스 등을 사용하여 잘 타이밍을 맞추는 경우처럼 보통의 메모리가 사용되고, 비디오 표시의 액세스가 발생하지 않는 수직 수평 동기 신호가 유효한 기간 중에만 CPU가 메모리를 액세스하는 것으로 결정되면, 특별히 2포트 메모리는 필요하지 않습니다.

주3) 역자주 : 쇼토쿠 태자는 아스카 시대 요메이 천황의 장남으로 중앙 집권화를 도모하고 불교를 알리는 데 힘썼다고 합니다. 그는 아스카 문화의 중심 인물로, 당시의 국제적인 긴장 속에서 선진 문물 제도를 수입하고 일본 정치 체제를 확립하였으며, 불교를 보급시켜 융성시킨 것으로 평가받는 인물입니다.

깜박임을 방지하자

2포트 메모리와 같이 편리한 칩을 사용할 수 없던 시대에 비디오 표시 메모리는 항상 표시 회로와 CPU로부터 사용권 쟁탈전을 하고 있었습니다. 대개 CPU가 우선권을 가져, CPU가 사용되는 동안에는 표시할 수 없었고, 그때에는 화면이 깜박거렸습니다.

그러나 그것은 아름답지 않습니다.

어떤 대책을 세워야 할까요?

바로 표시 회로가 비디오 메모리를 이용하지 않을 때만 CPU가 비디오 메모리를 사용하는 구조입니다. 이렇게 편리한 타이밍이 있을까요? 수직 동기 신호, 수평 동기 신호의 시간 내에 표시 메모리는 필요하지 않습니다. 그 사이에 비디오 메모리를 액세스하고, 수직 동기 신호, 수평 동기 신호를 시간 내에 처리 완료하면 깜박거림은 일어나지 않습니다.

병렬 입출력

3·15

병렬(parallel)이라면 우산 아닌가?

우산은 파라솔이지.

병렬 입출력은 8비트 등의 복수 비트를 묶어 입출력을 행하는 I/O 장치입니다. 입출력의 위치가 특별하게 결정되지는 않습니다. LED를 점등시켜도, 모터를 돌려도, 스위치로부터 입력해도 상관없습니다. 범용 PC에서는 고마움을 실감할 수 없을지도 모르지만, 기기를 제어하는 제어기를 개발하면 장점을 알 수 있습니다.

여기서는 8255(● 그림 3.14)라고 부르는 인텔 사의 범용 병렬 입출력 LSI를 소재로 설명하겠습니다.

● 그림 3.14 Intel D8255

출처 : https://upload.wikimedia.org/wikipedia/commons/2/20/Ic-photo-Intel　D8255.jpg
(저자 : Myself User:ZyMOS(CPU Grave Yard, my CPU collection), CC BY-SA 4.0-3.0-2.5-2.0-1.0
(http://creativecommons.org/licenses/by-sa/4.0-3.0-2.5-2.0-1.0), wikimedia Commons 경유)

8255의 상세한 내용을 해설하려면 그것만으로도 한 권의 책이 되기 때문에 간단하게 요점만 설명하겠습니다. 8255는 8080과 동일한 세대의 LSI이면서 CPU가 세대 교체를 해도 계속 사용된 걸작입니다.

8255의 특징을 간략하게 정리해봅시다.

- 입력에도, 출력에도 사용 가능한 8비트 포트가 세 개 있음(A, B, C 포트)
- 세 개의 모드가 있음

- C 포트만의 비트 단위로 온/오프 가능
- 8080의 외부 버스에 직접 연결 가능
- 핸드셰이크가 가능
- CPU에 인터럽트를 행하는 것이 가능

우선 '세 개의 포트'에 관하여 설명하겠습니다. 8255는 8비트의 포트가 세 개이고, 합계 24개의 입출력이 가능합니다. 그러나 A 포트, B 포트, C 포트의 역할은 약간 다릅니다. A 포트, B 포트는 8비트 단위의 입출력을 암암리에 가정합니다. 이에 비해 C 포트는 비트 단위의 입출력도 고려됩니다. 예를 들어 프린터에 문자 코드를 송신하는 경우는 8비트 단위로 보내는 편이 유리하지만, 단순히 LED를 점멸하는 것뿐이라면 1비트 단위로 제어할 수 있는 쪽이 편리합니다.

'세 개의 모드'라는 것은 무엇일까요?

◎ 모드 0 : 기본 입력, 출력 동작
모드 단위로 입력인지 출력인지를 결정할 수 있습니다. C 포트는 상위 하위로 분할하여 지정할 수 있습니다. 단순히 디지털 데이터를 입출력할 수 있는 경우에 사용합니다.

◎ 모드 1 : 스트로브 입력, 출력 동작
C 포트는 상위 하위로 분할하여 각각 A 포트, B 포트의 제어에 사용됩니다. "데이터가 준비되었으므로 래치해주세요"라거나 "데이터를 래치했습니다"라는 정보가 C 포트의 비트를 경유하여 오고갑니다. 8255가 이를 위한 동작을 해주지만, C 포트는 자유롭게 사용할 수 없게 됩니다.

◎ 모드 2 : 쌍방향성 스트로브 입력, 출력 동작
A 포트를 쌍방향성으로 사용합니다. 결국 입력에도, 출력에도 사용하는 것입니다. 제어는 C 포트로부터 5비트를 사용합니다. C 포트의 나머지 3비트는 온/오프하는 입출력에 자유롭게 사용할 수 있습니다.

"핸드셰이크가 가능"이라는 것은 어떤 것일까요?

핸드셰이크는 "데이터가 준비되었습니다", "받았습니다"라는 **절차를 명시적으로 교환하여 확실하게 데이터를 주고받는 방식**입니다. 모드 1이나 모드 2를 사용하면 이를 실현할 수 있습니다.

'CPU에 인터럽트를 행하는 것이 가능'은 어떤 것일까요?

모드 1이나 모드 2를 사용하는 경우에는 C 포트의 특정 비트가 CPU에 대하여 인터럽트 요구를 나타내는 비트가 됩니다. 그것에 의해 데이터가 도착하면 CPU에 인터럽트를 걸어 처리할 수도 있습니다. 8255의 동시대 라이벌은 Motorola가 만든 6820(6821)입니다. 6820은 포트가 두 개밖에 없기 때문에 네 개가 있는 8255가 유리해 보이지만, C 포트를 사용하는 핸드셰이크의 신호선이 별도로 준비되어 있고, 온/오프도 독립적으로 가능하기 때문에 편리하게 사용하는 데는 그리 큰 차이가 없습니다.

직렬 입출력
3.16

> 아침에는 시리얼을 직렬로 먹기로 한다.

> 입이 하나밖에 없으니까 동시에 여러 가지를 먹을 수 없습니다.

직렬 입출력은 8비트 등의 복수 비트를 1비트 단위로 송수신하는 장치입니다. 입출력 장치가 무엇인지는 특별하게 정해지지 않았지만, 대부분 RS-232C와 같은 표준 규격입니다. 이 장치에 접속된 장치가 무엇인지는 결정되지 않았습니다. 1990년대에는 모뎀에 접속하는 데 자주 사용되었습니다.

여기에서는 8251(◑ 그림 3.15)이라 부르는 인텔 사의 범용 시리얼 입출력 LSI를 소재로 해설합니다.

◑ 그림 3.15 Intel C8251

출처 : https://upload.wikimedia.org/wikipedia/commons/5/5f/Ic–photo–Intel––C8251.jpg
(저자 : Myself User:ZyMOS(CPU Grave Yard, my CPU collection), CC BY–SA 4.0–3.0–2.5–2.0–1.0
(http://creativecommons.org/licenses/by–sa/4.0–3.0–2.5–2.0–1.0), wikimedia Commons 경유)

그러나 8251과 RS-232C의 상세한 내용을 해설하려면 이것만으로도 책 한 권이 되기 때문에 간단하게 요점만 설명하겠습니다. 그런데 직렬 통신은 한 개의 신호선으로 복수 비트를 송신합니다. 이를 위해서는 언제 어느 타이밍이 데이터이고, 데이터가 아닌 것을 알아야 합니다.

타이밍을 검출하기 위해서는 데이터에 앞서 시작 비트를 송신합니다. 그런 다음, 규정 비트수의 데이터를 송신합니다. 대개는 7비트 또는 8비트입니다. 이것이 끝나면 필요한 패리티 비트를 송신합니다. 비트를 모두 더한 결과가 홀수인지 짝수인지를 송신하는 것으로, 비트의 누락을 판정할 수 있는 가능성이 있습니다. 마지막에는 정지 비트를 보내어 끝냅니다(● 그림 3.16).

패리티가 존재하지 않는 경우를 '논패리티'라고 합니다. 정지 비트는 1, 1.5, 2비트를 지정할 수 있지만, 정지 비트가 존재하지 않는 논스톱 비트라는 통신도 있습니다.

시작 비트
데이터
데이터
데이터
데이터
데이터
데이터
데이터
데이터
패리티
정지 비트

● 그림 3.16 직렬 통신

디지털 데이터에서 비트가 1.5개인 것이 이상하게 생각될지도 모릅니다. 그러나 이 경우의 1.5는 정지 비트를 송신하는 상태를 보통의 비트를 송신하는 시간의 1.5배로 지속시킬 수 있습니다. 비트에 0과 1의 중간은 없지만, 그 상태를 유지하는 접속 시간의 1.5배는 있습니다.

8251의 입출력은 RS-232C와 거의 동일하다고 생각해도 상관없습니다. 다만, 8251은 구동력이 낮고 전압 수준도 다르기 때문에 직접 연결은 불가능합니다. 1990년대의 개인용 컴퓨터 통신에서는 8비트, 논패리티, 논스톱 비트라는 설정을 사용했습니다.

인터럽트 제어기

3.17

자네, 미안하지만 이 일을 빨리 해줄 수 없겠나?

그렇게 인터럽트된 일을 지금 하고 있는 중입니다만….

인터럽트 요구를 받은 신호선은 CPU에 한 개 또는 많아야 고작 몇 개 정도 밖에 없습니다. 8080은 인터럽트 요구를 받은 핀을 한 개밖에 가지고 있지 않 습니다. 후속 CPU인 8085는 다소 많아서 다섯 개입니다. 타사의 후속 CPU 인 Z80은 두 개입니다. 그러나 다섯 개 또는 두 개는 자유롭게 사용할 수 있을 까요?

그렇지는 않습니다. 그중 한 개는 마스크 불가능한 인터럽트(이른바 **NMI**(❹ 237페이지))이기 때문에 용도가 다릅니다. 그러나 인터럽트를 수행하고 싶은 외부 장치는 많습니다. 이 모순을 어떻게 해결하는 것이 좋을까요?

첫 번째는 인터럽트를 분류하지 않는 방법입니다. 8080의 라이벌인 Motorola MC6800 등에서 사용되고 있습니다. 인터럽트가 오면 특정 주소 로 지정된 곳으로 점프할 뿐입니다. 그 후 각 장치를 수소문하는 것입니다. "지금 인터럽트 요구를 한 것이 당신입니까?"라고 반복하고, "그렇다"라고 답 한 장치의 인터럽트를 처리합니다.

이에 비해 8080 등은 인터럽트 장치를 복수로 가지고 있습니다. 8080은 인 터럽트 상태가 되었을 때 한 개의 명령을 자유롭게 인터럽트하여 실행할 수 있 습니다. 보통은 **RST** 명령으로 인터럽트하지만, **RST** 명령이 향하는 곳은 여덟 가지 종류입니다. 결국 여덟 가지 종류의 인터럽트가 식별 가능한 것입니다. 그러나 **CALL** 명령을 인터럽트하면 어떤 주소로도 갈 수 있습니다. 결국 인터 럽트의 종류는 무한합니다.

그러나 좋은 것만은 아닙니다. **CALL** 명령을 인터럽트한다고 하더라도, **CALL**

명령은 3바이트 명령입니다. 회로가 상당히 번거로워집니다. 게다가 복수의
인터럽트를 인정하면 더욱 그렇습니다. 따라서 **인터럽트 제어기**라고 하는 LSI
를 사용하여 **번거로운 회로의 역할**을 맡길 수 있습니다.

8080용에는 Intel 8259라는 인터럽트 제어기가 있습니다. 이 칩은 현재에도
컴퓨터의 칩셋의 일부로 결합되어 사용되고 있습니다(○ 그림 3.17).

○ 그림 3.7 Intel 8259A

출처 : https://upload.wikimedia.org/wikipedia/commons/5/51/IIntel_C8259_IRQ_chip.jpg
(작자 Nixdorf(투고한 저자 자신의 작품), CC BY−SA 3.0(http://creativecommons.org/licenses/by−sa/3.0),
wikimedia Commons 경유)

DMA 제어기

3.18

DMA는 다이렉트 메일의 친척입니까?

DMZ의 친척은 아닙니다.

DMA(◑ '2.27 : DMA')는 매우 편리한 기능이지만, CPU가 버스에서 분리되어 관리하지 않으므로 CPU가 하던 버스 관리를 모두 자체적으로 해야 합니다. 그러나 DMA에서 CPU의 전체 기능이 요구되는 것은 아닙니다. **필요한 것은 대개 데이터 전송뿐입니다.** 따라서 **전송 기능에 특화된 DMA의 제어 LSI가** 존재합니다. 이것이 DMA 제어기입니다.

8080용으로 8257이라는 DMA 제어기가 있습니다. 그러나 8080의 전성기는 고사하고 후속 CPU의 시대가 되어도 DMA 제어기의 탑재는 필수가 아니었습니다. CPU로 전송해도 시간을 맞추는 사례가 많았기 때문입니다. 그러나 저자가 소유했던 NEC PC-8001(1979년)에는 8257이 조립되어 있었습니다.

그 이유는 무엇일까요? PC-8001에는 μPD3301이라는 비디오 표시 칩이 탑재되어 있고, 이 칩은 DAM 제어기와의 공동 동작이 전제였기 때문입니다. DMA 제어기를 사용하여 메인 메모리로부터 표시 데이터를 전송하는 것입니다. 그러나 동일한 종류의 타사 제품은 DMA 제어기 등을 사용하지 않고 화면 표시를 하는 것이 주류이고, 다소 과잉 기능이었습니다.

그런데 PC-8001의 상위 기종인 PC-8801(1981년)이 등장하자, DMA 제어기는 돌연 다른 역할을 맡게 됩니다. PC-8001은 보조 기억 장치로서 카세트 테이프와 5인치 플로피디스크(당시의 기억 매체)가 준비되었습니다. 전송은 CPU로 충분하고, DAM 제어기가 나설 차례가 아니었지만, PC-8801에는 8인치 플로피디스크가 선택지로 추가되었습니다. 8인치 플로피 디스크는 전송 속도가 빠르기 때문에 CPU에 의한 전송으로는 시간을 맞추지 못했던 것입니다. 이제 DMA 제어기가 나설 차례입니다. 다행히 DMA 제어기는 PC-

8001과의 호환성 때문에 처음부터 탑재되었습니다. 이를 사용하여 고속 운전을 달성할 수 있었습니다.

DAM 제어기의 또 하나의 용도는 D-RAM 리프레시입니다. 그러나 PC-8001은 CPU인 Z80(호환 CPU)이 리프레시 제어기를 내장하고 있어서 DMA 제어기가 나설 차례는 아니었습니다.

화면 표시에 DMA 제어기를 사용하는 패턴이 그다지 많지는 않았지만, PD3301뿐이라는 것도 아닙니다. 인텔 사의 8275 프로그래머블 CRT 제어기도 이와 동일한 구조입니다. 그러나 저자는 당시 8275를 실물로 대면한 적이 없고, 그다지 전형적인 이용 방법은 아니었던 것 같습니다.

결국 DMA 제어기의 등장은 호환성의 유지나 일부 칩의 화면 표시를 제외하면, CPU로는 시간을 맞출 수 없는 고속 기억 장치에서 이용이 많았던 것처럼 생각합니다.

디스크 제어기

3·19

원하는 섹터까지 헤드를 이동시키는 시간이 길다. 이런 원반은 디스해라.

자자. 분노를 제어합시다.

플로피디스크나 하드 디스크의 인터페이스는 부품 수가 많기 때문에 전용 LSI가 준비되는 경우가 많습니다(필수라는 것은 아닙니다). 다만, 중요한 것은 DMA 제어기라는 역할을 오해하지 않는 것입니다.

디스크 제어기가 담당하고 있는 일은 미디어로부터 읽은 데이터를 버스로부터 읽을 수 있게 하는 것입니다(○ 그림 3.18). 버스로부터 누가 읽는지는 정해져 있지 않습니다.

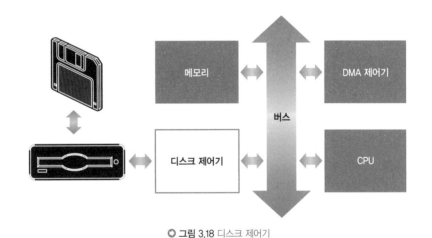

○ 그림 3.18 디스크 제어기

결국 읽는 상대가 CPU든 DMA 제어기든 상관없는 것입니다. 동일한 디스크 제어기의 LSI를 사용해도, CPU와 소프트웨어로 메인 메모리에 전송하는 경우와 DMA 제어기로 전송하는 경우가 있습니다. 어느 쪽을 사용하는지는 단순하게 속도를 맞출 수 있는지의 여부를 이유로 선택됩니다. 혹시 어느 쪽을 사용해도 속도를 맞추는 경우는 비용이나 성능으로 판단됩니다.

디스크 제어기는 대다수가 프로그래머블입니다. 프로그래머블은 설정할 때마다 다양한 포맷으로 대응한다는 것입니다. 예를 들어 트랙 수나 섹터 크기 등은 대부분 가변적입니다.

더 나아가 잘못된 명령을 내림으로써 부분적으로 포맷이 파괴 상태에 이르는 경우도 있습니다. 이러한 기술을 사용하면 일반적인 복제 수단으로는 복제될 수 없는 디스크를 만들어낼 수 있습니다. 이것은 복제 방지 수단, 이른바 복사 방지에 사용됩니다. 1980년대 전반 디스크 제어기로서 메이저였던 NEC μPD765나 후지쓰의 MB8876에 관한 기사가 개인용 컴퓨터 잡지에 자주 실린 것은 복사 방지 개발과 복사 방지 해제에 많은 독자가 흥미를 느끼고 있었기 때문입니다. μPD765는 현재 PC의 선조로서 사용되었던 것입니다.

CRT 제어기

3.20

CRT란 무엇입니까? CR은 파칭코의 일종[4]입니까?

보통의 브라운관이야.

CRT 제어기는 비디오 표시 회로를 구현하는 데 사용되는 LSI입니다. 전용 LSI를 사용해야 할 필요성은 별로 없지만, 정확한 신호를 발생시키는 회로는 다소 번거롭기 때문에 저렴한 가격의 전용 LSI를 사용할 수 있는 경우에 이용되었습니다.

1980년대 가장 폭넓게 사용된 것은 Motorola의 MC6845로, 초기 IBM PC에 이용되었습니다. 이 칩은 실제로 히타치의 HD46505의 2차 공급품(동일한 칩을 허가받은 타사에서 제조하는 것)이기 때문에 설계는 일본 기업이 담당했습니다. 현재 PC의 표시 회로는 호환성을 유지하고 있으므로 이 당시와 공통인 명령이 존재하는 경우도 있습니다.

CRT 제어기를 크게 나누면 다음과 같은 유형이 있습니다.

❶ 독립된 비디오 메모리를 구동하는 것을 전제로 한 것
❷ 메인 메모리로부터 DMA로 표시 데이터를 받는 것을 전제로 한 것
❸ 표시만이 아닌 그리기를 대신하는 것

❶의 대표적인 사례는 MC6845입니다. 메모리와 다른 비디오 표시 전용을 가지고 있습니다.

❷의 이용 사례는 많지 않지만, 대표적인 사례는 PC-8001에 사용된 μPD3301입니다. 메인 메모리로부터 DMA로 전송하는 데는 주소의 제약이 존재하지 않습니다(메인 메모리의 어디에서부터라도 전송 가능합니다). 다만, 후속 기종

주4) 역자주 : CR기는 일본의 대표적인 오락인 파칭코 기계를 일컫는 말입니다.

에서는 고속화를 위하여 섀도 메모리[5]가 존재하기 때문에 이동 범위는 제한됩니다.

❸은 현재의 그래픽 가속기 또는 GPU라고 부르는 것이 모두 해당됩니다. 대표적인 예는 Windows 붐이 일었던 1990년대 초반에 세상을 주름잡았던 S3의 86C911입니다. PC-9801에 탑재되었던 NEC μPD7220은 이 유형 중 하나라고 할 수 있습니다. 이 칩은 CPU를 사용하지 않고도 직선을 그릴 수 있습니다.

칼럼

진정한 승자는 누구인가?

CRT 제어기는 각 메이커가 다양한 연구를 진행하여 다양한 변종이 존재합니다. 일본의 상황으로 말하면, NEC가 개발하여 PC-8001에 탑재한 µPD3301이나 PC-9801에 탑재한 µPD7220 등이 있고, 이것과는 별도로 히타치가 개발한 HD46505도 있습니다.

일본에서는 1980년대에 NEC가 압승을 하고, µPD7220 탑재 PC가 다수 이용되었지만, 세계적으로는 IBM이 압승을 하고, HD46505와 동일한 기능을 가진 LSI를 탑재한 PC가 보급되었습니다. 현재에도 하위 호환성을 유지하기 위하여 HD46505에 적절한 명령어를 받아들이는 회로가 PC에서 사용됩니다.

그러나 CRT 제어기의 세계에서 일본(히타치)이 압승한 것으로는 느껴지지 않습니다. 이미 오리지널이 어디인지를 알 수 없을 정도로 변형되면서 현재의 CRT 제어기의 세계에서 히디치의 존재감은 없습니다.

진정한 승자는 도대체 누구일까요?

정말 미스터리입니다.

주5) 역자주 : 고속화를 위하여 특정 주소 범위만 고속의 전용 메모리를 준비한 것

수동 DMA

3.21

수동 DMA라니 어떻게 된 겁니까?

자네가 버스를 지배하는 거야.

초기 컴퓨터에는 프런트 패널에 다수의 LED와 토글 스위치가 부착되어 있는 것이 많았습니다. 1974년의 Altair 8800에도 부착되어 있습니다(◎ 그림 3.19).

◎ 그림 3.19 LED와 토글 스위치(Altair 8800)
출처 : https://upload.wikimedia.org/wikipedia/commons/1/19/Altair.jpg (CC BY-SA 3.0
(http://creativecommons.org/licenses/by-sa/3.0). wikimedia Commons 경유)

이것은 **수동으로 DMA(◎ '2.27 : DMA')를** 수행하기 위한 스위치입니다. 이 기능에 따라 **임의의 시점에서 CPU를 멈추고 메모리의 내용을 확인하고 변경할 수 있**습니다. 주소를 스위치로 설정하면 그 주소의 내용이 LED의 온/오프로 표시됩니다. 데이터의 스위치를 설정한 후, 기록 버튼을 누르면 그 데이터가 지정 주소에 기록됩니다. 이것으로 모든 주소의 메모리를 마음대로 변경할 수 있습니다.

왜 그러한 기능이 있어야 할까요? 비휘발성 메모리를 갖고 있지 않은 시스템은 전원을 넣은 시점에서 실행 가능한 프로그램을 아무것도 포함하고 있지 않습니다. 심지어 보조 기억 장치로부터 프로그램을 읽는 기능조차 포함하고 있지 않습니다.

따라서 프런트 패널의 스위치를 이용하여 프로그램을 읽는 최소한의 프로그램을 메모리에 기록합니다. 그 후에 CPU를 리셋하여 CPU의 정지를 해제합니다. 그러면 시스템 구동에 성공할 것입니다.

보조 기억 장치를 갖고 있지 않은 경우에는 프로그램을 통째로 입력하여 실행합니다. 비휘발성 메모리가 존재하는 경우는 없어도 상관없기 때문에 ROM 등이 보급되자 프로그램과 패널의 스위치와 LED는 모습을 감추었습니다. 동일한 S-100 버스 시스템도 Altair 8800이나 IMSAI 8080은 프런트 패널의 스위치를 가지지만, SOL-20이 되면서 프런트 패널의 스위치는 사라졌습니다.

문자 생성기

3·22

제가 디자인한 게임의 캐릭터를 봐주세요.

미안. 최소한의 문자만 필요한데.

1990년 정도까지의 표시 회로라고 하면, **문자 생성기**라는 부품이 필수적이었습니다. 간단하게 말하면, **폰트를 저장한 ROM**입니다. 고가의 RAM에 저장하기는 아깝기 때문에 마스크 ROM으로 공급된 것입니다.

내용은 가로 5픽셀, 세로 7픽셀이 조합된 비트맵으로 알파벳, 숫자, 기호 등의 매우 제한적인 것이었습니다. 일본어 문자를 포함한 것만으로 일본어 대응을 주장했던 시대도 있습니다. 그 이후에 한자를 이용할 수 있게 되었고, 고작 16픽셀×16픽셀의 조합인 비트맵이 주류이고, 복잡한 한자는 틀린 글자로 되어 있었습니다. 프린터로는 24픽셀×24픽셀의 한자를 인쇄할 수 있는 것만으로 고품위라고 부르던 시대도 있습니다.

현대에는 거의 등장하지 않는 부품이지만, 현재의 PC에도 이에 해당하는 회로가 남아 있습니다. 제거할 수는 없습니다. 왜냐하면, 운영 체제가 구동하기 전의 BIOS의 표시에 하드웨어에 삽입된 문자 생성기가 사용되는 경우가 있기 때문입니다.

텍스트 VRAM과 그래픽 VRAM

3·23

화면을 4K에서 8K로 개량했습니다. 어떤가요. 멋있죠? 으쓱.

처리가 맞지 않아서 동영상이 코마 드롭[6]되어요.

비디오 표시 회로를 구현하는 방법에는 두 가지가 있습니다.

텍스트 VRAM과 그래픽 VRAM입니다.

텍스트 VRAM은 비디오 메모리(VRAM)에 문자 코드를 기록하는 방법입니다. 예를 들어 알파벳 A를 표시하려면 A의 문자 코드(ASCII 코드라면 41H)를 쓰면 됩니다. 유럽이라면 대개 8비트로 충분합니다. 표시 가능한 문자 이외는 아무것도 표시할 수 없습니다.

그래픽 VRAM은 1픽셀마다 색을 결정할 수 있는 표시 방법입니다. 모노크롬이라면 흑과 백을 결정할 수 있습니다. 무엇이든 표시할 수 있습니다. 지원되지 않는 언어의 문자이든, 여자 얼굴이든, 무엇이든 마음대로 그릴 수 있습니다. 가장 초창기의 개인용 컴퓨터용 워드프로세서는 이 방식으로 일본어 문자를 표시했습니다. 설계상 일본어의 표시를 가정하지 않았기 때문입니다.

그러나 그래픽 VRAM은 용량을 많이 잡아먹습니다. 텍스트 VRAM이라면, 가로 80문자 세로 25행의 알파벳은 약 2킬로바이트 정도로 표시할 수 있습니다. 그러나 동일한 내용을 그래픽 VRAM으로 표시하려면, 모노크롬의 경우 16킬로바이트 정도가 필요합니다. 약 8배입니다. 게다가 용량을 늘리면 되는 문제가 아닙니다. 고쳐 쓰는 데 시간이 걸립니다. 8배의 메모리를 고쳐 쓰는 데는 8배의 시간이 필요합니다.

주6) 역자 주 : 영상 입출력이 되지 않는 프레임이 생기는 것으로, '드롭 프레임'이라고도 합니다.

초기 개인용 컴퓨터에서는 텍스트 VRAM을 지원하고, 그래픽 VRAM은 지원하지 않는 것을 옵션으로 제공하는 경우가 많았던 것입니다. 1990년경에 일었던 윈도우 붐은 개인용 컴퓨터의 성능 향상으로 그래픽 VRAM으로도 성능을 확보할 수 있는 시대가 되었던 것을 의미합니다. 윈도우는 그래픽 VRAM의 이용을 전제로 한 운영 체제로, 텍스트 VRAM은 사용하지 않았습니다. 그런데도 **표시가 늦다**는 불만은 따라다녔습니다.

그 이전 시대, 텍스트 VRAM밖에 없는 개인용 컴퓨터에서도 그림을 표시하고 싶은 욕구는 있었습니다. 이 때문에 두 가지 아이디어가 이용되었습니다. 하나는 그래픽 문자입니다. 그림 문자의 원조 같은 것이기 때문에 알파벳이나 숫자를 수록한 남는 부분에 트럼프 기호, 원이나 사각형 등의 도형 문자를 모은 것입니다(◎ 그림 3.20).

코드표

상위 4비트 →

하위 4비트 ↓	0	1	2	3	4	5	6	7	8	9	A	B	C	D	E	F
0		DE		0	@	P		p				ー	タ	ミ		X
1	SH	D1	!	1	A	Q	a	q			°	ア	チ	ム		円
2	SX	D2	"	2	B	R	b	r			「	イ	ツ	メ		年
3	EX	D3	#	3	C	S	c	s			」	ウ	テ	モ		月
4	ET	D4	$	4	D	T	d	t			、	エ	ト	ヤ		日
5	EQ	NK	%	5	E	U	e	u			・	オ	ナ	ユ		時
6	AK	SN	&	6	F	V	f	v			ヲ	カ	ニ	ヨ		分
7	BL	EB	'	7	G	W	g	w			ア	キ	ヌ	ラ		秒
8	BS	CN	(	8	H	X	h	x			イ	ク	ネ	リ		♠
9	HT	EM	)	9	I	Y	i	y			ウ	ケ	ノ	ル		♥
A	LF	SB	∗	:	J	Z	j	z			エ	コ	ハ	レ		♦
B	HM	EC	+	;	K	[	k	|			オ	サ	ヒ	ロ		♣
C	CL	→	,	<	L	¥	l	|			ヤ	シ	フ	ワ		●
D	CR	←	−	=	M	]	m				ユ	ス	ヘ	ン		○
E	SO	↑	.	>	N	^	n	~			ヨ	セ	ホ			
F	SI	↓	/	?	O	_	o				ッ	ソ	マ			

◎ **그림 3.20** NEC PC–8001의 문자 코드

사진 제공 : NEC

또 하나는 의사 그래픽입니다. 1문자당 가로 2픽셀, 세로 2~4픽셀의 거친 비트맵 표현을 실현합니다. 문자 코드를 문자에 할당하지 않고, 비트 표현에 할당했던 것입니다(● 그림 3.21).

이 경우, 거칠기는 하지만 픽셀 단위로 제어가 가능하게 되었습니다. 텍스트 VRAM과 그래픽 VRAM이 양쪽 모두 준비되어 합성 출력이 가능하게 된 경우도 있습니다. 예를 들면, 1980년대 초기에 인기가 있었던 후지쓰 FM-7은 그래픽 VRAM만을 장착했지만, NEC PC-8801은 양쪽 모두를 장착하여 합성 표시가 가능했습니다. 어느 정도 고성능의 신형 CPU를 장착해도, 텍스트 VRAM 쪽이 고속 표시가 가능했기 때문입니다. 그러나 그것으로는 표현력이 부족하기 때문에 그래픽 VRAM도 준비된 것입니다.

● **그림 3.21** 의사 그래픽으로 표시한 예(NEC PC-8001의 예)

흥미로운 것은 양자의 절충형도 존재했다는 것입니다. 샤프 MZ-80K 시리즈는 모든 2×2 도트의 변형을 처음부터 문자로 가지고 있었습니다. 그림 3.22의 아랫부분을 보면, 모든 변형이 망라되어 있는 것을 알 수 있습니다.

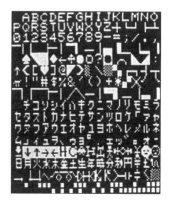

● 그림 3.22 샤프 MZ-80K 시리즈의 문자

사진 제공 : Shooting Stars Square(http://www.akmoz.jp/you/konjaku/mz80/whatsmz.htm)

더욱 혁신적인 것은 Commodore의 PET 2001 등의 시리즈에서 사용된
PETSCII입니다(● 그림 3.23).

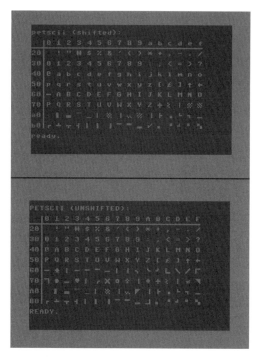

● 그림 3.23 PETSCII의 문자 목록

출처 : https://upload.wikimedia.org/wikipedia/commons/c/c4/C64_Petscii_Charts.png

PETSCII는 2×2 도트의 변형을 모두 가지고 있지 않습니다. 따라서 모든 도트를 자유롭게 온/오프하는 것은 불가능합니다. 그러나 반전 표시가 가능(◐ 그림 3.24)하기 때문에 이것을 사용하는 것은 모든 변형을 갖추는 것입니다. 반전 표시는 검은색 배경의 A와 같은 문자를 흰색 배경에 표시하는 데 사용합니다. 그러나 **위의 두 개 픽셀이 흰색 패턴을 반전시키면 아래 두 개 픽셀이 흰색 패턴이 됩니다.**

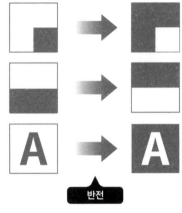

반전

◐ **그림 3.24** 반전 표시

이 아이디어를 사용하면 문자 생성기 ROM의 용량을 줄일 수 있습니다. 일본에서는 그다지 팔리지 않았지만, 해외에서 크게 히트한 Commodore 64 등에서 사용되었던 아이디어입니다.

이 시대(1970년대 후기~1980년대 초기)의 개인용 컴퓨터는 아이디어의 보고라고 해도 좋을 것입니다. 성능에 제한이 있기 때문에 빈약한 자원을 2배로도, 3배로도 사용하는 아이디어를 각종 제품에서 서로 경쟁했던 시대입니다.

사운드 생성기

3·24

나의 사운드를 들어봐.

자네의 사운드가 아닌 자네 PC의 사운드 생성기가 내는 사운드군.

개인용 컴퓨터로 소리를 발생시키는 기능은 의외로 오래전부터 관계를 가지고 있습니다. 자칫 잘못하면, 텔레비전 화면에 문자를 표시하는 기능보다 거슬러 올라갈 가능성조차 있습니다.

왜 그럴까요?

실은, 통신 규격의 ASCII 코드는 알파벳이나 숫자 등의 보통 문자 외에 제어 코드를 포함하고 있었기 때문에 줄바꿈 등을 지정할 수 있습니다. 이 제어 코드 중 **BEL**(수치로는 7)이라는 코드를 포함하고 있습니다. **BEL**은 Bell의 약어로, 칩으로 소리를 내는 도구입니다.

초기에 히트친 개인용 컴퓨터인 Altair 8800은 그 자체에 키보드도, 화면도, 프린터도 포함하고 있지 않았습니다. 텔레타이프라고 부르던 통신용 장치에 접속하는 것이 전제였기 때문입니다. 텔레타이프는 키보드, 프린터, 종이 테이프 입력 장치/출력 장치가 일체인 장치로, 본래는 원격지로 문자를 보내기 위한 통신 기기입니다. 그것을 원격지에 접속하는 대신 Altair 8800에 접속한 것입니다. 물론, 통신 기기이기 때문에 **BEL** 코드를 이해합니다. Altair 8800으로부터 7번 코드를 송출하면, 텔레타이프가 '띵' 소리를 냈습니다.

그러나 어디까지나 주의를 환기하는 경고음을 내는 기능밖에 없습니다. 음정도 바꿀 수 없고, 다중 화음도 무리입니다.

게임 등에서 소리를 풍부하게 하라는 요구는 피할 수 없었지만. 1970년대 후반에는 아직 전자 악기도 아날로그 신디사이저이고, 디지털 기기로서 접속할 수 있는 것은 없었습니다. MIDI 규격도 존재하지 않았습니다. 따라서 처음에는 다음과 같은 방법이 사용되었습니다.

Ⓐ 소프트웨어로 타이밍을 잡아 파형을 생성한다.
Ⓑ 전용 회로를 설계한다.
Ⓒ 타이머-LSI를 사용한다.

그러나 Ⓐ는 CPU가 소리 발생에 구속되고, DMA나 인터럽트가 일어나면 타이밍이 어긋나 버립니다. 게임 전용은 아닙니다. 초기의 원 보드 마이크로컴퓨터 등에 스피커를 접속하는 사용 방식이 소개되어 있는 경우도 있었지만, 이와 같이 처리되는 일이 자주 발생했습니다.

Ⓑ는 부품 수가 증가합니다. 저렴한 가격인 게임용 PC라면 회로를 간단하게 끝내고 싶기 때문에 이용 사례는 별로 없습니다.

Ⓒ는 일정 시간을 카운트하는 타이머-LSI를 가청 주파수로 연속 카운트하는 것으로 소리를 발생시키는 아이디어입니다. 프로그래머블 LSI라면 음정도 변화시킬 수 있습니다. 8080에서는 Intel 8253(Programmable Interval Timer)이라는 LSI가 패밀리로 존재하여 접속하기 쉽습니다. 예를 들어 샤프 MZ-80K 등에서 채용된 방식입니다.

그러나 게임보다 통신 규격의 엄수를 우선한 NEC PC-8001과 같은 기종은 단음을 발생시키는 스피커만 가지고 있습니다. 이 기종의 장점은 대형 컴퓨터의 저가 단말기로서 사용 가능한 것이었습니다. 그 결과, 통신 규격이 요구하는 이상의 사운드 기능은 가지지 않았습니다.

이 PC-8001의 동생뻘인 1981년의 PC-6001(해피컴)은 3중 화음의 음악 기능을 가지고 있었습니다. PC-6001의 목적은 저렴한 가격의 가정용 개인용 컴퓨터가 되는 것입니다. 이 때문에 게임 등의 용도로 풍부한 소리를 내는 것은 필수였습니다.

형님뻘인 PC-8001은 단음만 내었기 때문에 동생뻘인 PC-6001에는 3중 화음의 사운드 기능이 추가되는 묘한 상황이 발생했습니다.

PC-8001(1979년)의 가격은 1,680,000원이고, PC-6001(1981년)의 가격은 898,000원이었습니다. 왜 이만큼 더 저렴한 가격의 개인용 컴퓨터에 훨씬 풍부한 사운드 기능을 끼워 넣게 되었을까요? 그 비밀은 General Instrument의 AY-3-8910, 이른바 PSG(Programmable Sound Generator)라고 하는 LSI에 있습니다.

이 칩은 3중 화음의 구형파(矩形波)⁷⁾ 발생 회로에 더해, 한 가지 계통의 노이즈 발생 회로도 가지고 있었습니다. 게다가 조이스틱 접속에 사용할 수 있는 8비트 범용 입출력 병렬 포트를 두 개 갖추고 있었습니다. 이 LSI나 다른 몇 가지의 우수한 LSI를 사용하는 것으로 개인용 컴퓨터를 저렴하고 콤팩트하게 완성하는 것이 가능했습니다.

이와 같은 범용 사운드 LSI는 보통 CPU의 I/O 포트로서 액세스되고, 지정된 높은 음을 발생시킵니다. 소프트웨어는 내야 하는 소리가 바뀔 때 I/O 포트에 액세스하여 새로운 음을 지정해야만 합니다. 음악을 재생한다면 타이머 인터럽트에 의해 정기적으로 사운드 포트의 설정 값을 변경해야 합니다.

이는 사운드 LSI의 기능은 타이머 인터럽트의 지원 없이는 충분히 활용할 수 없다는 것을 의미합니다. 초기의 혼란기에는 타이머 인터럽트의 기능을 뺀 개인용 컴퓨터도 존재했습니다.

NEC PC-8001에는 타이머 인터럽트의 기능도 없었습니다(인터럽트 기능은 확장 박스가 필요했습니다). 그러나 고도의 사운드 기능이 없어도 치명적인 것은 아니었습니다. 이에 비해 샤프의 컴퓨터 텔레비전 X1은 사운드 기능을 갖고 있었음에도 타이머 인터럽트가 없었습니다. 후속 기종인 X1 Turbo에서 타이머 인터럽트는 준비되었지만, 그 이전에는 음악을 재생하는 동안 다른 처리가 멈추어 버리는 경우가 있었습니다. 정말 과도기의 상황입니다.

주7) 역자주 : 방형파라고도 부르는 사각형의 파형입니다.

그 후, 사운드 생성기는 구형파로부터 FM 음원, PCM 음원으로 진화했습니다. 이것과는 다른 계통으로, MIDI의 인터페이스를 갖추게 되었습니다.

FM 음원이라는 것은 사인파를 합성하는 것으로, 생성기와 유사한 음을 내는 기술입니다(◐ 그림 3.25).

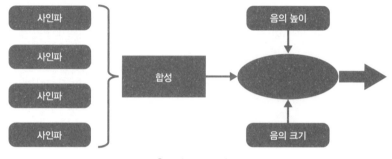

◐ 그림 3.25 FM 음원

I/O 포트를 통하여 사인파, 합성 방법, 음의 높이, 음의 크기를 설정할 수 있습니다. 사인파, 합성 방법의 설정을 변경하면, 기타 소리를 자유롭게 만들어 낼 수 있습니다. 일단 이 방법으로 소리의 유형을 확정하면, 뒤에는 소리의 높이나 크기를 제어하여 곡을 연주하는 것입니다.

FM 음원은 합성으로 소리를 만들어내므로 의도한 소리를 만드는 것은 어려운 일이지만, 실제 존재하지 않는 악기의 소리도 쉽게 만들 수 있습니다. 저자는 미리 설정된 매개변수를 커스터마이즈하여 실제 존재하는 악기와는 미묘하게 다른 소리를 만들어 사용한 적이 있습니다.

FM 음원과 동시에 보급된 것이 MIDI라는 규격입니다. 이것은 음악 기기를 접속하는 인터페이스 규격이지만, 하드웨어적으로는 직렬 통신 그 자체입니다. 통신 속도는 31.25Kbps입니다. 야마하의 DX7(1983년) 등이 MIDI 장비의 FM 음원 키보드로서 인기가 있었습니다. MIDI 규격을 통해 개인용 컴퓨터에서 DX7과 통신할 수 있었던 것입니다.

개인용 컴퓨터에 장착되어 있는 MIDI의 인터페이스는 하드웨어적으로는 어떤 소리와도 관계없이, MIDI 규격이 요구하는 커넥터와 통신 속도를 만족하는 직렬 통신 인터페이스 그 자체였습니다. 소리와 관련된 것은 MIDI 인터페이스 경유로 접속되는 기기 쪽입니다.

개인용 컴퓨터를 이용하여 음악을 재생시키는 경우에는 MIDI 기기 쪽에 건반이 불필요합니다. 따라서 순수하게 MIDI 신호를 받아 소리를 내는 것에 특화된 음원 제품도 있었습니다. 이 유형에는 롤랜드 SC-55mkII(1993년)가 유명합니다. 게임 소프트웨어 등에 음악 재생용으로서 SC-55mkII를 지원하는 제품이 등장한 적도 있고, 개인용 컴퓨터 통신을 경유하여 MIDI 음악 데이터 교환도 성황리에 행해졌으며, 비교적 고가인 악기이면서도 어느 정도 보급되었습니다.

FM 음원의 유행은 PCM 음원의 출현으로 시들해졌습니다. PCM 음원은 소리의 파형을 그대로 녹음하여 음정을 바꾸면서 재현하는 음원입니다. 실제 악기의 음을 재현한다는 의미에서 FM 음원 이상이고, 정말로 최강이라고 할 수 있습니다. 실제로 존재하지 않는 악기 소리는 간단하게 다룰 수 없지만, 계산으로 파형을 생성하여 그것을 음원으로 이용하는 방법은 가능했습니다.

PCM 음원의 아이디어 자체는 예전부터 있었지만, 매우 많은 용량을 소비하기 때문에 자원이 빈약한 개인용 컴퓨터에서는 유리하지 않습니다. 그러나 메모리 용량의 확대보다 소리를 내기 위한 만큼의 상당한 메모리를 할애할 수 있도록 하여 급속히 보급되었습니다.

이것과는 별도로 한때 유행했던 것이 CD-DA입니다. 이것은 CD-ROM의 일부에 음악 CD와 동일한 트랙을 준비해두고, 이것을 재생하는 것입니다. 그러나 이것은 CD 플레이어를 개인용 컴퓨터에서 제어하는 것과 완전히 동일하고, 사운드 생성기가 관여하는 문제는 아니었습니다. 기껏해야 각종 음원으로부터 파형 데이터를 합성하는 믹서 기능으로 관여하는 정도입니다.

개인용 컴퓨터의 사운드 생성기가 최종적으로 도달한 곳은 CPU가 준비한 임의의 파형을 재생하는 기능입니다. 고속화된 CPU가 재생할 것을 모두 준비합니다. MP3의 음악 데이터이든, 소프트웨어 신디사이저가 연주하는 합성음이든, 이제는 사운드 생성기가 관여하는 문제는 사라졌습니다.

수초 간의 음성 데이터를 유지할 수 있는 재생 버퍼의 메모리가 있기 때문에 때때로 CPU가 재생 버퍼를 채우면 중도에서 끊어지지 않고 재생됩니다(⊙ 그림 3.26).

이러한 재생 버퍼가 있으면, 엄밀한 실시간 특성이 요구되지 않습니다. 초기의 사운드 기능을 구현하는 데는 정확한 타이밍을 잡는 것이 구조적으로 어렵기 때문에 음악 재생에 문제가 있었던 시스템은 과거의 이야기가 되었습니다.

또한 FM 음원의 시대는 동일한 동작 원리의 장치를 작곡가도, 듣는 사람도 사용했고, MIDI도 음악 작성 측과 음악 재생 측에서 공통의 기술을 사용했지만, 지금은 더 이상 이러한 일이 없습니다. 예를 들어 "음악가가 음악을 작성할 때 MIDI 음원의 SC-55mkII를 사용하기 때문에 듣는 사람도 SC-55mkII를 구입하여…."라고 했던 사태가 일어날 필연성은 이제 없습니다. 완성품의 악곡 전체 음의 파형을 통째로 데이터로 주고받기 때문입니다.

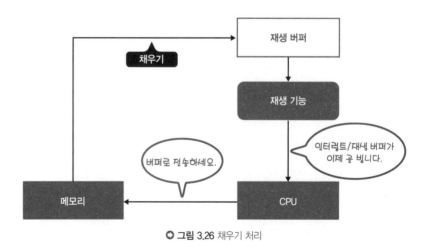

⊙ 그림 3.26 채우기 처리

주소 디코더

3·25

> 초등학교 시절, 그 여자아이가 불었던 리코더….

> 네. 리코더를 디코더로 바꿔 즉시 일을 선택해주세요.

다양한 I/O 장치는 대개 한 개부터 여러 개의 I/O 장치를 가지고 있습니다. 어떤 주소를 점유하는지는 결정되어 있지 않습니다. 그것은 시스템 설계자가 자유롭게 결정할 수 있습니다.

예를 들어 IBM PC 호환 기종에는 두 개의 인터럽트 제어기 Intel 8259가 사용되고 있지만, 각각의 I/O 주소는 **20H**과 **0A0H**로 서로 다릅니다.

- Interrupt controller #1 (020-021H)
- Interrupt controller #2 (0A0-0A1H)

여기에서 나온 **20H**와 **0A0H**는 IBM의 설계자가 결정한 수치로, 인터럽트 제어기 8259라는 LSI를 개발한 Intel의 기술자는 특별히 관여하지 않은 것입니다.

I/O 주소는 간접 지정되는 경우가 있습니다. 예를 들어 CRT 제어기로 소개한 히타치의 HD46505(**◐ 281페이지**)는 다수의 레지스터를 내부에 가지고 있지만, CPU로부터 액세스할 수 있는 I/O 주소는 두 개밖에 없습니다. 먼저 이제부터 다루는 레지스터 번호를 지정하고 난 후, 레지스터의 읽기/쓰기를 수행하기 때문입니다. 그러나 이와 같은 이야기는 하드웨어 설계와는 그다지 관계가 없기 때문에 여기서는 제외하고 이야기를 진행하겠습니다.

하드웨어 설계자는 어떻게 하면 I/O 주소가 **020H**일 때 두 번째 인터럽트 제어기를 액세스하지 않고, 첫 번째 인터럽트 제어기를 액세스하도록 지정할 수 있을까요?

이 문제는 실은 메모리도 동일합니다.

메모리 칩이 2세트일 때, 주소의 전반부일 때는 첫 번째 세트, 주소의 후반부일 때는 두 번째 세트에 확실하게 액세스하려면 어떻게 하는 것이 좋을까요?

이 문제를 해결하기 위해서는 다음 두 가지 기술을 사용해야 합니다.

- 칩 선택(칩 인에이블)
- 주소 디코더

주소 디코더는 입력이 있는 비트 패턴의 경우에만 출력이 활성화되는 전자 부품입니다. 만약, I/O 주소가 20H~21H일 때만 활성화하고 싶다면, 주소 버스가 0010 0000 또는 0010 0001일 때만 활성화되도록 하는 주소 디코더를 사용하면 됩니다. 마지막 자리는 0도, 1도 될 수 있기 때문에 필요한 것은 상위 7비트뿐입니다.

따라서 주소 버스의 상위 7비트만을 디코드합니다. 이 값이 0010 000(일곱 자리)일 때 활성화되면 충분합니다. 실제로 주소 디코더라는 부품은 대부분 모든 조합에 대하여 활성화된 상태를 제공합니다. 결국, 복수의 부품이 유효한지의 여부를 하나의 부품으로 판정할 수 있습니다.

그런데 주소 디코더의 출력이 활성화된 것만으로는 아직 부족합니다. 그것보다는 지정된 I/O 장치만을 유효하게 해야 하기 때문입니다. 이 때문에 개개의 장치에는 칩 선택(**CS**) 또는 칩 인에이블(**CE**)이라는 신호신이 존재합니다. 실제로는 8259에도 존재합니다. 8259의 1번 핀은 칩 선택입니다.

개개의 장치는 칩 선택의 신호가 활성화될 때에만 입출력을 행하고, 그렇지 않을 때에는 아무것도 송수신하지 않습니다. 공유된 출력 가능한 핀은 하이 임피던스 상태가 될 뿐입니다.

주소 디코더의 출력을 접속하면, I/O 주소가 **20H~21H**일 때만 첫 번째 인터럽트 제어기에 액세스할 수 있는 것입니다. 주소 디코더의 다른 출력 핀을 접속하면, 다른 I/O 주소로 액세스할 수 있습니다. 메모리도 마찬가지입니다.

예를 들어 NEC PC-8001은 RAM은 최대 2세트, ROM은 최대 네 개 탑재할 수 있습니다. 그러한 메모리를 어떻게 식별하는지는 주소 디코더에 의해 결정됩니다. RAM에 액세스할 때는 ROM의 칩 선택이 활성화되지 않습니다.

NEC PC-8001에는 외부로부터의 신호선으로 ROM을 금지하는 신호가 존재합니다. 이는 외부의 확장 박스가 제공되는 RAM으로 ROM을 치환하기 위한 것입니다. 그러나 이 신호에 의해 ROM이 전기적으로 분리될 수는 없습니다. 다만 단순히 ROM의 칩 선택이 활성화되지 않게 될 뿐입니다. 칩 선택이 활성화되지 않으면 존재하지 않는 것과 마찬가지로 취급해도 관계없습니다. 비록 동일한 주소의 메모리가 그 외에 존재해도 아무런 문제를 일으키지 않습니다.

간이 디코더와 고스트 이미지

3.26

> 대강대강은 용서하지 않아. 늘어져 있고….

> 무해한 생략은 원가 절감의 수단이야.

다음과 같은 장치를 설계한다고 가정합시다.

8비트 I/O 주소 공간을 갖는 CPU에 2주소를 점유하는 장치 A와 4주소를 점유하는 장치 B를 접속하고 싶다.

주소 버스를 완전히 판정하는 것을 **풀 디코드**라고 합니다. 풀 디코드하는 경우에는 장치 A는 7비트의 주소를 디코드해야 합니다. 남은 1비트는 장치 A의 내부 선택에 사용됩니다. 장치 B는 6비트 주소를 디코드해야 합니다. 남은 2비트는 장치 B의 내부 선택에 사용됩니다. 간단하게 생각하면 동일 부품은 사용할 수 없습니다.

그러나 이것은 비효율적입니다. 6비트밖에 디코드하지 않더라도, 장치 A와 B는 완전히 구별할 수 있습니다. 예를 들어 000000??가 장치 A, 000001??가 장치 B라고 가정합시다. 이때, 다음과 같은 I/O 주소에 할당됩니다.

```
00000000      장치 A의 첫 번째 레지스터
00000001      장치 A의 두 번째 레지스터
00000010      장치 A의 첫 번째 레지스터
00000011      장치 A의 두 번째 레지스터
00000100      장치 B의 첫 번째 레지스터
00000101      장치 B의 두 번째 레지스터
00000110      장치 B의 세 번째 레지스터
00000111      장치 B의 네 번째 레지스터
```

여기에서 장치 A의 첫 번째 레지스터와 장치 A의 두 번째 레지스터가 두 번 나타난 것에 주의하기 바랍니다. **동일한 것이 다른 주소로 보이는 것을 고스트 이미지라고 합니다. 고스트 이미지가 나오는 것을 허용하여 생략 디코드를 수행해도 상관없습니다.** 액세스하지 않는 포트에 무엇이 있더라도 프로그램 동작과는 아무런 관계가 없기 때문입니다. 그것보다도 부품의 절약이 중요합니다.

그런데 2장치를 식별하는 것이면, 왜 6비트나 디코드할 필요가 있을까요? 원래 위 리스트의 상위 5비트는 모두 **0**입니다. 구별하는 의미가 없습니다. 그렇다면 상위 5비트의 디코드를 그만두고 1비트만으로 장치를 식별하면 어떨까요?

```
?????0?0      장치 A의 첫 번째 레지스터
?????0?1      장치 A의 두 번째 레지스터
?????100      장치 B의 첫 번째 레지스터
?????101      장치 B의 두 번째 레지스터
?????110      장치 B의 세 번째 레지스터
?????111      장치 B의 네 번째 레지스터
```

이것만으로도 동작하는 데 문제는 없습니다. 대표 주소는 다음과 같이 결정하고, 다른 I/O 주소를 모두 액세스하지 않으면 아무런 모순도 생기지 않기 때문입니다.

```
00000000      장치 A의 첫 번째 레지스터
00000001      장치 A의 두 번째 레지스터
00000100      장치 B의 첫 번째 레지스터
00000101      장치 B의 두 번째 레지스터
00000110      장치 B의 세 번째 레지스터
00000111      장치 B의 네 번째 레지스터
```

물론 **11111111**을 액세스하면 장치 B의 네 번째 레지스터를 액세스할 수 있지만, 버그가 아니라면 이곳을 액세스할 이유가 없습니다.

주소 디코더의 비트 수를 줄였습니다. 비트 수가 줄어들면 회로가 콤팩트하고 비용이 줄어듭니다.

그러나 아직 불충분합니다. 이 정도라면 주소 디코더 그 자체를 제거할 수 있습니다. 설마라고 생각할지 모르지만, 가능합니다.
바로 주소 버스를 직접 칩 선택에 접속하는 것입니다.

주소 버스의 2를 장치 A의 칩 선택에 접속하고, 주소 버스의 3을 장치 B의 칩 선택에 접속합시다. 무엇이 일어날까요?

```
?????1?0      장치 A의 첫 번째 레지스터
?????1?1      장치 A의 두 번째 레지스터
????1?00      장치 B의 첫 번째 레지스터
????1?01      장치 B의 두 번째 레지스터
????1?10      장치 B의 세 번째 레지스터
????1?11      장치 B의 네 번째 레지스터
```

주소 00001100으로부터 데이터를 읽어내려면, 장치 A의 첫 번째 레지스터와 장치 B의 첫 번째 레지스터의 양쪽이 동시에 데이터를 버스로 송출하려고 하여 버스 위에서 경합이 발생합니다. 오동작을 하거나 최악의 경우 부품이 망가집니다. 그러나 대표 주소를 다음과 같이 결정하고, 다른 주소로부터는 액세스하지 않은 것으로 결정하면 모순이 생기지 않습니다.

```
00000100      장치 A의 첫 번째 레지스터
00000101      장치 A의 두 번째 레지스터
00001000      장치 B의 첫 번째 레지스터
00001001      장치 B의 두 번째 레지스터
00001010      장치 B의 세 번째 레지스터
00001011      장치 B의 네 번째 레지스터
```

이렇게 하면 주소 버스라는 부품 그 자체를 제거할 수 있습니다. 또한 칩 선택은 음의 논리 입력이 많기 때문에 주소 버스가 **0**일 때 선택된다고 생각하면 다음과 같아도 관계없습니다.

```
?????0?0      장치 A의 첫 번째 레지스터
?????0?1      장치 A의 두 번째 레지스터
????0?00      장치 B의 첫 번째 레지스터
????0?01      장치 B의 두 번째 레지스터
????0?10      장치 B의 세 번째 레지스터
????0?11      장치 B의 네 번째 레지스터
```

이 경우에는 다음이 대표 주소라고 생각하여 액세스합니다.

```
11111010      장치 A의 첫 번째 레지스터
11111011      장치 A의 두 번째 레지스터
11110100      장치 B의 첫 번째 레지스터
11110101      장치 B의 두 번째 레지스터
11110110      장치 B의 세 번째 레지스터
11110111      장치 B의 네 번째 레지스터
```

이렇게 논리를 반전하여 인버터도 회로로부터 제거할 수 있습니다.

물론, I/O 주소 **00000000**에 액세스하면 장치 A의 첫 번째 레지스터와 장치 B의 첫 번째 레지스터가 동시에 활성화될 위험성이 있습니다. 그러나 판에 박은 듯한 프로그램밖에 실행할 수 없는 전용 기기라면, 이러한 설계가 있어도 좋습니다. 플러그 앤 플레이가 보급되기 전에는 I/O 장치를 스스로 설정하는 확장 카드가 많았기 때문에 설정을 잘못하면 주소가 충돌하는 사고가 일어나지만, 이것은 주소 디코드의 생략과는 직접적인 관계가 없습니다.

클럭 생성기

3·27

나의 클럭 취미는 문화야. 이 엔티크한 손목시계를 봐.

클럭이 아니라 워치라고 새겨져 있습니다만.

CPU 주위를 지키는 다양한 장치 중에서 **클럭 생성기**는 약간 특수한 위치를 차지하고 있습니다.

시스템 전체 동작의 기준이 되는 신호를 만들어내는 기능을 갖고 있지만, 대개 CPU마다 요구되는 신호가 다르기 때문에 특정 CPU 전용이 됩니다. CPU에 내장되어 있는 경우도 많습니다.

8080의 경우는 Intel 8224라는 전용 칩이 있고, 수정 발진자, 저항, 콘덴서 등을 접속하는 것만으로도 8080이 요구하는 클럭을 생성합니다. 후속 CPU인 Intel 8085가 되면 CPU에 내장되어 CPU에 수정 발진자를 접속하는 것만으로 완성됩니다.

CPU가 어떤 속도로 실행되는지는 수정 발진자 고유의 주파수로 결정됩니다.

덧붙이자면, 수정 발진자라는 것은 특정 주파수를 만들어내기 위해 사용되는 부품입니다. 그러나 하나의 수정 발진자는 하나의 주파수밖에 대응할 수 없어 복수의 주파수에 대응하는 경우는 이것만으로도 부품이 증가합니다. 1970년대의 미국 트럭 운전수 등이 차고 있었던 CB(*Citizens Band Radio*) 무선 기기는 일본에서도 제조되어 부품을 아키하바라 등에서 구입할 수 있었지만, 많은 개수의 수정을 사용했던 것으로 기억하고 있습니다. 그러나 고가인 수정을 다수 사용하는 기기는 비용 측면에서 효율적이지 않기 때문에 임의의 주파수를 합성할 수 있는 PLL 신디사이저가 등장하면서 사라졌습니다. 개인용 컴퓨터의 경우에는 주파수를 전환할 필요가 없기 때문에 수정 발진자를 사용해도 이 정도 문제는 아니었습니다. 그러나 요즘의 개인용 컴퓨터에서 CPU의 클럭 주파수 설정으로 전환되는 것은 PLL 신디사이저 덕분입니다.

미국 사양의 CB 무선을 일본에서 사용하는 것은 전파법 위반(위법 CB)이지만, 많은 사람이 이용하고 있습니다. 트럭이 빈번하게 지나가는 큰 거리 가까이에서 라디오 스위치를 켜면, 자주 위법 CB의 통신이 섞여 들어옵니다. 주파수는 다르지만, 전파가 숨어들어온 적도 있었습니다. 그러나 나쁜 것만은 아니었습니다. 아키하바라에 가면, CB 무선으로 사용하는 주파수의 수정 발진자를 저렴한 가격으로 구입했던 시대도 있습니다. 그러나 PLL 신디사이저가 주류가 되는 시대도 끝났습니다. 그 후에도 저렴한 가격으로 구입했던 수정 발진자는 텔레비전(NTSC 방식)에서 사용하는 3.579545MHz의 것이었습니다. 클럭이 이 주파수가 되었던 개인용 컴퓨터는 MSX 등 의외로 많습니다.

버스 버퍼
3.28

전압 저하! 버스의 말단까지 신호가 도달하지 않습니다!

도와줄 사람에게 부탁해.

가장 중요하면서 단순한 주변 부품은 **버스 버퍼**입니다.

CPU나 주변 LSI는 대개 대규모 시스템을 구동하는 전기적인 힘을 가지고 있지 않고, 정전기 등으로 쉽게 고장나는 성질을 가진 것도 많습니다. 따라서 **단순히 구동력을 보다 증강하고, 외부와 내부를 전기적으로 분리하여 망가지기 쉬운 부품을 보호한다**라는 목적만 있고 어떤 논리적 기능을 가지지 않는 부품을 표준 외부 부품과 장치 사이에 삽입합니다. 이것이 버스 버퍼입니다(◐ 그림 3.27).

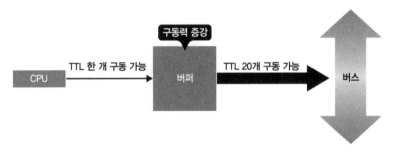

◐ **그림 3.27** 버스 버퍼의 역할

그러나 버스 버퍼는 단순하지 않습니다.

왜냐하면, 장치가 하이 임피던스 상태가 될 때 버스 버퍼의 출력도 이와 같은 상태가 되어야 하기 때문입니다. 쌍방향성 버스라면 입력, 출력, 하이 임피던스 상태를 장치와 연동하여 전환해야 합니다. 그럼에도 자동으로 전환할 수는 없습니다. CPU로부터의 신호선을 보고, CPU가 읽는 중인지 쓰는 중인지, 아니면 사용하지 않는지를 판단하여 구별하는 회로를 추가해야 합니다(◐ 그림 3.28).

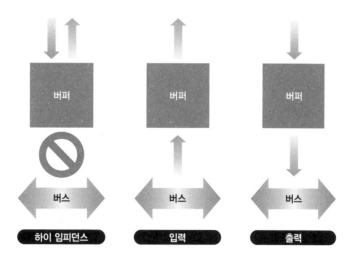

● 그림 3.28 쌍방향성 버스 버퍼의 세 가지 모델

결국, 논리적으로 아무것도 하지 않는 비교적 번거롭고 어려운 회로가 됩니다.

처음에는 범용 부품을 조합하여 구성하였지만, TTL(Transistor-Transistor-Logic)의 하나로서 74LS244, 74LS245라는 IC가 등장하여 폭넓게 사용되게 되었습니다. 이러한 IC는 8비트를 단위로 하여 하이 임피던스 상태를 지원한 버스 버퍼에 최적인 IC였습니다. 74LS244가 단방향성, 74LS245가 쌍방향성이라는 차이가 있지만, 특히 쌍방향성인 74LS245의 장점은 컸습니다. 회로가 단순해졌습니다.

정말로 꿈의 칩이었습니다.

1990년대에는 대부분의 기능이 하나의 칩에 집적되어 매우 간단하게 정리되어 있었습니다. 그러나 이 칩과 커넥터 사이에는 기판에 74LS245(또는 후속 칩)가 장착되어 있었기 때문에 이 하나의 칩이 어려운 역할을 담당하는 것이라고 이해한 적이 있습니다.

키보드 인터페이스

3·29

> 키보드 따위는 케케묵었지. 요즘 시대는 터치야.

> 가상 키보드를 터치하면서 그런 이야기를 하면 설득력이 없어.

초기에는 키보드 인터페이스가 존재하지 않았습니다. 직렬 인터페이스로 텔레타이프와 접속했기 때문입니다.

개인 소유의 키보드를 준비하기 시작했던 초기의 키보드 인터페이스는 병렬 포트가 대부분이었습니다. 키를 가로세로로 나열하고 그것을 스캔하는 것입니다. 눌러진 키가 있으면 알 수 있는 구조입니다. 그러나 수십 개의 신호선을 키보드에 접속하면 케이블에 문제가 생깁니다.

키보드와 본체가 일체형이 되었던 NEC PC-8001(1979년)과 같은 기종에서는 문제가 되지 않지만, 분리된 스타일의 NEC PC-8801(1981년)이 되면 두꺼운 케이블이 노출되었습니다. 이것으로는 사용하기 어렵기 때문에 **직렬 전송이 주류가** 되어갔습니다. 예를 들어 PC-8801의 상위 기종인 PC-9801(1982년)에서는 키보드가 직렬 접속되고, 신호선이 줄었습니다.

혹시 기회가 있으면, PC-8801(1981년)과 PC-9801(1982년)의 키보드 접속 케이블의 굵기를 비교해보면 좋을 것입니다. 전혀 별개의 물건입니다.

이와 마찬가지로, PS/2 커넥터 역시 직렬 전송입니다.

그러나 이후에는 키보드로 USB나 블루투스로 접속하는 것이 주류가 되어갔고, **키보드 전용 인터페이스는 쓰이지 않게 되었습니다.** 스마트폰이나 태블릿에서 각각 키보드 자체가 불필요하게 되었다고 생각했는데, 의외로 아직 USB나 블루투스 접속으로 스마트폰이나 태블릿에 키보드를 외장형으로 부착하여 사용하고 있는 이용자가 많았습니다.

마우스 인터페이스

3·30

나, 대단한 발견을 했어. USB 포트에 마우스를 두 개 끼워도 동작해.

그래도 화면상의 마우스 포인터는 하나밖에 없어.

Altair 8800은 1974년에 탄생했지만, 마우스가 개인용 컴퓨터용으로 보급되기 시작한 것은 1980년대였습니다. 이 때문에 **최초 개인용 컴퓨터에는 마우스 전용 인터페이스가 존재하지 않았습니다.**

마우스는 애플 사의 매킨토시용으로 발명되고, 마이크로소프트 사가 모방했다는 속설이 있지만 이것은 잘못된 사실입니다. 매킨토시는 1984년에, 마이크로소프트 마우스는 1983년에 발매됐습니다. 마우스는 원래 1961년에 더글러스 칼 엥겔바트(Douglas Carl Engelbart)가 고안한 것으로, 1980년대에 누군가가 고안했던 것이 아닙니다.

그런데 1983년에 발매되었던 마이크로소프트 마우스에는 **버스 마우스, 직렬 마우스의 두 가지 종류가 있었습니다.** 버스 마우스는 확장 슬롯에 삽입 전용의 **병렬 인터페이스를 경유하여 접속하는 유형**이고, 직렬 마우스는 **직렬 인터페이스/RS-232C 인터페이스를 경유하여 직렬 접속하는 유형**이었습니다.

그 후, 개인용 컴퓨터에서 마우스가 처음과 달라지고, 개인용 컴퓨터 자체가 마우스용 인터페이스를 내장하게 되었습니다. PS/2 포트는 직렬 전송하는 마우스 인터페이스입니다. 한편, NEC PC-9801 시리즈에 추가된 마우스 포트는 버스 마우스 기능을 본체에 내장한 병렬 전송 방식입니다.

그러나 키보드와 마찬가지로 USB나 블루투스 접속이 주류가 되었고, **마우스 전용 포트도 준비되지 않는 방향**으로 변화하고 있습니다.

전원

3·31

> 대장님, 위기입니다. 스위치를 켜도 전원이 들어오지 않습니다!

> 콘센트, 콘센트!

전원은 시스템이 필요로 하는 전력을 공급할 수 있으면 충분합니다.

핵심은 두 가지입니다. 우선 '요구되는 전압을 안정적으로 공급할 수 있는가?'라는 문제입니다. 또 하나는 '필요한 전력을 확보할 수 있는가?'라는 문제입니다. 필요한 전압의 종류는 늘기도 하고 줄기도 합니다.

8080은 +12V, +5V, −12V 세 종류의 전원이 필요하지만, 다른 전압은 DC−DC 인버터로 생성하는 것이 가능하기 때문에 전원에 요구되는 전압도 세 종류라는 제한은 없습니다.

이것은 다루기가 번거롭기 때문에 후속 CPU인 8085나 Z80에서 5V 단일 전원화가 진행되었습니다. 주변에서 사용하는 TTL 등의 IC도 5V 단일 전원이 많았기 때문에 전원은 단순해졌습니다. 그러나 다양한 부품이나 규격을 사용하는 관계상, 최근 들어 전원의 변형이 증가하고 있습니다. 현재의 ATX 전원에 요구되는 전압을 열거하면 다음과 같습니다.

- +5VDC, ±5%
- −5VDC, ±10%(공급하려면, 과거에는 ISA 버스 등이 필요했습니다)
- +12VDC, ±5%
- −12VDC, ±10%
- +3.3VDC, ±5%

출처 : Wikipedia 'ATX 전원'(https://ja.wikipedia.org/wiki/ATX電源)

일반적으로 시스템은 확장 슬롯에 확장 카드를 모두 장착해도 동작할 수 있도록 여유 있는 전원을 준비합니다. 확장 슬롯을 많이 준비하는 시스템만큼 전원도 커지기 마련입니다.

그 결과, 확장 슬롯을 가지고 있지 않은 태블릿과 비교하여 데스크톱 개인용 컴퓨터는 크고, 스마트함이 결여된 것처럼 보입니다.

칼럼

전원에 필요한 특성

전원에서 중요한 것은 필요한 전력을 안정되게 공급하는 것입니다.

이 때문에 동일한 전압의 전력을 공급하는 전선이 여러 개 있는 것도 흔한 일입니다.

예를 들어 24핀 ATX 전원의 경우에는 +3.3볼트가 네 개, +5볼트가 다섯 개, +12 볼트가 두 개 존재합니다.

디지털 세계라면, 네 개든 한 개든 결과는 동일한 값으로 간주하여 한 개로 끝나지만, 전원은 궁극적으로 아날로그 회로입니다. 디지털 세계의 상식으로는 움직이지 않습니다.

마더보드

3·32

전원 집합! 번호!

S-100!

지금까지 살펴본 구성 요소를 모으면 시스템을 구성할 수 있지만, 전체를 조립하는 방법론에는 크게 세 가지가 있습니다.

- 확장 슬롯을 두지 않음(범용성이 낮음)
- 확장 슬롯에 CPU를 삽입함
- CPU는 마더보드 위에 있고, 확장 슬롯에는 삽입하지 않음

엄밀하게 말하면 이것들을 절충한 유형도 있습니다.

- CPU는 마더보드 위에 있지만 확장 슬롯에 CPU를 삽입하는 것도 가능

메모리를 다루는 것에도 차이가 있습니다.

- 마더보드 위에 메모리를 장착함
- 확장 슬롯에(다른 확장 카드와 마찬가지로) 메모리를 삽입함

최초로 히트를 쳤던 개인용 컴퓨터 Altair 8800의 경우에는 마더보드에는 확장 슬롯의 커넥터만 장착하였습니다. CPU도 확장 슬롯에 삽입하는 것입니다. 또한 메모리 전용 SIMM/DIMM 소켓과 같은 것도 존재하지 않았습니다. 메모리도 동일한 확장 슬롯에 삽입하였습니다. 이러한 구성이 가능해진 이유는 확장 슬롯의 속도가 충분하여 CPU의 동작을 느리게 하지 않았기 때문입니다.

그 후, CPU가 고속화됨에 따라 범용 확장 버스의 속도가 충분하지 않게 되어 CPU나 메모리를 범용 확장 슬롯에 삽입하는 스타일은 줄어들었습니다. 그러나 이것은 설계와 수요의 문제로, 범용 확장 버스의 속도가 충분히 빠르고, 충

분히 빠른 버스를 설계할 수 있을 때에는 고려할 만한 가치가 있는 스타일입니다.

그런데 CPU는 마더보드 위에 있지만, 확장 슬롯에 CPU를 삽입할 수 있는 스타일도 흔합니다. 왜냐하면, 확장 슬롯으로부터 DMA를 가능하게 설계한 시스템은 원래 존재하는 CPU를 정지시키고 별도의 CPU를 동작시키기가 쉽기 때문입니다.

예를 들어 애플 사의 Apple II는 마더보드 위에 CPU와 메모리를 탑재하였지만, 확장 슬롯에 삽입하여 동작하는 CPU 제품도 많이 존재했습니다. 그러나 지금은 이러한 스타일의 확장이 거의 수행되지 않습니다.

CPU의 소켓이 규격화되었고, 보다 상위의 CPU가 사용되면, 동일한 소켓을 사용하는 상위 CPU로 바꿔 끼우는 것만으로 속도가 빨라지기 때문입니다.

1980년경에는 동일한 일이 가능하지 않았습니다. 8080과 후속 CPU인 Intel 8085나 Z80과는 핀이 호환성이 없어서 바꿔 끼우는 것만으로는 동작하지 않았습니다. 그러나 DMA가 가능한 시스템은 다른 CPU가 시스템을 동작하게 하는 것이 쉽습니다.

개인용 컴퓨터의 구성 요소는 모두 갖추어졌습니다.
그러나 이것만으로는 아직 부족합니다.
각종 디스크나 SSD 위에 실행하고 싶은 소프트웨어가
작성되어 있더라도 이것을 읽어내어 실행하는 기능이 아직 없기 때문입니다.

펌웨어 편

구동 스타일

4.1

> 전원을 켰는데도 왜 일을 하지 않지?

> 리셋 회로로 향하는 전원의 접속을 끊었기 때문이야.

펌웨어는 시스템이 리셋될 때 최초로 실행되는 소프트웨어입니다.
본래 어떠한 회로도 전원을 켠 순간에 어떠한 상태가 되는지 예측하기 어려운 것이 보통입니다. 결국 임의의 폭주 상태가 될 가능성이 있습니다. 그렇다면 도움이 되는 일을 할 수 없습니다.

폭주 상태를 벗어나 시스템이 동작을 수행할 준비를 해야 합니다.
대부분의 경우, 이를 위한 소프트웨어가 펌웨어에 포함되어 있습니다.
그러나 폭주 상태의 시스템이 상태가 양호한 펌웨어를 실행시켜줄 수는 없습니다. 시스템에 대하여 강제적으로 초기화를 실행시킨다는 지시를 보내야만 합니다.
이를 위해 사용되는 것이 '리셋 회로'입니다.
리셋 회로는 전원의 전압이 상승한 것을 감지하는 리셋 버튼이 눌려진 타이밍에 시스템의 리셋 신호를 활성화합니다.

그 결과, CPU도 리셋됩니다.
따라서 각 CPU마다 정의된 실행 개시 주소로부터 프로그램의 실행을 개시합니다. 이 주소에 펌웨어를 배치시켜두면, 프로그램이 실행됩니다.
그러나 뱅크 전환이 사용되면 동일한 주소를 사용하는 메모리가 여러 개 있을지도 모릅니다. 결국, 뱅크 전환의 지정이 있으면, 펌웨어의 메모리를 선택 상태로 변환해야 합니다. 단순히 리셋 신호를 CPU의 리셋 단자에 연결하면 되는 것이 아닙니다.

리셋 신호가 활성화되면 시스템이 다음의 어느 상태가 되도록 설계할 필요가 있습니다(○ 그림 4.1).

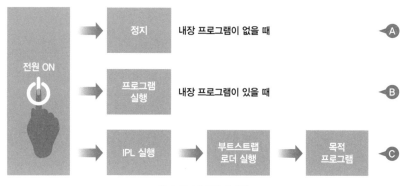

○ 그림 4.1 구동 스타일

Ⓐ 비휘발성 메모리를 가지고 있지 않을 때

CPU는 정지 상태에서 대기하도록 설계되어야만 합니다.

수동 DMA 등에서 휘발성 메모리에 어떤 프로그램을 기록하지 않는 한, 실행 가능한 프로그램이 존재하지 않기 때문입니다(○ 284페이지).

Ⓑ CPU로부터 읽는 것이 가능한 비휘발성 메모리에 필요한 프로그램이 준비되어 있을 때

CPU는 리셋 상태에서 실행을 개시합니다. 프로그램은 처음부터 존재하기 때문에 즉시 실행합니다. 소규모인 전용 시스템에는 이러한 구조가 많습니다. 예를 들어 프로그램을 내장하고 있는 원 칩 CPU 등이 이러한 구조입니다. 다른 프로그램을 실행시키는 것은 없습니다. 비휘발성 메모리를 교환하여 다시 쓰는 것이 가능할지도 모르지만, 많은 노력이 필요합니다.

Ⓒ 보조 기억 장치에 준비된 프로그램을 휘발성 메모리에 전송하여 실행할 때

보조 기억 장치에 준비된 프로그램을 휘발성 메모리에 전송하는 최소한의 프로그램만을 비휘발성 메모리에 준비해둡니다. 그 후는 보조 기억 장치에 기록된 프로그램에 따라 여러 가지 소프트웨어를 실행할 수 있습니다. 리셋 한 번으로 구동하여 보조 기억 장치를 교환하면 여러 가지 소프트웨어를 사용할 수 있습니다. 개인용 컴퓨터에서 자주 볼 수 있는 스타일입니다.

이 경우에는 좀 더 복잡한 단계를 밟아 구동하는 시스템도 많습니다. 최소한의 판독 프로그램을 IPL(Initial Program Loader)이라고 합니다. IPL에는

복잡한 프로그램의 준비를 수행하는 기능이 포함되어 있지 않기 때문에 다짜고짜 운영 체제를 읽고 이해하기에는 충분하지 않습니다. 따라서 IPL은 본격적으로 운영 체제를 읽고 이해하는 **부트스트랩 로더**(*Bootstrap Loader*)라고 부르는 소프트웨어를 실행합니다. 따라서 부트스트랩 로더가 본격적으로 운영 체제를 읽는 것입니다. 이것으로써 운영 체제를 구동할 수 있습니다.

구동의 역사

4.2

> 예전에 우리들은 스스로 DMA를 했어.

> 지금, 우리들은 직접 메모리를 모으고 있습니다.

 Altair 8800과 같은 범용 S-100 버스 시스템은 수동 DMA로 프로그램을 작성하지 않으면 아무것도 할 수 없었습니다(◐ 그림 4.2). 그러나 IPL의 ROM이 쓰이게 되어, 전원을 켜서 CP/M을 구동할 수 있게 되었습니다.

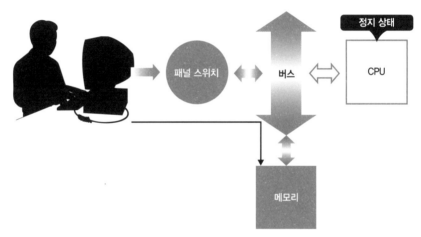

◐ **그림 4.2** 수동 DMA에 의한 구동 준비

 그 다음 세대의 개인용 컴퓨터는 BASIC 언어 인터프리터를 ROM에 저장해 두고, 대부분 이것을 이용하는 것을 전제로 했습니다. 전원을 켜서 직접 ROM에 포함된 프로그램이 실행되면, 전용 기기에 가까운 구동 스타일이 됩니다. 물론, 옵션인 플로피 디스크 드라이버 등을 경유하여 프로그램을 읽어 자동적으로 실행하는 기능을 가진 것도 많지만, 이것도 대부분은 DISK BASIC을 실행하기 위한 기능이었습니다.

 1980년대에 들어 대용량의 ROM을 장착하지 않고(결국 BASIC 언어 인터프리터를 장착하지 않고) 필요한 프로그램을 플로피 디스크로부터 읽는 스타일이 증가했습니다.

초기의 IMP PC(1981년)는 BASIC 언어 인터프리터를 ROM에 가지고 있었지만, 이것이 곧 포함되지 않게 되었습니다. 이것이 필요하지 않은 시대가 된 것입니다. 플로피 디스크 등의 보조 기억 장치로부터 운영 체제를 읽는 시대로 돌입하게 되었습니다.

한편, 일본에서는 원보드 마이크로컴퓨터라는 형태로 개인용 컴퓨터 그 이전 시대의 기기가 번성했습니다. 원보드 마이크로컴퓨터는 한 장의 기판에 CPU가 동작하는 최소한의 회로를 제공합니다. 원래는 기술자의 훈련용으로 개발되었지만, 컴퓨터를 개인이 소유할 수 있다는 꿈에 많은 사람들이 구입하기 원하여 붐을 이루었습니다.

이러한 원보드 마이크로컴퓨터는 대개 ROM에 모니터라고 부르는 극히 원시적인 운영 체제의 원형을 포함하였습니다. 모니터는 메모리의 내용을 보조 기억 장치에 보존하고, 지정된 메모리에서 실행을 개시하는 기능 외에, 메모리 내용을 읽고 쓰고, 명령을 하나씩 단계적으로 실행하는 등의 기능을 가지고 있었습니다. 사실상, 기술자의 기계어 개발 이외에 도움이 되는 일은 아무것도 없었습니다(물론, 미국에서도 원보드 마이크로컴퓨터는 존재하였습니다).

원보드 마이크로컴퓨터는 곧 도태되고, 미국의 개인용 컴퓨터를 모방하여 스위치를 켜서 BASIC 언어 인터프리터의 ROM이 구동하는 스타일이 주류가 되었습니다. 실제로, 미국 개인용 컴퓨터의 트리오라고 부르는 PET 2001, TRS-80, Apple II와 비슷한 형태를 했던 일본산 개인용 컴퓨터가 탄생했습니다. PET 2001의 모니터 일체형이라는 특징은 샤프 MZ-80K, TRS-80의 키보드 본체 일체형이라는 특징은 NEC PC-8001, Apple II의 고해상도 그래픽스와 확장 슬롯이라는 특징은 히타치 레벨 3과 비슷했습니다.

흥미로운 것은 과도기에 어느 방식과도 다른 특수한 스타일이 생겼다는 것입니다.

샤프 MZ-80K(1978년)는 ROM에 SP-1002라는 이름의 프로그램만을 포함시켜 BASIC 언어 인터프리터와 그 외에 도움이 되는 프로그램은 하나도 포함시키지 않았습니다(◎ 그림 4.3).

◎ **그림 4.3** 샤프 MONITOR SP-1002

※ 사진 출처 : www.sharpmz.org(http://www.sharpmz.org/mz-80k/monicmd.htm)

SP-1002는 IPL과 같기도 하고 부트스트랩 로더와 같기도 한, 이 두 가지를 절충한 존재입니다.

SP-1002는 다음 명령을 입력할 수 있었습니다.

- **FD**   플로피 디스크로부터 구동하는 프로그램을 호출
- **GOTO**   지정 주소로부터 실행시킴
- **LOAD**   내장 카세트테이프로부터 프로그램을 읽어 실행
- **SG**   키보드 소리를 켬
- **SS**   키보드 소리를 끔

명령은 다만 이것뿐이었습니다. 보통은 **LOAD**만으로도 충분했습니다.

옵션 플로피 디스크를 가지고 있는 사용자는 **FD**만을 사용하면 됩니다.

GOTO는 필요한 프로그램이 이미 메모리 위에 있고, 시작 주소를 알고 있을 때에 한하여 의미를 가집니다. 이는 상급자를 위한 기능입니다.

보통은 **LOAD** 또는 **FD**로 BASIC 언어 인터프리터를 읽어 실행합니다. 다른 소프트웨어도 상관없습니다.

당시에는 이와 같이 운영 프로그램을 ROM에 내장하지 않은 기기를 '클린 컴퓨터'라고 불렀습니다. 그러나 전송 속도가 느린 카세트 덱에서 읽는 시간이 길었으므로 사용하기 편리했는지의 여부는 잘 모르겠습니다. 그러나 많은 이용자가 클린 컴퓨터를 꿈꿨던 것은 사실입니다.

펌웨어와 BIOS

4.3

> CP/M을 동작시키기 위해 BIOS를 작성하는 거야.

> 내 컴퓨터에는 이미 BIOS가 들어 있어. 봐.

현재의 많은 개인용 컴퓨터에서 펌웨어와 BIOS는 거의 동일한 것을 나타냅니다. 그러나 용어의 의미가 전혀 다른 데도 거의 동일한 것을 나타내는 것은 단지 우연입니다(● 그림 4.4).

기본적인 펌웨어 ⟷ 운영 체제의 기본적인 입출력 프로그램

● 그림 4.4 BIOS의 종류

펌웨어는 하드웨어의 일부로 끼워 넣은, 거의 변경되지 않는 소프트웨어입니다. BIOS는 'Basic Input/Output System'의 약어로, 기본적인 입출력을 관리하는 소프트웨어 시스템입니다.

BIOS는 펌웨어로 취급되는 경우도 있지만, 순수하게 보조 기억 장치를 경유하여 RAM으로 로드하는 소프트웨어로 제공되는 경우도 있습니다. CP/M의 BIOS는 바로 이러한 유형입니다.

이와 반대로 펌웨어가 BIOS를 포함하는 것이 아니라 BIOS 이외를 포함하는 경우도 있습니다.

예를 들어 샤프 MZ-80K의 내장 ROM은 펌웨어라고 하지만, 여기에 포함되어 있는 것은 SP-1002 모니터뿐입니다(● 321페이지). 문자를 카세트테이프로 입출력하는 프로그램이 포함되어 있기 때문에 BIOS의 기능의 일부는 포함되어 있다고 말하지만, 플로피 디스크를 다루는 기능은 전혀 가지고 있지 않습니다. 이것은 다른 장치로 제공하는 것으로 되어 있으므로 BIOS 기능을 모두 포함하고 있다고 말할 수 없습니다.

여기에서 주의해야 할 것은 요즘의 개인용 컴퓨터와 CP/M에서는 BIOS의 역할이 전혀 다르다는 것입니다.

- PC의 BIOS   구동 시 최초로 구동되는 내장 프로그램
- CP/M의 BIOS   커스터마이즈 가능한 운영 체제의 일부/입출력을 관리. 외부에서 읽힘

CP/M의 BIOS에 관해서는 펌웨어에 해당하지 않으므로 5장에서 상세히 해설합니다.

S T O R Y

PC의 구동 순서

4.4

구동 10초 전. 전원 충격에 대비하라.

10초도 기다리지 말고, 지금 바로 구동해주세요.

지금의 개인용 컴퓨터의 경우에는 펌웨어는 구동 시에 다음과 같은 처리를 수행합니다.

◎ **하드웨어의 초기화**

BIOS는 화면에 표시할 필요가 있기 때문에 특정 키를 눌러 BIOS 설정 화면으로 들어가기 위한 초기화를 시켜야 합니다. 부팅을 위하여 보조 기억 장치와의 인터페이스도 초기화시켜야 합니다.

◎ POST(*Power On Self Test* : **자기 진단 기능**)

각종 하드웨어가 적절하게 존재하고 있는지, 동작하고 있는지를 스스로 진단합니다.

이 절차는 정상 여부를 확인하기 위하여 있는 것은 아닙니다.

옵션으로 메모리를 확장할 수 있는 기기는 현재 어느 정도의 메모리가 장착되어 있는지도 확인합니다.

이때, 메모리 용량을 세는 표시를 하도록 배려한 경우도 있고, 카운드 결과를 직접 표시하는 경우도 있습니다. 메이커 컴퓨터의 경우에는 메이커의 로고만 표시하여 메모리 용량 등 BIOS의 상세한 내용을 볼 수 없는 경우도 많습니다(◎ 그림 4.5).

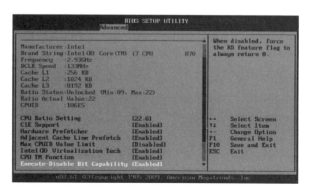

◐ **그림 4.5** 요즘의 BIOS 구동 화면

◎ 설정 읽기

배터리 백업된 CMOS(�𝕆 258페이지) 등으로부터 설정을 읽습니다.

◎ 확장 BIOS를 실행

확장 카드 위에 펌웨어가 존재하는 경우에는 이것들을 호출하는 경우가 있습니다(확장 카드를 가정하지 않은 형태로 동작하는 경우에는 호출하지 않는 경우도 있습니다).

◎ 부트 장치를 확정

설정되지 않은 차례로 보조 기억 장치를 체크하고, 부트 가능한 장치를 찾습니다.

◎ 이 장치의 특정 위치에서 프로그램을 읽음

읽는 장소는 정해져 있습니다.

MBR(*Master Boot Record*, 미스터 부트 레코드) 등이 이에 해당합니다. MBR은 장치의 선두 섹터에 있고, 길이는 512바이트로 조정되어 있습니다.

◎ 이 프로그램으로 제어를 이동하고, 구동 펌웨어의 실행을 종료

혹시 특정 키가 눌려져 있는 경우는 BIOS의 설정 화면으로 들어가 설정을 변경할 수 있는 것이 대부분입니다. 어느 키인지는 BIOS에 따라 결정됩니다. 또한 구동 가능한 장치가 발견될 수 없는 경우에는 어디에서부터 구동하는지의 질문을 하는 경우도 있습니다.

기계어 모니터와 완전히 독립한 시스템

4·5

나의 모국어는 영어다.

나의 모국어는 기계어다.

현재, 단 한 대의 컴퓨터만으로 프로그램 개발부터 실행까지 수행하는 것은 불가능하고, 단독으로 운영되는 컴퓨터는 드뭅니다.

충분한 개발 기능을 제공할 수 없는 컴퓨터에서 프로그램을 개발하는 경우에는 대부분 **교차 개발**(● 366페이지)을 합니다. 교차 개발은 **강력한 개발용 컴퓨터에서 실행 파일을 작성한 후 성능이 떨어지는 실제 컴퓨터로 전송하여 실행하는 스타일**을 말합니다.

개인용 컴퓨터의 여명기인 1970년대에도 교차 개발은 존재했습니다. 실제로 개인용 컴퓨터의 여명기의 히트 상품 TK-80을 전시했던 아키하바라의 건물에는 고가의 대형 컴퓨터도 놓여 있었습니다. TK-80의 ROM에 프로그램을 기록하기 위해서는 이것을 사용해야 했습니다.

그러나 이러한 상위 기종은 전문가용이고, 깜짝 놀랄 정도로 가격이 비쌌습니다. 이 때문에 시실상 TK-80과 같은 유형의 상품은 자력으로 개발부터 실행까지의 사이클을 반복할 필요가 있었습니다.

게다가 전혀 확장할 수 없는 TK-80에는 보조 기억 장치가 존재하지 않기 때문에 ROM 위의 펌웨어로서 최소한의 사이클을 돌리기 위한 소프트웨어를 준비해야 했습니다.

그러나 최소한 무엇이 있으면 사이클을 돌릴 수 있을까요?

- 메모리를 읽고 쓰기
- 프로그램의 실행
- 명령 단위의 스텝 실행 등의 디버그 기능

이것들을 가능하게 하려면 최소한 어떠한 프로그램을 펌웨어로 준비하면 좋을까요?

답은 프로그램은 불필요하다는 것입니다.

토글 스위치와 LED에 수행하는 수동 DMA 기능(⊙ '3.21 : 수동 DMA')이 있으면 메모리의 읽기 쓰기가 가능합니다.

리셋 버튼이 있으면, CPU를 리셋하여 초기 위치로부터 프로그램을 실행할 수 있습니다.

'스텝 실행을 어떻게 하지'라고 말하지만, 사실은 한 가지 명령을 실행한 후에 홀드 상태가 되는 회로는 간단하게 작성할 수 있습니다. 홀드 상태를 해제하고 즉시 홀드 상태로 되돌아가도, CPU는 명령의 실행 도중에는 정지하지 않기 때문에 한 가지 명령을 실행하고 나서 정지하여 홀드 상태가 됩니다.

물론, 모든 디버그 기능이 간단히 회로로서 준비할 수 있는 것은 아닙니다.

그러나 최소한으로 축소하면 어떻게든 될 것입니다.

실제로 도시바의 EX5 시리즈라는 **마이크로컴퓨터 키트**(⊙ 그림 4.6)는 펌웨어를 제외하고 최소한의 개발과 실행을 가능하게 했습니다. 1970년대 후반기 아키하바라의 뉴 카쿠타 X1의 제일 위층에 도시바 마이컴의 쇼룸에 있는 실제 제품을 본 적이 있습니다. NEC의 쇼룸인 비트인과 히타치의 쇼룸인 GAIN은 라디오 회관의 7층에 있었습니다. 당시 아키하바라를 자주 방문했던 **마이컴소년**(그 당시 퍼스컴이라는 용어는 존재하지 않았습니다)은 모두 목격했을 것입니다.

⊙ **그림 4.6** 도시바 TLCS–12(EX5를 구성하는 칩)

※ 사진 제공 : TOSHIBA ELECTRONIC DEVICES & STORAGE CORPORATION

펌웨어 없이 사이클을 돌리는 것에 관계없이 **작은 펌웨어를 추가하면 사용이 매우 편리해지므로** 각 회사는 제품에 펌웨어를 탑재하게 되었습니다. 그것이 **기계어 모니터**입니다. 기계어 모니터의 주된 역할은 두 가지입니다. 하나는 다음 세 가지 기능(재수록)을 더욱 편리하게 사용할 수 있게 하는 것입니다.

* 메모리를 읽고 쓰기
* 프로그램의 실행
* 명령 단위의 스텝 실행 등의 디버그 기능

또 하나는 **중단점(break point)이나 프로그램을 보조 기억 장치에 저장/읽기 등의 지원 기능**을 추가하는 것입니다.
16진수로 프로그램을 작성하는 수고를 경감시키는 간이 어셈블러 기능을 추가하는 경우도 있습니다(히타치 H68/TR, 파나소닉 LKIT-16).

보조 기억 장치에서 본격적인 개발 지원 기능을 읽어 사용할 수 있는 게임도 있었습니다. 예를 들어 히타치 H68/TR은 본격적인 에디터와 어셈블러를 카세트테이프에서 읽어 사용할 수 있었습니다. 그러나 속도가 너무 느렸고, 실용성이 있다고 말하기 어려운 것이었습니다. 역시 전원을 켜서 즉석에서 사용할 수 있는 펌웨어로 무엇인가 할 수 있다는 것이 중요했습니다.

이와 같은 상황은 갑자기 도래한 BASIC 언어 붐으로 인해 모두 변해 버렸습니다.

BASIC 언어는 그것이 있으면 어떠한 요구든 충족시킬 수 있었던 독립형이었습니다. 개발 환경과 실행 환경이 모두 포함되어 있습니다. 이것을 장착할 수 있게 확장된 신세대의 제품군은 순간적으로 구세대의 제품을 몰아내 버렸습니다. 이 세계에서는 기계어 모니터는 이미 남아 있지 않았지만, 남아 있어도 정말 최소한의 기능만 가지고 있었습니다. NEC PC-8001에는 작은 기계어 모니터가 펌웨어로서 잔존했지만, 디버그 지원 기능은 이제 없고, 스텝 실행 기능 등은 존재하지 않았습니다.

그러나 모두 스스로 처리할 수 있는 BASIC 언어의 우월성은 파일을 고속으로 읽을 수 있는 보조 기억 장치인 **플로피 디스크**의 보급으로 사라져 버렸습니다. 무언가를 하기 위한 소프트웨어도 즉석에서 읽을 수 있으면 BASIC 언어에 구애받을 이유는 없고, 특정 언어에 구애받을 이유가 없게 됨에 따라 생산성이 높은 것은 아니었던 BASIC 언어가 매력을 잃어버리게 되었습니다.

이제 와서 보면 옛날이야기이지만, 개발부터 실행까지의 최소 사이클을 도는 시스템에 어떠한 기능을 가지게 하면 좋을지 생각하는 것은 지금도 재미있는 지적 도전이 될 것입니다.

CPU 에뮬레이터의 구현

4.6

모두 다 CPU를 따라합시다. 그러면 8080 포즈로!

우리는 발이 40개가 안 되는 걸요!

이번 CPU 에뮬레이터는 복잡하므로 펌웨어는 생략하였습니다.

가장 중요한 것은 CPU 구조를 보는 것으로, 펌웨어나 구동 순서를 보는 것은 아니기 때문입니다.

에뮬레이션되는 CPU가 구동하기 전에 호스트 CPU 쪽에서 얼마든지 프로그램을 실행하여 메모리를 설정할 수 있습니다. 결국 수동 DMA(● '3.21 : 수동 DMA')로 프로그램을 준비하는 것에 해당하는 처리를 고속으로 자동으로 실행할 수 있습니다.

이 펌웨어에 해당하는 처리를 호스트 환경 쪽의 자바스크립트 프로그램으로 처리하고 있습니다.

처리 내용을 간단히 설명하겠습니다.

우선 메인 프로그램 쪽입니다.

JQuery의 초기화 중에 우선 가상 머신을 리셋합니다(**virtualMachine. reset();**). 매개번수 **cpm**이 지정되었을 경우(내용은 묻지 않습니다), CP/M을 구동합니다. 우선 화면을 검은색 배경의 콘솔 모드로 전환합니다 (**setConsole();**). **superTrap = true;**라는 부분은 슈퍼 트랩을 유효하게 합니다. 이것은 **RST 7**을 실행하면 강제적으로 가상 머신을 정지시키는 기능으로, 디버그용입니다. 자유롭게 온/오프할 수 있습니다.

이러한 준비가 끝나면, CP/M을 셋업하는 **setupCpm** 메소드를 호출합니다. 읽은 후에 BIOS를 준비하기 위해서는 미니 어셈블러를 호출하여 에뮬레이터를 재시작해야 합니다.

```
  (emu.ts에서 발췌)
// 페이지가 작성될 때 실행
$(document).on(pagecreate", function() {
// 가상 머신을 리셋
   virtualMachine.reset();
// 매개변수 cpm이 되어 있다면
   if (arg["cpm"] != undefined){
// 화면 모니터는 콘솔
      setConsole();
// RST 7 명령으로 강제 정지시키면 슈퍼 트랩 기능은 미리 정의된 대로 유효
      superTrap = true;
// CP/M 본체 BIOS의 소스 코드를 읽을 준비
      setupCpm(() => {
// 준비가 끝나면 BIOS의 소스 코드를 어셈블
          miniAssembler.compileCommon(() => {
// 어셈블이 끝나면 에뮬레이터를 재시작
              emu.restart();
          });
      });
   }
   (중략)
});
```

다음은 **setupCpm**입니다. 다음의 리스트를 살펴보기 바랍니다.

우선 메모리 전체에 **0xff**를 입력하는 것은 관계없는 장소를 실행한 경우 슈퍼 트랩 기능으로 감지하기 위한 것입니다. 실제로 CPU 에뮬레이션에 버그가 있을 때 이 기능으로 정지하여 버그를 감지할 수 있습니다.
그 후, **loadCpm** 메소드를 호출하여 CP/M을 네트워크로부터 적재합니다.

BIOS의 범위(**0F200H** 이후)에 있는 것은 이 가상 머신용 BIOS가 아니기 때문에 그곳에 **0FFH**를 입력합니다.
다음으로, 0번지부터 차례로 **c3**, **00**, **f2**를 입력하고, 이것이 **JMP 0F200H**가 됩니다. 결국 리셋되면 즉시 **0F200H**로 점프시키는 것입니다. 여기에는 BIOS의 CP/M 구동 기능이 포함됩니다.

마지막으로 **loadBiosSource** 메소드로 BIOS의 소스를 읽고 끝냅니다. 읽기가 종료된 후에 BIOS의 소스가 리셋됩니다.

```
function setupCpm(afterproc:() => void) {
// 가상 메모리 영역을 0xff로 채움
   for (var i = 0x0; i < 0x10000; i++) {
      virtualMachine.memory.Bytes.write(i, 0xff);
   }
// CP/M의 이미지
   loadCpm(() => {
// 다른 기종을 위한 BIOS가 들어 있는 영역에 0xff를 입력
      for (var i = 0xf200; i < 0x10000; i++) {
         virtualMachine.memory.Bytes.write(i, 0xff);
      }
// 0번지에 BIOS 앞쪽을 향한 점프 명령을 입력
      virtualMachine.memory.Bytes.write(0, 0xc3);
      virtualMachine.memory.Bytes.write(1, 0x00);
      virtualMachine.memory.Bytes.write(2, 0xf2);
// BIOS의 소스 코드를 네트워크로부터 읽음
      loadBiosSource(() => {
// 읽기가 끝나면 지정된 절차를 호출
         if (afterproc) afterproc();
      });
   });
}
```

loadCpm 메소드는 다음과 같습니다. 바이트 배열을 처리하기 위하여 **Uint8Array**를 사용하고 있습니다. 여기에서 주목할 것은 읽는 장소가 가상 디스크가 아니라 **/Content/CPM/bin.exe**라는 사실입니다. 결국 네트워크로부터 읽는 것입니다. 본래 CP/M은 네트워크가 아닌 플로피 디스크로부터 스스로 읽지만, 그 동작은 에뮬레이션하지 않습니다. 이것은 가상 디스크가 파괴되어도 운영 체제만은 네트워크를 경유하여 얼마든지 구동할 수 있도록 하는 배려입니다.

```
function loadCpm(afterproc: () => void) {
// 바이너리 파일을 네트워크로부터 읽음
   loadBinary("/Content/CPM.bin.exe", (arrayBuffer) => {
// 읽는 것이 완료되면 결과를 부호 없는 8비트의 배열에 입력하여 보관
// 보관하는 이유는 재적재가 발생하면 또 읽는 것이 필요하기 때문
      cpmArray = new Uint8Array(arrayBuffer);
// 재적재를 실행. 결국 CP/M을 가상 메모리에 적재
      reloadCpm(cpmArray.length);
// 종료 후에 실행하도록 지정되어 있으면 실행
      if (afterproc) afterproc();
   });
}
```

여기에서 읽은 BIOS 자체에 관해서는 5장에서 설명합니다. BIOS는 펌웨어에 해당하지 않기 때문입니다.

운영 체제는 직접 만드는 것보다 공통의 운영 체제를 이용하는 편이 유리합니다.
어떻게 하면 기존의 운영 체제를 부팅할 수 있는지에 대해 설명합니다.

Chapter

05

운영 체제 편

운영 체제의 역할

5·1

오에스오에스[1], 청팀 이겨라! 백팀 이겨라!

운동회 줄다리기가 아니라니까.

운영 체제(OS)는 컴퓨터의 가장 기본적인 소프트웨어입니다. 역할은 크게 나누어 다음 두 가지가 있습니다(● 그림 5.1).

- 셸 기능
- API[2] 기능

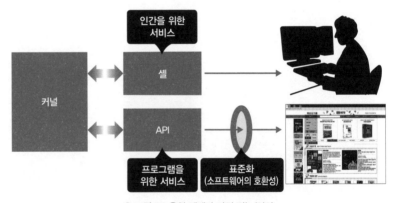

● **그림 5.1** 운영 체제가 가진 기능/의의

셸 기능은 **사용자의 기본 조작을 받아들입니다**. 이것이 없으면 애플리케이션을 구동할 수 없습니다.

API 기능은 각 **애플리케이션이 운영 체제의 기능을 이용하는 수단을 제공합니다**. 이것이 없으면 애플리케이션은 운영 체제에 포함되어 있는 편리한 기능을 이용할 수 없고, 파일에 데이터를 보관하는 것조차 할 수 없습니다.

주1) 역자 주 : 줄다리기를 할 때의 일본어 구호로, 영차 영차에 해당합니다.
주2) 'Application Programming Interface'의 약어입니다.

대부분의 운영 체제는 이와 같은 여러 기능을 제공하기 위해 복수의 기능으로 분할되었습니다.

가장 기본적인 기능을 제공하는 부분을 일반적으로 커널이라고 부르고, 구체적인 분할 방법은 운영 체제의 종류에 따라 다릅니다.

이러한 운영 체제의 기능을 이용하여 애플리케이션이 동작하는 흐름은 **그림 5.2**와 같습니다.

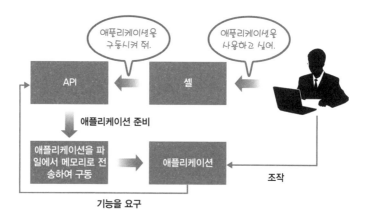

◐ **그림 5.2** 애플리케이션이 동작하는 구조

운영 체제의 기본 구조

5·2

운영 체제는 분할 가능한가요?

시계를 분해할 수 있는 것과 같아.

최초에 보급된 개인용 컴퓨터용 운영 체제인 CP/M은 다음 세 개의 모듈로 분할되었습니다.

◎ CP/M의 세 가지 모듈

- BIOS(*Basic Input and Output System*)
- BDOS(*Basic Disk Operating System*)
- CCP(*Console Command Processor*)

CCP[3]는 셸입니다. 명령 입력을 받은 후 그것을 해석하여 필요한 기능을 실행합니다. BDOS는 운영 체제의 본체입니다. API를 처리합니다. CCP와 애플리케이션은 BDOS를 호출하여 프로그램을 실행합니다.

BDOS는 하드웨어에 대한 액세스가 필요하게 되면 BIOS를 호출합니다.

BIOS는 사용자 측면에서 자유롭게 작성하는 것으로, BIOS만 작성되면 어떠한 입출력 기기에서도 이용할 수 있는 범용성을 가집니다.

이 구조 덕분에 전혀 구조가 다른 통신 기기의 텔레타이프와 개인용 컴퓨터의 VRAM 모두에서도 CP/M을 이용할 수 있었습니다.

1981년에 제작된 MS-DOS는 다음 세 가지 계층이 됩니다.

◎ MS-DOS의 세 가지 모듈

- IO.SYS(CP/M의 BIOS에 해당)
- MSDOS.SYS(CP/M의 BDOS에 해당)
- COMMAND.COM(CP/M의 CCP에 해당)

주3) CCP에 관해서는 '부록 3 : CP/M CCP 간이 레퍼런스'를 참조하기 바랍니다.

그러나 모든 장치를 BIOS에서 다루는 CP/M과 달리 MS-DOS의 경우, config.sys라는 설정 파일을 이용하면, 뒤에 추가 장치를 다루기 위한 프로그램을 사용자가 자유롭게 추가할 수 있었습니다. 이 부분은 CP/M보다도 진화한 것이었습니다.

그렇다면, 윈도우에서는 어떨까요?

초기의 윈도우는 MS-DOS상에서 구동되었지만, 구동하고 나면 파일 처리 이외 대부분의 기능을 가로채어 자력으로 동작하기 때문에 MS-DOS를 잊어도 상관이 없습니다. 초기의 Windows는 MS-DOS의 그래픽 라이브러리에 지나지 않는다는 것은 근거 없는 속설입니다.

그런데 윈도우의 초기 버전은 세 개의 모듈과 드라이버군에서 동작했습니다.

세 개의 모듈은 다음과 같습니다.

◎ 윈도우의 세 가지 모듈

- Kernel(CP/M의 BDOS에 해당)
- GDI(Graphics Device Interface) (CP/M에 해당하는 것이 아님)
- User(CP/M에 해당하는 것이 아님)

이 세 개의 모듈은 CP/M의 세 개의 모듈의 역할과는 전혀 다릅니다.

커널은 프로세스나 메모리와 같이 동작의 기본이 되는 자원을 관리합니다. GDI는 선을 긋고, 원을 그리는 등과 같은 드로잉 처리를 관리합니다. 다만, 실제로 화면에 그리는 기능은 가지고 있지 않지만, 디바이스 드라이버를 경유하여 수행됩니다. 마지막 User는 사용자 인터페이스의 기본 기능을 제공하지만, 푸시 버튼, 메뉴, 텍스트 입력 박스와 같은 기본 기능을 제공하는 것만이 셸인 것은 아닙니다. 셸의 경우에는 MS-DOS Executive, 프로그램 매니저, 익스플로러 등이 별도로 준비되었습니다.

이러한 모듈이 실제 하드웨어를 액세스하기 위해서는 디바이스 드라이버를 경유해야 합니다. 디바이스 드라이버는 목적에 따라 세분화되어, 화면이라면 디스플레이 드라이버, 키보드라면 키보드 드라이버, 프린터라면 프린터 드라이버가 됩니다.

그 뒤에는 운영 체제의 크기가 커진 것도 있고, 운영 체제 자체가 기능별로 분할되어 복수의 모듈로 구성되는 것이 일반적이었습니다.

그러나 다음 세 가지 계층은 여전히 존재합니다.

- 디바이스 드라이버군
- 운영 체제를 구성하는 기본 모듈군
- 셸

실행 권한의 수준에 따라 그림 5.3과 같은 두 가지 모드로 분류할 수도 있습니다. 커널 모드와 사용자 모드에 관해서는 이 책에서 다루지 않지만, 커널 모드라는 것은 보통 허가되지 않은 특수한 조작을 허가받은 상태라고 생각하면 될 것입니다. 8080에는 존재하지 않는 개념입니다.

이 책의 목적은 CP/M을 구동하는 CPU와 시스템의 기본을 이해하는 것입니다.

○ **그림 5.3** 커널 모드와 사용자 모드

CP/M의 부팅

5-3

> 나의 PC에서 운영 체제가 움직이지 않습니다.

> 나의 AA 건전지용 라디오에도 D형 건전지가 들어가지 않습니다.

특정 하드웨어용 커스터마이즈가 끝난 CP/M을 구동하는 방법은 간단합니다. CP/M을 포함하는 플로피 디스크를 디스크 드라이브에 삽입한 후 리셋 버튼을 누르기만 합니다.

커스터마이즈되지 않은 상태에서 CP/M을 구동하기까지의 순서를 설명하겠습니다.

CP/M을 부팅할 때까지의 절차는 일부 애매한 기억에 의존합니다만, 다음과 같습니다.

❶ 범용판 CP/M을 구한다. 범용판 CP/M에는 최소 메모리 구성(RAM 16킬로바이트)의 CP/M 본체와 약간의 명령이 수록되어 있다.

❷ 자신의 하드웨어용 BIOS를 작성한다. 주소는 최소 메모리 구성에 맞춘다. 예를 들어 그 이상의 메모리를 장착해도 최소 메모리로 작성한다.

❸ BIOS를 디스크의 특정 섹터에 기록한다.

❹ 시스템을 부팅한다. 버그가 없으면 최소 메모리 구성의 CP/M이 구동한다.

❺ MOVCPM 명령(CP/M을 (재)배치(Move)하는 명령)을 사용하여 실제 메모리 크기에 맞추어 CP/M 본체를 고쳐 쓰고, 주소를 변경한다.

❻ 새로운 주소에 맞추어 BIOS의 소스 코드를 변경하고, BIOS를 작성한다.

❼ BIOS를 디스크의 특정 섹터에 기록한다.

❽ 시스템을 부팅한다. 버그가 없으면 장착된 메모리를 모두 이용하는 CP/M이 구동한다.

❾ 끝낸다.

그러나 이제 이렇게 번거로운 절차를 밟을 필요는 없을 것입니다.

현재 구할 수 있는 CP/M의 바이너리 파일은 최대 메모리 상태에 맞추어

MOVCPM 명령이 실행된 것이 많고, 게다가 요즘의 시스템이라면 최대 메모리 64킬로 바이트는 쓸모가 없습니다. 이 이하의 메모리만 사용할 수 있는 시스템은 상상하기 어려울 것입니다.

이번 에뮬레이터에서 사용한 절차는 다음과 같습니다.

❶ 특정 시스템의 BIOS를 포함한 최대 메모리 상태의 CP/M의 이미지를 입수한다(네트워크상에 다양한 시스템용 CP/M이 배포되어 있기 때문에 이것을 다운로드한다.[4]

❷ BIOS는 사용하지 않기 때문에 덮어쓴다.

❸ 목표 에뮬레이션 환경의 BIOS를 특정 주소에서 어셈블한다.

❹ CP/M의 시작 주소로 점프시키는 점프 명령을 0번지에 기록한다.

❺ CPU를 리셋하여 CP/M을 구동시킨다.

❻ 끝낸다.

문제는 오로지 BIOS를 어떻게 쓰느냐에 맞춰졌다고 말해도 될 것입니다.

다른 운영 체제를 다룬다면 BIOS라는 작은 프로그램을 하나 쓰는 것만으로 끝나지 않고, 여러 가지 번거로운 절차가 발생합니다. 여기에서는 원시적인 CP/M으로 충분합니다. 이것 덕분에 우리들은 운영 체제의 구동을 곧바로 목격할 수 있습니다.

주4) 저자가 사용한 것은 다음 사이트의 'CP/M 2.2 BINARY'입니다.
http://www.cpm.z80.de/bianry.html#operating

BIOS의 내용

5.4

자네의 비밀을 보여줘.

BIOS의 소스 코드를 보여준다면 생각해볼 수 있어.

　　CP/M의 BIOS는 다음의 기능을 포함할 필요가 있습니다. 이것들은 호출하여 이용하는 것은 아니라 BDOS로부터 호출되는 것입니다. BIOS는 특정 환경에 하나만 있으면 되고, 뒤에 전원이 이것을 이용하면 되기 때문에 여러분이 자신의 BIOS를 작성할 필요는 없습니다. 그러나 BIOS가 무엇을 하고 있는지를 명확히 하기 위하여 내용을 설명합니다.

- 콜드 부트(모두 리셋으로 운영 체제를 구동)
- 웜 부트(로그인 드라이브 등의 정보를 남겨 운영 체제를 다시 구동)
- 콘솔 상태(이미 문자 입력이 있는지를 조사)
- 콘솔 한 문자 입력(콘솔에서 한 문자 입력)
- 콘솔 한 문자 출력(콘솔에서 한 문자 출력)
- 리스트 장치로 한 문자 출력(프린터 등에 한 문자 출력)
- 천공기로 한 문자 출력(종이 테이프 천공기 등에 한 문자 출력)
- 리더기로부터 한 문자 입력(종이 테이프 리더기 등으로부터 한 문자 입력)
- 디스크의 헤드를 홈 위치로 이동(플로피 디스크의 헤드를 홈 위치로 되돌림) (※1)
- A ~ D의 디스크 드라이브를 선택(디스크 입출력하는 드라이브를 선택)
- 트랙 번호를 선택(디스크 입출력하는 트랙을 선택)
- 섹터 번호를 선택(디스크 입출력하는 섹터를 선택)
- 디스크 입출력의 전송 주소를 설정(디스크 입출력하는 전송 주소를 선택)
- 디스크 입력(설정된 드라이브, 트랙, 섹터로부터 입력)
- 디스크 출력(설정된 드라이브, 트랙, 섹터로 출력)
- 리스트 장치의 상태(프린터의 준비가 가능한지를 조사)
- 섹터 변환(다른 구성의 디스크를 사용하는 경우, 섹터 정의를 변환) (※2)

　　이 중에서 ※1과 ※2는 에뮬레이터에서는 거의 의미가 없기 때문에 우선 잊어도 상관없습니다. 에뮬레이터의 가상 디스크에는 정보를 읽고 쓰는 헤드가 존재하지 않고, 어떠한 디스크도 모방 가능하기 때문에 특수한 섹터나 트랙을 가진 드라이브를 사용할 필요가 없습니다.

이러한 기능은 CP/M이 제공하는 기능의 일부분에 불과합니다.

그러나 이런 기능을 준비하는 것만으로도 CP/M은 동작합니다.

BDOS나 CCP를 걱정할 필요는 없습니다.

왜 그럴까요?

BDOS나 CCP를 걱정할 필요가 없이 CP/M을 동작시키기 위해 BIOS라는 존재가 준비되어 있기 때문입니다.

따라서 여기에서 필요한 것은 BDOS나 CCP를 잊고 BIOS에만 전력으로 씨름하는 것뿐입니다.

"운영 체제의 전체 구조나 그 기능은 도대체 어떤 때에 도움이 되는가?"라는 문제는 여기에서 잊어버리기 바랍니다.

다만, 단순하게 필요한 기능만 준비하면 됩니다.

이야기는 매우 단순합니다.

우선 CP/M을 동작시킵니다.

CP/M만 동작하면 여러 가지 편리한 도구로 BDOS나 CCP를 깊은 곳까지 파고들 수 있기 때문입니다.

그런데 BIOS의 소스 코드는 뒤에 제시하기로 되어 있습니다.

기능 목록에서 본 콜드 부트 등의 기능이 모두 여기에 모여 있습니다.

이 소스 코드는 기본적으로 그대로 사용하는 것을 가정하고 있습니다.

그러나 다음과 같은 경우에는 고쳐 써서 사용할 수 있습니다.

- 구동 메시지를 변경할 때
- 가상 드라이브 수를 증감할 때
- 가상 드라이브 용량을 증감할 때(기존의 가상 디스크는 사용할 수 없게 됨)
- 더욱 뛰어난 구현 방법을 생각했을 때(사양은 변하지 않음)
- 다른 입출력 장치를 지원할 때
- 학습을 위하여 동일한 것을 작성할 때

하지만 고쳐 쓰는 것에 대한 장점은 그다지 없습니다.

BDOS 측이 요구하는 기능과 지원하는 장치의 기능이 정해져 있고, 독자성을 발휘할 여지가 그다지 없기 때문입니다.

그럼에도 BIOS를 설명하는 것은 여러 가지 운영 체제의 저변에는 이러한 유형의 프로그램이 동작하고 있다는 것을 소개하기 위해서입니다. 이것은 컴퓨터 프로그램은 왜 동작하는지를 설명하는것과 직결되어 있습니다.

그런데, 다소 길기 때문에 수시로 설명하면서 소스 코드를 살펴보겠습니다.

역시 이후의 코드는 에뮬레이터 EE8080의 [Misc] → [BIOS development] 또는 [CP/M]을 선택한 상태에서 왼쪽 위의 햄버거 메뉴(▤)에서 [Modes] → [Ide]를 선택하면 볼 수 있습니다.

```
org 0f200h
```

CP/M BIOS의 시작 위치는 CP/M 자체의 시작 위치에 따라 변합니다. **0F200**은 사용한 CP/M의 이미지가 요구하는 시작 주소입니다.

```
cdisk     equ    0004h    ;최후의 로그인 드라이브의 주소
buff      equ    0080h    ;디폴트 버퍼의 주소
buff80h   equ    0100h
iobyte    equ    0003h    ;입출력을 변경하는 iobyte 기능이 설정된 영역의 주소
cpmb      equ    0dc00h   ;CCP의 주소
bdos      equ    0e406h   ;BDOS의 주소
ndisk     equ    4        ;장치 수
```

cdisk와 **ndisk**는 동일한 **4**로 구별할 필요가 없다는 식으로 생각할 수 있지만, 반드시 그런 것은 아닙니다.

cdisk는 마지막에 로그인한 드라이브의 번호를 **4**번지의 메모리에 보관하고 있다는 것이고, **ndisks**는 플로피 디스크가 4드라이브에 접속되어 있다는 구성을 의미합니다. 값을 변경하는 경우에 근거가 전혀 다릅니다. 이 에뮬레이터에서는 가상 디스크이므로 몇 대라도 상관없지만, 4대가 접속되어 있다고 간주하여 작성되었습니다.

```
        jmp   boot
wboote:   jmp   wboot
        jmp   const
        jmp   conin
        jmp   conout
        jmp   list
        jmp   punch
        jmp   reader
        jmp   home
        jmp   seldsk
        jmp   settrk
        jmp   setsec
        jmp   setdma
        jmp   read
        jmp   write
        jmp   listst
        jmp   sectran
```

여기에는 8080의 **jmp**(*jump*) 명령이 나란히 있습니다.

이와 같이 점프 명령만 늘어놓은 것이 쓸데없는 것으로 보이겠지만, 이것은 점프 벡터(*Jump Vector*), 점프 테이블 등으로 부르는 기술의 일종입니다.

BDOS는 BIOS의 기능을 호출할 때 특정 주소를 호출하지만, 각 기능은 3바이트밖에 떨어져 있지 않습니다. 이곳에 점프 명령(3바이트 길이)을 기록했기 때문입니다. 점프 명령이 있으면, 선호하는 주소에 프로그램을 배치할 수 있기 때문에 자유도가 높습니다.

위로부터 차례대로 다음 기능이 할당되어 있습니다. '주소'는 BIOS 시작 주소로부터의 오프셋을 나타냅니다.

주소	내용
+0바이트	콜드 부트
+3바이트	웜 부트
+6바이트	콘솔의 상태 (문자가 눌려 있지 않은가)
+9바이트	콘솔 한 문자 입력

+12바이트	콘솔 한 문자 출력
+15바이트	리스트 출력(프린터 출력)
+18바이트	천공기 출력
+21바이트	리더기 입력
+24바이트	헤드를 홈 위치로 이동
+27바이트	디스크 선택
+30바이트	트랙 선택
+33바이트	섹터 선택
+36바이트	DMA 주소 설정
+39바이트	플로피 디스크 읽기
+42바이트	플로피 디스크 쓰기
+45바이트	리스트 장치의 상태
+48바이트	섹터 변환

다음 데이터 테이블은 사용하는 플로피 디스크의 포맷에 관한 정보를 저장하고 있지만, 별도로 제공되고 있는 이 데이터 테이블의 작성 전용 도구로 자동 생성하는 것을 전제로 하기 때문에 의미를 이해할 필요는 없습니다.

```
DPBASE:DW  TRANS,0000H
  DW 0000H,  0000H
  DW DIRBF,  DPBLK
  DW CHK00,  ALL00
(중략)
CHK00: DS 16  ;CHECK VECTOR 0
CHK01: DS 16  ;CHECK VECTOR 1
CHK02: DS 16  ;CHECK VECTOR 2
CHK03: DS 16  ;CHECK VECTOR 3
```

이 에뮬레이터의 BIOS에 포함되어 있는 것은 표준 8인치 플로피 디스크(단면 단밀도 1섹터 128바이트)입니다.
다음은 에뮬레이터의 정의입니다.

```
signon: db  0dh,0ah, "CP/M 2.2 on EE8080",0dh,0ah,0ah,0
```

0dh는 되돌림(캐리지 리턴), 0ah는 줄바꿈(라인 피드)입니다. 이때 주의해야 할 것은 마지막의 0입니다. 실제로 CP/M의 API에서 문자열을 출력하는 경우에는 마지막은 "$"이 됩니다. 0을 사용하고 있다는 것은 API를 사용하고 있지 않다는 것을 의미합니다.

다음은 콜드 부트입니다.

레이블 **boot**가 점프 벡터에서 지정된 주소입니다.

```
boot:
```

우선 처음에 스택 포인터(**SP**)를 초기화했습니다.

```
; 기호 buff80h의 값을 스택 포인터(SP)에 설정
lxi   sp,buff80h
```

BIOS가 호출될 때 스택 포인터에 어떤 주소가 설정되는지 알 수 없기 때문입니다.

다음에 "**CP/M 2.2 on EE8080**"이라는 메시지(환영 메시지)를 출력하고 있습니다.

```
; 문자열의 시작 주소를 HL 레지스터 페어(● 142페이지)에 설정
lxi   h,signon
; HL 레지스터로부터 연속하는 문자열을 출력
call  prmsg
```

HL 레지스터 페어에 문자열의 시작 주소를 설정하고, 서브루틴 **prmsg**를 호출하면 서브루틴 쪽에서 모든 것을 해줍니다.

다음은 작업 영역의 초기화입니다.

```
; 누산기를 0으로 함.
xra  a
; 변수 cdisk에 0을 저장
sta  cdisk
; 변수 iobyte에 0을 저장
sta  iobyte
```

이해하기 어려운 것은 **xra a**일 것입니다. 이것은 정의상, **누산기의 값과 누산기의 값의 XOR을 취하는** 기능을 가집니다. 그러나 동일한 비트 값에 대한 **XOR**은 0 **XOR** 0와 1 **XOR** 1밖에 없습니다. 모두 답은 0입니다. 그 결과 누산기의 모든 비트는 반드시 0이 됩니다. 8비트에 있는 모든 비트가 0이 되는 것입니다. **MVI A,0**이라고 쓰면 2바이트가 필요하지만, **XOR A**라면 1바이트로 해결되므로 자주 사용되는 제로 클리어 기술입니다. 이것은 이해하기 어려울지도 모르지만, 이 책의 가장 중요한 부분입니다. 실제로 컴퓨터의 깊은 부분에서는 이와 같은 기술이 다수 사용되고 있습니다.

누산기와 누산기의 연산에는 여러 가지 특별한 의미가 있습니다.

- 누산기를 0으로 한다. → XRA A, SUB A
- 누산기가 0인지를 판단하여 Z 플래그에 반영한다. → ORA A, AND A
- 누산기를 2배로 한다. → ADD A
- C 플래그가 1이면 누산기를 0xff로 한다. 0이면 0으로 한다. → SBB A

명령에 대하여 본래와는 다른 의미를 발견하여 그것을 활용하는 것으로 바이트 수를 절약하는 것은 과거에도 지금에도 행해지는 표준적인 기술입니다.

이제 소스 코드로 돌아갑시다.

마지막에 웜 부트와 공통의 CP/M 이행 루틴으로 건너뛰어 끝나게 됩니다.

```
jmp  gocpm  ;CP/M으로 이동
```

다음은 웜 부트입니다.
레이블 **wboot**가 점프 벡터에서 지정된 주소입니다.

```
wboot;
```

우선 스택 포인터를 초기화합니다. 이후 CP/M을 메모리에 적재하지만, 만일 그것과 겹치는 장소에 스택이 설정된다면 곤란해지기 때문입니다.

```
; 기호 buff의 값을 스택 포인터(SP)에 설정
lxi  sp,buff
```

I/O 포트 **f2**에 데이터를 출력합니다. 데이터 값은 관계없습니다. 출력 동작을 수행하면, 자바스크립트 쪽의 기능이 CP/M의 재적재를 수행해주는 것입니다.

```
; CP/M의 재적재 처리를 요청함
out  0f2h
```

CP/M의 명령 대기로 돌아갈 때에는 반드시 재적재가 발생합니다. 결국 BDOS, CCP는 반드시 다시 읽힙니다. 이러한 메커니즘에서 알 수 있듯이, 실제로 CCP와 BDOS의 영역은 애플리케이션에서 사용될 수 없습니다. 이것들이 사용되고 있는 메모리 영역을 다른 목적으로 사용해 덮어써도 재적재로 내용이 돌아가기 때문입니다. 그러나 운영 체제를 재적재하는 상황에서 BIOS만은 남겨둘 필요가 있습니다. BIOS의 영역은 사용되지 않습니다. 다만, BDOS

까지 사용되어 버리면 API가 호출되지 않아 불편하기 때문에 보통은 CCP만을 고쳐 쓰고 사용합니다.

레이블 **gocpm**은 콜드 부트로부터 점프한 장소로, 이제부터는 콜드 부트, 웜 부트 공통의 처리입니다.

```
gocpm:
```

다음 두 개의 명령에서, 레이블 **buff**의 주소(0080h)를 DMA 주소로 설정합니다. 서브루틴 **setdma**는 BC 레지스터의 값을 DMA 주소로 설정하지만, 실제로는 DMA를 행하는 주소가 아니라 디스크에서 읽고 전송하는 장소의 지정입니다. 이것을 DMA 주소라고 부르는 이유는 CP/M의 초기 버전이 가정한 DMA라고 하는 디스크로부터 전송되었기 때문입니다. 그래서 서브루틴 **setdma**는 DMA 제어기를 액세스하는 것이 아닌 작업용 기억 영역에 주소를 보관하는 것입니다.

```
; 디스크 입출력의 주소를 기호 buff에 설정
  lxi   b,buff
  call    setdma
```

다음 10개 명령은 **005ch** 번지 앞의 영역에 필요한 점프 명령을 설정하고 있습니다.
구체적으로 설정되어 있는 명령은 다음 세 가지입니다.

- 0번지   jmp   wboote(웜 부트)
- 5번지   jmp   bdos(BDOS 호출)
- 38h번지 jmp   halt(RST 7 명령으로 정지. DDT[5]로 덮어쓸 수도 있음)

주5) DDT는 CP/M에 장착된 디버거입니다.

주의해야 할 점은 '0번지로 점프하면 운영 체제가 웜 부트하여 운영 체제로 되돌아간다', '**CALL 5**로 BDOS를 호출한다(API 호출)'라는 두 가지 기능은 여기에서 설정된다는 것입니다. 그 이전에 **JMP 0**이나 **CALL 5**를 사용해도 동작하지 않습니다(물론, 앞의 부트 시에 데이터가 남아 있었다면 동작할 가능성이 있지만, 보장된 기능은 아닙니다).

RST 7을 실행하면 정지하도록 고려한 것은 에뮬레이터의 슈퍼 트랩과 동일한 발상(◉ 330페이지)이지만, 에뮬레이터의 슈퍼 트랩은 **38H**를 참조하지 않고, **RST 7**이 있으면 바로 정지합니다. CPU의 에뮬레이션이 정상적으로 동작하지 않는다는 전제하의 개발 지원 기능이기 때문입니다.

```
; 누산기에 JMP 명령의 첫 번째 바이트를 저장
    mvi a,0c3h
; 0번지를 갱신
    sta 0
    lxi h,wboote
; 1~2번지를 갱신
    shld  1
; 5번지를 갱신
    sta 5
    lxi h,bdos
; 6~7번지를 갱신
    shld  6
; 38h번지를 갱신
    sta 38h
    lxi h,halt
; 39h~3ah번지를 갱신
    shld    39h
```

0c3h는 **jmp**(점프) 명령의 첫 번째 바이트의 코드입니다. 그 다음의 2바이트가 점프할 곳의 주소입니다. 3바이트를 한 번에 모아 기록하는 명령은 8080에 존재하지 않기 때문에 **sta**로 1바이트, **shld**로 2바이트를 기록합니다.

여기에서 중요한 기술에 관해서는 주석을 달아둡니다.

sta 명령은 누산기의 값을 기록합니다. **shld** 명령은 **HL** 레지스터 페어의 값을 기록합니다. 이 때문에 다음 두 명령을 실행해도 누산기 값이 변하지 않습니다.

```
lxi h,목적하는 값
shld    기록하는 주소
```

이 때문에 최초에 누산기 값을 **0c3h**로 설정하면(**mvi a,0c3h**), 누산기의 값을 또 다시 **0c3h**로 설정할 필요는 없습니다.

이것으로 초기화는 종료했습니다. 이대로 CCP에 처리를 넘기면 좋겠지만, 마지막으로 또 하나의 작업이 남아 있습니다. '아직도 초기화가 끝나지 않았나?'라고 생각할지도 모르겠지만, 남은 작업은 초기화가 아닙니다. CCP의 진입점은 현재의 로그인 드라이브의 번호를 C 레지스터에 저장하는 것을 요구하고 있습니다. 마지막 로그인 드라이브는 레이블 **cdisk**(0004번지)에 저장되어 있기 때문에 이 값을 사용하면 됩니다.

그런데 문제가 하나 있습니다. 에뮬레이터의 구현에서 드라이브는 네 개 존재합니다. 명칭은 A 드라이브, B 드라이브, C 드라이브, D 드라이브, 번호는 0, 1, 2, 3입니다. 로그인 드라이브는 알파벳 한 문자에 콜론 기호를 붙여 'A:'와 같이 CCP에 입력하면 바뀝니다. 따라서 존재하지 않는 E 드라이브로 바꾸려고 하는 'E:'라고 입력하면 무슨 일이 일어날까요? CCP는 E 드라이브로 바뀌지만, 존재하지 않기 때문에 오류가 됩니다. 오류로부터 복귀하게 위하여 웜 부트하면 지난번 로그인 드라이브는 E 그대로이기 때문에 레이블 **cdisk**(0004번지)에 저장되어 있는 숫자는 드라이브 E에 해당하는 4입니다. 그 값을 C 레지스터에 입력하여 CCP를 호출하면 또 다시 오류가 발생할 것입니다.

이 문제에 대한 대책으로서, 4 이상의 값이 저장되어 있을 때는 0을 넘기도록 기술되어 있습니다. 구체적으로 누산기 값을 4와 비교하고, 캐리 플래그가 발생되면(빌림이 발생되면) 누산기를 0(드라이브 A)으로 되돌리는 처리를 생략하게 합니다.

```
; 마지막 로그인 드라이브의 번호를 누산기에 입력
  lda  cdisk
  ; 존재하지 않는 드라이브가 지정되면 드라이브 0(A)으로 간주
  ; 이것을 수행하지 않으면 부트가 무한히 반복되는 경우가 있음
; 이 가상 머신에서 준비된 디스크는 4대. 4와 비교
    cpi  4
; 4보다 작으면 다음 처리는 생략
    jc  skip
; 로그인 드라이브를 0(A)으로 다시 설정
    mvi  a,0
skip:
; CCP에 넘기는 로그인 드라이브의 번호를 C 레지스터에 전송
    mov  c,a

; CCP를 호출
    jmp  cpmb
```

마지막에 누산기 값을 C 드라이브에 이동시켜 CCP로 점프합니다. 레이블 **cpmb**는 CCP의 진입점 주소입니다.

다음의 서브루틴은 C 레지스터에 들어 있는 문자 코드를 콘솔로 송출하는 기능을 가집니다. 콘솔은 보통 텔레타이프나 비디오 디스플레이 터미널이지만, 개인용 컴퓨터 화면인 경우도 있습니다. 에뮬레이터에서는 가상의 화면을 준비하여 그곳에 문자를 추가하는 방식으로 되어 있습니다. 기능의 상세한 내용은 자바스크립트에 있습니다. **out 0f0h**에서 그 기능을 실행하도록 되어 있습니다. 다만, **out** 명령은 누산기의 데이터를 출력하는 것을 전제로 하는 명령이기 때문에 일단 누산기에 전송한 후 **out** 명령을 실행합니다. 그렇게 하면 누산기 값이 지워지기 때문에 **push psw**로 스택에 보관합니다.

마지막은 **pop psw**로 누산기의 값을 스택으로부터 꺼내 원래의 값으로 돌아가고, **ret** 명령으로 서브루틴으로부터 원래의 장소로 복귀합니다.

```
conout:
; 누산기와 플래그의 값을 스택에 대피시킴
  push   psw
; 출력해야 하는 문자를 누산기로 전송
  mov a,c
; 출력 포트를 경유하여 누산기의 한 문자 출력 기능을 호출
  out 0f0h
; 누산기와 플래그 값을 스택으로부터 되돌림
  ret
```

다음의 서브루틴은 C 레지스터에 들어 있는 문자 코드를 리스트 장치로 송출하는 기능을 가집니다. 리스트 장치는 보통 프린터이지만, 에뮬레이터에서는 가상의 텍스트 영역을 준비하여 그곳에 추가하는 방식으로 되어 있습니다. 그 외는 콘솔 출력과 동일합니다.

```
list:
 push  psw
 mov a,c
 out 0f3h
 pop psw
 ret
```

다음은 종이 테이프 천공기로의 출력입니다. 이것도 리스트 장치와 거의 동일하게 취급되고 있습니다.

```
punch:
 push   psw
 mov a,c
 out 0f4h
 pop psw
 ret
```

다음은 종이 테이프 리더기로부터의 입력입니다. 이것도 리스트 장치와 거의 동일하게 취급되고 있지만, 누산기에 값을 넣고 복귀하는 방식이기 때문에 내용은 대폭 간소화되어 있습니다. 값을 C 레지스터에 복사할 필요도 없지만, 누산기의 값을 스택에 대피시킬 필요도 없습니다.

```
reader:
; 입력 포트를 경유하여 에뮬레이터의 한 문자 입력 기능을 호출
    in  0f5h
    ret
```

다음은 콘솔 입력인데, 구조가 특이하고, 두 가지 특징이 있습니다. 하나는 **in** 명령[6]이 두 번 있다는 것입니다. 한 문자 입력은 문자가 입력될 때까지 기다릴 필요가 있지만, 그 사이 가상 CPU를 정지시킵니다. **in** 명령 하나에서 값을 받아들일 것 같지만, 실은 에뮬레이터 구조에서는 불가능합니다. 반드시 한 가지 명령이 실행된 후가 아니면 정지할 수 없습니다. 이 때문에 처음의 **in** 명령을 실행한 시점에서는 아직 문자 입력은 완료되지 않고, 입력 문자 코드를 리턴할 수 없습니다. 두 번째 **in** 명령은 문자 입력이 있고 실행을 재개한 후에 실행되기 때문에 입력된 문자를 리턴할 수 있습니다.

또 하나는 입력 코드의 취득 방법이 다른 웹 브라우저가 있다는 것입니다. 이 경우에는 0을 리턴하기 때문에 0의 경우는 경고 메시지 "**conin returns 0**"을 내보내고 CPU를 정지시킵니다. 이미 대책이 마련되었으므로 이 메시지가 표시되는 일은 없을 것입니다.

```
conin:
; 입력 포트를 경유하여 에뮬레이터의 한 문자 입력 기능을 호출
    in   0f0h
; 입력 포트를 경유하여 실제로 입력된 문자를 받아들임
```

주6) JavaScript 쪽의 호스트 환경과의 통신에는 out 명령과 마찬가지로 in 명령이 사용되고 있습니다. in 명령은 주로 값을 취득하는 기능으로 사용되고 있습니다.

```
    in   0f1h
; 그것이 0인가?
    ora  a
; 0이 아니기 때문에 리턴
    rnz
; 다음의 코드는 실행되지 않음(문자 코드 0이 입력되는 것이 아님)
    lxi  h,coninmsg
    push    psw
    call    prmsg
    pop psw
    hlt


coninmsg    db    "conin returns 0",0
```

ora a는 누산기와 누산기를 OR하는 명령입니다. 누산기의 값이 변하지 않지만 플래그는 변합니다. 이것을 실행하면 누산기가 0일 때만 Z 플래그가 1이 됩니다. 이 동작을 이해할 수 없는 사람은 **OR** 연산의 진리표와 **ORA** 명령의 동작을 비교해보기 바랍니다. 이것을 이해할 수 있으면, 이 책의 절반 정도는 정복한 것과 마찬가지입니다. 결국, 컴퓨터가 동작하는 구조를 숨겨놓은 방문을 열 준비가 된 것과 마찬가지입니다.

rnz는 **Z** 플래그가 1이 아닐 때만 서브루틴으로부터 리턴합니다.
이 두 개의 명령을 합치면, 누산기가 0이 아닐 때(유효한 문자 코드가 얻어질 때)만 리턴하는 기능을 발휘하는 것이 됩니다.

다음은 특수한 기능을 가진 입력입니다. 단순한 문자 체크(이미 입력이 끝난 문자가 있는지의 여부를 체크)를 수행합니다. 이미 입력된 문자가 있는지를 알아보겠습니다. 가상 CPU를 일시 정지시키지 않기 때문에 **in** 명령은 한 개여도 상관없습니다. 어떠한 문자가 있으면 **0FFH**, 없으면 0을 리턴합니다.

```
        ; realtime keyscan
const:      ;CONSOLE STATUS, RETURN 0FFH IF CHARACTER READY, 00H IF NOT
        in  0f4h
        ret
```

또 하나 특수한 기능을 가진 서브루틴(리스트 장치의 상태를 나타냄)이 있지만, 구현되지 않았습니다. 만일 호출되는 경우에는 슈퍼 트랩 기능으로 검출하기 위하여 **rst 7**로 끝납니다. 누산기에 **0fh**를 넣는 것은 정지 원인의 식별용입니다. 정지한 시점에서의 누산기의 값이 **0fh**라면 정지 이유는 아마 이것이라고 추측할 수 있습니다.

```
listst:
; 정지 이유를 통지하기 위해 값을 누산기에 설정
    mvi a,0fh
; CPU를 정지시킴
    rst 7
```

다음은 **BC** 레지스터 페어의 값을 디스크 읽기 쓰기의 전송 장소의 주소로 설정합니다. 에뮬레이터에 DMA 제어기가 포함되어 있지 않기 때문에, 메모리에 보관해두는 것뿐입니다. 일단 **HL** 레지스터 페어에 전송하는 것은, 16비트 값을 한 가지 명령으로 기록하기 위해서는 **HL** 레지스터 페어를 경유할 필요가 있기 때문입니다(이 서브루틴은 **HL** 레지스터 페어의 값을 유지하지 않습니다).

```
setdma:
; BC 레지스터 페어의 값을 변수 iod에 저장
    mov l,c
    mov h,d
    shld    iod
    ret
```

다음은 디스크 드라이브의 선택입니다. 이때 주목해야 할 점은 디스크 헤더 테이블(이해하지 않아도 되므로 설명을 생략했던 것)의 주소를 계산할 때, **dad h** 명령을 "**HL** 레지스터 페어를 2배한다"라는 기능으로 사용한다는 것입니다. 물론 8080에 곱하기 연산은 없습니다. 그러나 "**X**의 2배는 **X+X**와 같다"라는 전제를 가지면, 덧셈 명령으로 2배를 구현할 수 있습니다. 덧셈 연산 명령을 여러 번 나열하면 2배, 4배, 8배, …를 쉽게 구현할 수 있습니다.

```
seldsk:
; C 레지스터의 값으로 디스크를 선택
    lxi h,0000h  ;return 0000 if error
    mov a,c
    cpi ndisks   ;too large?
    rnc          ;leave HL = 0000
    sta iodrive
; 디스크 드라이브마다 매개변수의 주소를 계산
    mov l,c
    mvi h,0 ;HL=disk number
    dad h    ;*2
    dad h    ;*4
    dad h    ;*8
    dad h    ;*16
    lxi d,dpbase
    dad d    ;HL=disk header table address
    ret
```

이 방법으로 2배와 4배는 계산할 수 있어도 3배는 계산할 수 없을 것 같은 생각이 들지만, 반드시 그렇지는 않습니다.

실제로 3배는 **X+X+X**로 환원하여 구현할 수 있습니다. **HL** 레지스터 페어를 3배로 한다면 이렇게 하면 됩니다(**DE** 레지스터 페어의 수치는 유지하지 않습니다).

```
mov e,l
mov d,h
dad h
dad d
```

참고로 5배는 **X*4+X**로 실현 가능합니다. 5배가 가능하다면, 10배는 5배의 2배가 됩니다.

최근 이러한 방식은 소스 코드를 이해하기 어렵게 만들어 생산성이 떨어진다는 악평을 듣고 있습니다. 그러나 전혀 사용하지 않는 것은 아니고, 컴파일러의 최적화 기능에서 사용되는 경우가 있습니다.

다음은 플로피 디스크의 트랙 지정입니다. 가상의 디스크에서 트랙은 간단한 계산 조건에 지나지 않기 때문에 메모리에 보관하면 끝입니다.

```
settrk:
; C 레지스터의 값으로 트랙을 선택
  lxi   h,iotrack
  mov   m,c
  ret
```

다음은 트랙의 홈 위치로 이동시킵니다. 그러나 실체가 없는 가상 디스크에서는 의미가 없기 때문에 0 트랙을 지정하는 것과 같게 됩니다.

```
home:
; 트랙 0로 트랙을 이동
  mvi   c,0
  jmp   settrk
```

다음은 섹터를 지정하는 서브루틴입니다.

```
setsec:
; C 레지스터의 값으로 섹터를 선택
```

```
MOV  A, C
STA  iosector
ret
```

다음은 섹터의 변환을 수행하는 서브루틴입니다.

그러나 자유롭게 섹터 길이, 섹터 수, 트랙 수를 선택하는 가상의 세계에서는 그다지 의미가 없습니다. 의미를 이해할 필요는 없을 것입니다. 저자도 기존의 서브루틴[7]에서 그대로 가지고 온 것일뿐 수정하지 않았습니다.

```
sectran:
;TRANSLATE THE SECTOR GIVEN BY BC USING THE
;TRANSLATE TABLE GIVEN BY DE
    XCHG          ;HL=.TRANS
    DAD B     ;HL=.TRANS  (SECTOR)
    MOV L, M    ;L=TRANS  (SECTOR)
    MVI H, 0    ;HL=TRANS  (SECTOR)
    RET       ;WITH VALUE IN HL
```

다음은 디스크의 읽기 쓰기 서브루틴입니다. 드라이브, 트랙, 섹터, 전송 주소를 지정한 상태에서 사용합니다. 실제 처리는 **in 0f2h**와 **in 0f3h**에서 구동됩니다. 이때, 약간의 트릭을 쓰고 있습니다. **b, c, e, h, l** 레지스터에 드라이브 번호, 트랙 번호, 섹터 번호, 전송 주소를 설정하여 넘기지만, 이는 실제 컴퓨터에서는 불가능합니다.[8] 가상 머신이므로 CPU 내부의 레지스터를 참조할 수 있을 뿐입니다.

주7) 출처 : "DIGITAL RESEARCH TM CP/M Operating System Manual" Appendixes B-6 sectran 서브루틴(http://www.cpm.z80.de/manuals/cpm22-m.pdf)

주8) 실제 컴퓨터에서는 DMA 제어기나 플로피 디스크 제어기에 이러한 값을 설정하는 것이 되고, 레지스터에서는 정보를 전송할 수 없습니다.

```
; 가상 디스크 읽기
read:
; 지워지면 곤란한 레지스터를 대피
    push  b
    push  d
    push  h
; B 레지스터에 드라이브 번호를 읽어 들임
    lda iodrive
    mov b,a
; C 레지스터에 트랙 번호를 읽어 들임
    lda iotrack
    mov c,a
; E 레지스터에 섹터 번호를 읽어 들임
    lda iosector
    mov e,a
; HL 레지스터 페어에 전송 주소를 읽어 들임
    lhld   iod
; 입력 포트를 경유하여 디스크 입력 처리를 의뢰함
    in  0f2h
; 지워지면 곤란한 레지스터를 복귀
    pop  h
    pop  d
    pop  b
    ret


; 가상 디스크 쓰기
write:
; 지워지면 곤란한 레지스터를 대피
    push  b
    push  d
    push  h
; B 레지스터에 드라이브 번호를 읽어 들임
    lda  iodrive
    mov  b,a
; C 레지스터에 트랙 번호를 읽어 들임
    lda  iotrack
    mov  c,a
; E 레지스터에 섹터 번호를 읽어 들임
```

```
    lda   iosector
    mov   e,a
; HL 레지스터 페어에 전송 주소를 읽어 들임
    lhld  iod
; 입력 포트를 경유하여 디스크 쓰기 처리를 의뢰함
    in  0f3h
; 지워지면 곤란한 레지스터를 복귀
    pop  h
    pop  d
    pop  b
    ret
```

다음은 **System halted by RTS** 7라고 표시하여 CPU를 정지시키는 서브 루틴입니다. 보통은 절대로 실행되지 않는 코드입니다.

```
haltmsg db  "System halted by RTS 7",0
halt:
    lxi h,hlatmsg
    call   prmsg
    mvi a,0ffh
    hlt
```

다음은 문자 코드 0이 나올 때까지 문자열을 콘솔에 출력하는 서브루틴입니다. 다만 BDOS를 부르지 않고, BIOS 내에서 완결할 필요가 있다는 점에 주의하기 바랍니다.[9]

```
; HL 레지스터 페어가 지시하는 주소로부터 0이 될 때까지 출력
prmsg:
; HL 레지스터 페어가 나타내는 메모리의 값을 누산기로 전송
    mov a,m
; 0인지를 판정
```

주9) BDOS를 동작시키는 일을 맡은 BIOS가 BDOS를 부르면, 최악의 경우 순환 참조가 발생하여 시스템이 고장납니다.

```
        ora  a
;  0이라면 리턴
        rz
;  HL 레지스터 페어를 대피
    push    h
;  출력해야 하는 문자를 C 레지스터로 이동
    mov  c,a
;  한 문자 출력
    call    conout
;  HL 레지스터 페어를 복귀
    pop  h
;  HL 레지스터 페어 + 1
    ix  h
;  처음으로 되돌아감
    jmp  prmsg
```

다음은 작업 영역(work area)입니다. 디스크의 전송 장소 주소, 드라이브 번호, 트랙 수, 섹터 번호를 일시적으로 유지합니다.

```
;    data areas (must be in ram)
iod:   dw   buff        ;io address

iodrive:    db   0       ;selected drive
iotrack:    db   0
iosector:   db   0
```

이상으로 끝내고, 마지막은 다음 코드가 됩니다.

```
end
```

EE8080에 내장되어 있는 간이 어셈블러는 BIOS와 자기진단 프로그램을 작성하여 실행하기 위한 것으로, 독자의 이용을 가정하고 있는 것은 아닙니다.

기능도 한정적입니다. 그러나 도전 의식을 가진 사람이 이 기능으로 스스로 BIOS를 만들어보는 것을 거부할 이유는 없습니다. CP/M을 메모리로 읽어 들인 후 BIOS를 어셈블하고, 메모리에 적재시키고 나서 CP/M을 실행시켜보 기 바랍니다. BIOS가 바르게 적재되면, 여러분의 손으로 어셈블된 BIOS로 CP/M이 동작할 것입니다.

CP/M을 사용하여 BIOS를 개발한다면

5·5

> BIOS가 없으면 운영 체제가 동작하지 않습니다.

> 운영 체제가 동작하지 않으면 BIOS를 작성할 수 없습니다.

CP/M을 사용하기만 한다면 여기에서 설명하는 지식은 필요하지 않습니다. 그러나 이 책은 보통은 숨어 있는 지식을 설명하기 위한 것이므로 굳이 설명하겠습니다. 실천할 기회는 아직 없지만, 이러한 것도 가능하다는 것을 알아두기 바랍니다.

그런데 혹시 여러분이 CP/M을 사용하여 개인용 BIOS를 개발해보고 싶다고 생각한다면 한번 시도해보기 바랍니다.
CP/M상의 어셈블러로 BIOS의 소스 코드를 어셈블하는 것이 가능합니다.
그러나 이미 개발용 CP/M이 동작하고 있는 컴퓨터에서 여러분이 작성한 BIOS를 새롭게 동작시키는 것은 불가능합니다.
필연적으로, **개발용 컴퓨터와 테스트 실행용 컴퓨터를 두 대 준비한 교차 개발**이 됩니다.
교차 개발은 소스 코드 개발에 사용하는 개발 컴퓨터와 실제로 동작시키는 타깃 컴퓨터를 나누어 사용합니다.
결국, 다음 순서를 따라갑니다(◐ 그림 5.4).

❶ CP/M을 동작시키고 싶은 컴퓨터를 준비한다(컴퓨터 A = 타깃 컴퓨터).
❷ CP/M이 현재 동작하고 있는 컴퓨터를 준비한다(컴퓨터 B = 개발 컴퓨터).
❸ 컴퓨터 B에서 컴퓨터 A용의 BIOS 소스 코드를 작성한다.
❹ 컴퓨터 B에서 소스 코드를 어셈블하여 실행 바이너리 코드를 얻는다.
❺ CP/M의 구동 디스크의 복제본을 만든다.
❻ 복제한 구동 디스크의 BIOS 영역에 컴퓨터 A용 BIOS의 바이너리 코드를 기록한다.
❼ 복제한 구동 디스크를 컴퓨터 A에 삽입하고 리셋한다.

⑧ 운이 좋으면 구동한다(정상적으로 구동하지 않은 경우에는 소스 코드와 순서
를 재검토한다).

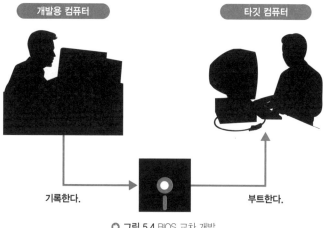

○ **그림 5.4** BIOS 교차 개발

해당 컴퓨터에서 동작하는 BIOS를 개량하는 경우에는 이것에 준하는 순서를
따라가지만, 컴퓨터는 한 대로도 가능합니다.

플로피 디스크가 주류였던 시대, 운영 체제 개발에서는 다른 컴퓨터상에서 데
이터를 기록하고, 플로피 디스크의 미디어를 꺼내어 다른 컴퓨터에서 부트하
여 동작을 관찰하는 광경이 자주 보였습니다. 내장된 HDD 등에서 비슷한 것
을 실행하는 것은 곤란합니다. CD-RW 등의 기록 가능한 미디어에 쓰고,
USB 메모리 등을 사용하여 시험하는 것이 적절합니다. 결국, 기록하고 꺼내
고 다른 컴퓨터에 삽입하여 부트하는 순서는 동일할지도 모릅니다. 가상 머신
을 사용하면, 단순한 파일을 다시 쓰는 것만으로도 시험할 수 있습니다.

그러나 그것을 실행하는 기회는 그 정도로 많지 않을 것입니다. 왜냐하면,
CP/M의 BIOS와 같은 특정 하드웨어에 의존하는 소프트웨어를 작성하는 기
회가 줄어들고 있기 때문입니다. 범용 운영 체제의 드라이브를 경유하여 사용
하는 편이 더 쉬울 것입니다.

운영 체제가 구동하면 세계가 크고 넓어지며 실제로 여러 가지 애플리케이션이 동작합니다.
그러나 아직 프로그램을 동작할 수 없으므로, 가장 원시적인 방법으로 아이디어를 구현해봅시다.

어셈블러 편

기계어를 어셈블러에서 처리

6.1

> 아름다운 코딩 용지 부탁합니다.[1]

> 아름답지는 않았지만, 더 이상 팔지 않습니다.

이미 설명한 대로, 연상 기호(mnemonic code)를 이용하여 작성된 어셈블리 언어의 소스 코드를 비트 표현으로 치환하는 작업을 '어셈블'이라고 합니다.
가장 원시적인 어셈블은 '핸드 어셈블'입니다.
명령표를 보면서 사람이 직접 명령을 하나씩 치환해 나가는 것입니다.
명령표는 16진수에 해당하는 명령을 알기 위한 표와 연상 기호에서 16진수를 구하기 위한 표의 두 가지 종류가 제공됩니다.

이를 수행하기 위해(어셈블리 언어용) 코딩 용지가 판매되었던 시대도 있습니다.
용지는 대개 그림 6.1과 같습니다.

주소	데이터	레이블	연상 기호	피연산자
0000	21 00 00		LXI	H,0
0003	76		HLT	

○ **그림 6.1** 코딩 용지의 이미지

주1) 역자 주 : 코딩과 코팅의 일본어 발음이 비슷하기 때문에 저자가 제시한 유머입니다.

우선 레이블, 연상 기호, 피연산자의 항목을 채웁니다.
그 다음 명령표를 보면서 그것을 16진수로 치환하여 데이터란을 채웁니다.
마지막에 데이터의 바이트 수에 맞추어 주소란을 기입합니다.
모두 수작업입니다.

가장 초기에 아키하바라에서 개인용으로 판매된 컴퓨터, 예를 들어 NEC
TK-80의 메모리 용량은 512바이트였기 때문에 메모리의 한계까지 사용한
프로그램도 거의 200~300회 정도로 이것을 하면 핸드 어셈블이 완료됩니다.
힘들지만 불가능한 서비스는 없습니다.
그러나 이는 매우 비효율적입니다.
효율 향상을 요구하는 목소리가 높아졌습니다.

솔직하게 말하면, 연상 기호를 16진수로 치환하는 자동화는 가능합니다. 그
것을 수행하는 도구를 '어셈블러'라고 부릅니다. "어셈블러가 다음에 유행이
되어 보급되었는가?"라고 묻는다면 그것은 아닙니다. 다음에 이루어진 것은
BASIC 언어 인터프리터였습니다. 어셈블러는 그 뒤에 다시 부흥했습니다. 한
때는 BASIC 언어 인터프리터에 왜 패배했을까요? 왜 다시 부흥할 수 있었을
까요? 그 이유를 아는 것이 어셈블러의 성질을 이해하는 것과 직결됩니다.

어셈블러의 기본 구조

6.2

> 연상 기호를 변신시키겠어.

> 일일이 발표하지 않아도 되니까 어서 16진수로 고쳐주세요.

어셈블러의 기본 구조는 간단합니다.

2장에서 설명한 대로, **LXI H,0**(HL 레지스터 페어에 0을 넣음)이라는 명령은 **21 00 00**이라는 16진수에 대응합니다.

따라서 소스 코드에서 'LXI H,0'라는 문자열을 발견하면, **21 00 00**이라는 수치를 파일에 기입하면 되는 것입니다.

이것을 실행시키면, **HL** 레지스터 페어에 0이 들어갑니다.

실제로 해석하는 경우에는 좀 더 머리를 써야 합니다.

우선 **LXI**라는 문자열을 식별한 시점에서 이 명령의 기본형은 **00XX0001**이라는 바이너리 코드라고 알고 있습니다. 그러나 **XX**가 결정되지 않으면 값을 확정할 수 없습니다. 확정 짓기 위해서는 첫 번째 피연산자를 찾아야 합니다. 따라서 다음 정보를 참조합니다.

B → **00**
D → **01**
H → **10**
SP → **11**

H는 **10**이므로 **XX**는 **10**으로 확정합니다.

이렇게 명령의 첫 번째 바이트가 **00100001**, 결국 16진수 **21H**라고 확정할 수 있습니다.

두 번째 바이트와 세 번째 바이트는 두 번째 피연산자로 결정됩니다.

이 값을 상위 8비트와 하위 8비트로 분리합니다. 따라서 두 번째 바이트에 하위 8비트, 세 번째 바이트에 상위 8비트를 써넣습니다.

이것으로 LXI H,0을 21 00 00으로 변환할 수 있습니다.

세상에는 더욱 복잡한 해석을 수행해야 바이너리 코드를 확정할 수 있는 어셈블리 언어도 있지만, 8080은 이 정도로 충분합니다.

문제는 레이블의 처리입니다.

다음 소스 코드는 문제가 아닌 예입니다.

```
loop:  DEC B
       JNZ loop
```

레이블 loop의 구체적인 주소는 DEC B를 어셈블한 시점에 결정됩니다. 따라서 JNZ loop를 어셈블 하는 단계에서는 이미 loop가 어떤 주소를 나타내는지 알 수 있습니다.

그러나 다음의 소스 코드가 되면 문제가 발생합니다.

```
       JZ  skip
       MVI A,1
skip:
```

레이블 skip의 주소가 확정되는 것은 MVI A, 1을 어셈블한 후이지만, 값이 필요한 것은 JZ skip을 어셈블할 때입니다. 아직 확정되지 않은 주소를 요구하고 있습니다.

이에 대처하는 방법은 두 가지입니다.

1패스 방식과 2패스 방식입니다.

1패스 방식은 미확정 레이블이 출현하면 우선 0을 넣어두고, 미확정 레이블의 리스트에 추가합니다. 그리고 값이 확정되면 이전으로 되돌아가서 공란의 주소를 메우는 방식입니다.

2패스 방식은 레이블이 미확정이라도 명령의 바이트 수를 알기 때문에 주소는 확정할 수 있다는 특징을 이용하여 소스 코드를 두 번 해석하는 것으로 결과를 얻습니다.

첫 번째 해석을 '첫 번째 패스'라고 합니다.

두 번째 해석을 '두 번째 패스'라고 합니다.

첫 번째 패스는 레이블과 주소의 대응 관계의 표를 작성하는 것에 전념합니다. 이 표를 '심벌 테이블'이라고 합니다. 이때, 주소는 모두 미확정으로 취급합니다. 어차피 출력은 없기 때문에 주소란은 미확정인 채로 방치해두어도 상관없습니다.

두 번째 패스는 첫 번째 패스에서 작성한 심벌 테이블을 사용하여 바이너리 코드를 생성합니다. 모든 레이블에 대응하는 주소를 포함한 심벌 테이블이 이미 있기 때문에 이젠 레이블이 미확정은 아닙니다. 완전한 바이너리 코드의 출력을 얻는 것이 가능합니다.

어셈블러의 분류

6.3

절대로. 지면 안 돼요. 명령이니까.

자네에게는 명령을 내리는 권한이 없으니까 그것은 의사 명령이야.

어셈블러를 분류하는 방법은 1패스, 2패스라는 것 외에도 여러 가지가 있습니다.

- 절대(absolute) 주소인가, 상대(relative) 주소인가?
- 매크로 기능을 가지고 있는가, 가지고 있지 않은가?
- 출력 장소가 파일인가, 메모리인가?
- 어느 정도의 의사 명령을 가지고 있는가?
- 어느 정도 복잡한 계산 기능을 가지고 있는가?

절대 주소와 상대 주소에 관해서는 '**6.5 : 링커의 존재 의의**'에서 상세히 설명합니다.

매크로 기능이라는 것은, 예를 들어 **CLEAR**라고 작성되면 **XOR A**으로 치환하는 것과 같은 **매크로 치환 기능**을 의미합니다.

출력 장소에 관해서는 파일에 출력하는 변형이 대다수이지만, 고속의 보조 기억 장치를 전제로 하지 않고 동작하는 것은 직접 메모리에 기록해버리는 경우가 있습니다.

의사 명령이라는 것은 CPU에 대응하는 명령이 없지만, 편리성 때문에 명령인 것처럼 취급되는 명령군입니다. 심벌에 직접 값을 정의하는 EQU나 시작 주소를 지정하는 ORG 등이 있지만, 어셈블마다 기능이 많기도 하고 적기도 합니다.

계산 기능은 수치를 기술하는 식으로서 **어느 정도 복잡한 식을 기술하는가**라는 것이지만, 이것도 천차만별입니다.

예를 들어 다음과 같은 복잡한 식('**(8*16+OFFSET)*FACTOR**' 부분)을 포함하는 코딩이 가능하게 되는 어셈블과 그렇지 않은 어셈블이 존재합니다.

```
LXI  H,(8*16+OFFSET)*FACTOR
```

그러나 무엇을 어디까지 허용하는지는 어셈블러에 따라 결정됩니다.

칼럼

괴짜 어셈블러

어셈블러의 별종은 고급 언어 형식의 어셈블러일 것입니다. 레지스터를 변수처럼 간주하고, 그곳에 대입하는 구문으로 작성하는 것이 가능합니다.

연상 기호는 사용하지 않고, 고급 언어 형식의 구문을 사용합니다.

그러나 지금까지 그러한 별종은 그다지 보이지 않았습니다.

왜 그럴까요?

아마 고급 언어 형식의 구문으로 어셈블러를 사용하지 않아도 고급 언어 그 자체를 사용하여 효율 좋은 실행 파일이 얻어질 수 있게 되었기 때문일 것입니다.

그러나 얼마든지 파일 나름의 별종 어셈블러를 개발하는 것이 가능합니다.

어쨌든, 연상 기호는 어디까지나 편의상의 존재였고, 그것을 고려하지 않아도 프로그램은 동작합니다.

LOAD 명령의 존재 의의

6.4

> 큰일입니다. 이 파일은 실행할 수 없습니다.

> 실행 파일이 아니고, 우리가 키우는 고양이 사진이야.

    CP/M에는 어셈블러가 포함되어 있습니다. 표준 운영 체제에 개발용 도구가 표준으로 포함되어 있다는 것이 이상하게 생각될지 모르지만, MS-DOS의 초기 버전에서는 매크로 어셈블러가 포함되어 있었습니다. 지금의 웹 브라우저에도 개발자 콘솔이 표준으로 포함되어 있습니다. 특별하게 이상한 일은 아닙니다. 그러나 웹 브라우저의 자바스크립트는 시스템의 세부 내용을 감추는 것으로 생산성을 올리는 구조이고, MASM은 매우 복잡하므로 본론으로 들어가기 전에 MASM을 완전히 이해하도록 합시다. CP/M의 어셈블러로 설명하겠습니다.

CP/M의 어셈블러는 절대 어셈블러라고 부릅니다. 기본적으로 소스 코드를 한 번 읽어 주소가 확정된 바이너리 코드를 출력합니다.
그러나 이 바이너리 코드는 실행할 수 없습니다.
예를 들어 다음과 같이 소스 코드를 작성하여 hello.asm이라는 이름으로 저장해둡시다.

```
; 시작 주소는 100h
org     100h
; DE 레지스터 페어에 msg라는 기호의 주소를 저장
lxi     d,msg
; C 레지스터에 9를 저장
mvi     c,9
; BDOS 호출을 수행
call    5
; 종료
jmp     0
; 출력해야 하는 문자열
```

```
msg:    db      'Hello world$'
; 끝
end
```

다음 명령을 입력하면 어셈블이 실행됩니다.

```
asm  hello
```

그 결과로 나오는 것은 CP/M의 명령어로 취급되는 hello.com이 아닌 hello.
hex입니다.
이 .hex 파일은 무엇일까요?
실행할 수 없는 파일을 출력하면 무엇이 좋을까요?
이 파일은 일반적으로 인텔 16진수 형식(*Intel HEX*)이라고 부르는 것으로,
통신을 경유하여 바이너리 파일을 주고받기 위한 형식입니다. 다른 컴퓨터나
ROM 작성기 등에 보내는 경우에 사용됩니다.

보통의 바이너리 파일을 직접 보내지 않는 이유는 무엇일까요?
인텔 16진수 형식에는 다음과 같은 특징이 있습니다.

- 제어 문자를 포함하지 않음(제어 문자가 아닌 데이터가 문자로 해석되는 문제를 감소시킴. 예를 들어 흐름 제어와 겹치는 바이너리 값을 전송해 버리면, 전송의 일시 중단 요청이라고 착각되어 전송이 중단되는 일도 있음)
- 오류 검출 기능을 포함하고 있음
- 각 행의 주소가 명시되기 때문에 데이터 누락에 강함

그러나 이러한 장점을 얻는 대가로 실행 파일(확장자 .com)과 직접 호환성이
존재하지 않게 됩니다.
이 때문에 해당 컴퓨터에서 실행하기 위해서는 확장자 .hex의 파일을 확장자
.com의 파일로 변환해야 합니다. 이를 위해 사용되는 것이 **LOAD** 명령입니다.

load hello `Enter`라고 타이핑하면 **LOAD** 명령이 hello.hex로부터 hello.com을 생성합니다. 그 후, hello가 외부 명령 이름이라고 해석되고, hello `Enter`라고 타이핑하면 프로그램이 실행되어 hello world라고 출력됩니다.

이것으로부터 무엇을 알 수 있을까요?

CP/M이 교차 개발을 중시하는 운영 체제라는 것입니다.
CP/M에 포함된 어셈블러는 CP/M상에서 실행하는 프로그램을 작성하기 위한 수단이 아닌 다른 컴퓨터에서 실행하기 위한 프로그램을 개발하기 위한 도구입니다(어느 컴퓨터에서 개발하고 .hex 형식으로 송신하여 다른 컴퓨터에서 실행하는 형식입니다). CP/M 자체는 교차 개발 도구로서의 측면이 강하다고 할 수 있습니다.

그러나 지금 우리에게는 관계가 없습니다. 번거롭기 때문입니다.
CP/M에 포함된 어셈블러로 앞의 소스 코드를 어셈블하여 실행하는 순서는 EE8080을 구동한 초기 상태의 드라이브 A의 helloasm.sub이라는 파일에 들어 있습니다.
submit 명령으로 자동화되기 때문에 다음 명령으로 모두 자동 실행할 수 있습니다(◑ 그림 6.2).

```
submit helooasm
```

◑ **그림 6.2** 표준 어셈블러에 의한 Hello World

링커의 존재 의의

6.5

옆집이 시끄럽습니다.[2]

우리가 집을 재배치합시다.

그런데 "보다 진화한 어셈블러가 직접 실행 파일(바이너리 파일)을 생성할 수 있는가?"라고 하면, 그러한 것은 아닙니다.

보다 진화한 CP/M용 어셈블러로는 Digital Research의 rmac(*CP/M Relocating macro Assembler*)과 마이크로소프트 사의 Macro80이 있습니다. 이것들은 두 가지 특징을 가집니다.

- 매크로 기능
- 상대(relocatable) 어셈블러

매크로 기능은 이전에 설명한 대로(● 375페이지), 문자열을 치환하는 기능입니다. 문제는 **상대 어셈블러**라는 특성입니다.

상대 어셈블러는 **어셈블해도 주소가 확정되지 않는 특징**이 있습니다. 결국, 바이너리 파일로서는 불완전합니다. 이것을 실행하는 것은 불가능합니다.

주소를 확정하기 위해서는 링커라는 도구가 필요합니다.

Macro80이라면 **M80.COM**이라는 명령이 어셈블러이고, **L80.COM**이라는 명령이 링커입니다.

결국 실행 파일을 얻기 위해서는 **ASM**과 **LOAD**라는 두 개의 명령이 필요했던 CP/M의 표준 어셈블러와 마찬가지로 Macro80에서도 **M80**과 **L80**의 두 가지 명령이 필요합니다.

왜 진화를 했음에도 두 가지 명령이 필요할까요?

주2) 역자 주 : 링커(linker)의 일본식 발음과 옆집(隣家)의 일본어 발음이 모두 동일함을 이용한 저자의 유머입니다.

그 이유는 효율 추구에 있습니다.

효율 추구가 무엇일까요?

어셈블러가 가진 문제 중 하나는 소스 코드의 크기가 커져 어셈블 시간이 폭발적으로 늘어간다는 것입니다.

따라서 소스 코드를 분할하여 하나하나 나누어 어셈블합니다. 어셈블 결과는 재적재 가능한(재배치 가능한) 목적 파일이라고 부르는 파일에 저장됩니다. 어셈블되어 있지만 아직 주소는 확정되지 않은 파일입니다. 어느 위치에도 적재 가능합니다. 당연히 이대로는 실행할 수 없습니다.

따라서 마지막에 링크라는 공정을 만들어, 나누어 어셈블된 목적 파일을 결합하여 실행 가능 파일을 작성합니다.

이것만이라면 큰 장점은 그다지 없습니다. 링크라고 하는 공정이 추가됨으로써 처리 시간이 증가해 버릴 가능성이 있기 때문입니다.

그러나 두 번째가 되면 역전됩니다. 어셈블은 변경이 있었던 소스 코드의 파일만 수행하면 될 것입니다. 시간이 크게 절약됩니다(● 그림 6.3).

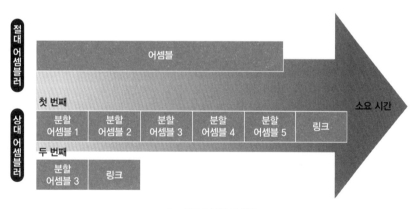

● 그림 6.3 분할 어셈블

이 과정을 효율적으로 진행하기 위하여 `make`, `ant`, `msbuild` 등의 도구가 존재하지만, CP/M의 시대는 원시적인 `make` 명령도 일반적으로는 아직 사용되지 않았던 시대입니다. 그러나 분할 컴파일은 개발 효율의 향상에 기여한 것이 사실입니다.

재배치 가능한 목적 파일은 Macro80의 경우에는 확장자 **REL**의 파일이 이에 해당합니다. 리눅스에서는 .o이고, Windows에서는 .OBJ입니다.

Macro80을 이용하여 **Hello World**를 어셈블하여 실행하는 순서는 EE8080을 구동한 초기 상태의 드라이버 A의 hellom80.sub라는 파일에 들어 있습니다. **submit** 명령에서 자동화되어 있기 때문에 다음 명령에서 자동으로 실행할 수 있습니다(◐ 그림 6.4).

```
submit  hellom80
```

```
Subset of ADM-3A Emulation Ready
i8080 emulator (Fast) Ready

CP/M 2.2 on EE8080

A>submit hellom80

A>M80 =HELLOM80.M80

No Fatal error(s)

A>L80 HELLOM80,HELLOM80/N/E

Link-80  3.44  09-Dec-81  Copyright (c) 1981 Microsoft

Data   0100   0117   <   23>

47139 Bytes Free
[0000   0117    1]

A>HELLOM80
Hello World
A>
```

◐ **그림 6.4** Macro80에 의한 Hello World

어셈블러의 장단점
6.6

우리에게는 아직 어셈블러라는 무기가 있어.

그래도 고급 언어는 이길 수 없어.

어셈블러를 사용하면 여러 가지 중간 파일이 생성됩니다. 재배치 가능한 목적 파일이나 16진수 파일 등이 그것입니다. 그것들이 생성되지 않는 최소 어셈블러라고 해도 소스 코드와 바이너리 코드 두 가지가 메모리 영역을 점유하게 됩니다.

플로피 디스크 등의 고속 보조 기억 장치를 가지고 있는 시스템이라면 몰라도, 그렇지 않은 시스템에서는 동일한 정보가 형태를 바꾸어 복수의 파일로 존재하는 것은 견디기 어려운 부담의 증가를 초래했습니다. 그렇지 않아도 부족한 메모리를 극도로 압박해 버립니다.

물론 핸드 어셈블을 하는 한 메모리는 압박을 받지 않습니다. 사람의 두뇌가 일을 할 뿐이기 때문입니다.
그러나 어셈블러를 도입하여 자동화하면 메모리는 즉시 압박을 받게 됩니다.
어셈블러를 대신하여 유행했던 BASIC 언어 인터프리터에는 결정적인 장점이 존재합니다.

소스 코드를 직접 실행하여 메모리의 효율이 좋아집니다. 기계어의 바이너리 코드로 변환되지 않습니다. 변환하지 않은 채 직접 실행해 버리는 것입니다.
이것이 **인터프리터 방식** 고급 언어의 특징입니다.
물론 대가가 필요합니다.
실행 속도가 늦어집니다.

이 때문에 BASIC 언어로 개발되어도 속도가 중요한 부분만은 기계어로 개발하는 식의 개발 스타일은 흔했습니다. 기계어를 사용하는 부분의 크기는 대개 작기 때문에 본격적인 어셈블러가 사용되는 것이 아니라, 사용되어도 메모리의 용량이 넘치는 일은 없었습니다.

이러한 문제는 고속의 보조 기억 장치인 플로피 디스크에서 사용하는 것을 전제로 하는 CP/M에서는 관계없었습니다. 플로피 디스크의 압도적 대용량(당시로서는)이 있으면, 중간 파일도 포함하여 저장하는 것이 쉬웠기 때문입니다.

이 때문에 그 당시 많은 시스템의 표준 개발 도구는 BASIC 언어 인터프리터였지만, CP/M에 포함되는 개발 도구는 어셈블러였습니다.

그러나 플로피 디스크는 가격이 비싸고, 당초 어셈블러는 그 정도로 보급되지 않았습니다. 이 유행은 BASIC 언어로는 너무 느리다는 비판과 플로피 디스크의 보급으로 변화합니다. 어셈블러로 작성된 프로그램은 콤팩트하고 고속이며, 이용자로부터 환영을 받았습니다.

에뮬레이터 EE8080의 간이 어셈블러

6.7

> 투덜거리면서 고민하지 말고, 가볍게 도전해봐.

> 고민하고 있던 것이, 이제 가능해졌습니다.

에뮬레이터 EE8080에는 타입스크립트로 작성된 8080의 간이 어셈블러가 포함되어 있습니다. 파일 이름은 miniAssember.ts입니다. 물론 CP/M조차 동작하면 강력한 도구를 마음대로 쓸 수 있기 때문에 이 간이 어셈블러의 역할은 CP/M이 동작하기 전 단계의 작업에 한합니다. 결국 이것은 완전히 BIOS의 작성(● 366페이지) 전용입니다.

이 간이 어셈블러는 특수한 기능이 아무것도 없는 절대 어셈블러입니다. 레이블은 사용할 수 있지만, 식에서 연산자는 사용할 수 없습니다. 2패스 방식입니다(● 그림 6.5).

그런데 8080에는 어셈블러를 만들기 쉬운 특징이 있습니다.

연상 코드가 결정되면, 바이트 수와 레지스터 번호 등이 담겨 있는 비트를 제외한 비트 패턴이 자동으로 결정되어 버리기 때문입니다.

이 때문에 연상 코드가 키이고, 바이트 열을 생성하는 연관 배열을 가지는 목적 파일을 값으로 설정하고 있습니다. 의사 명령을 확장하면, 연관 배열에 추가하는 것만으로도 해결됩니다.

후속 CPU인 ZiLOG 사의 Z80에서는 이렇지 않습니다. 연상 코드만으로는 바이트 수도, 비트 패턴도 결정되지 않기 때문입니다. 계속 인수(피연산자)를 조사하지 않으면 확정할 수 없습니다. 처리가 번거로워집니다. 예를 들어 Z80에서는 8080과 동일한 명령이 갖추어져 있어 상위 호환이지만, **LDAX B**는 **LD A,(BC)**로, **MOV A,M**은 **LD A,(HL)**로 연상 코드가 변합니다. 이 경우에는 **LD**만을 보아서는 명령을 결정할 수 없고, **A**까지 보아도 결정할 수 없습니다. **(BC)** 또는 **(HL)**까지 보아야 간신히 명령을 결정할 수 있는 것입니다. 본질과 관계없이 복잡해지기 때문에 이 에뮬레이터에는 Z80에 대응하는 기능은 포함되어 있지 않습니다.

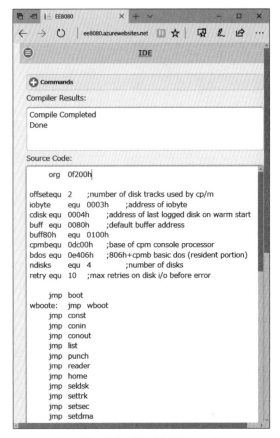

◯ **그림 6.5** 간이 어셈블러에 의한 BIOS 개발

그런데 어셈블러를 만들기 쉽다는 특징은 어셈블러를 사용하기만 하는 사람에 게는 별로 의미가 없는 것처럼 생각할지도 모릅니다. 그러나 명령의 비트 패턴 을 **암기하는 것**이 보통이었던 시대에서는 암기가 쉽다는 장점도 있었습니다. 결코 무의미한 것은 아니었습니다.

현재는 어셈블러의 제작 용이성, 암기 용이성보다는 높은 성능, 소스 코드의 작성 용이성을 더 선호하는 시대입니다.

간이 어셈블러를 사용하여 BIOS 개발을 수행하는 경우에는 EE8080의 첫 페이지에서 [Misc]를 열고, [BIOS development]를 선택합니다.

간이 어셈블러를 사용하여 처음부터 프로그램을 작성할 수도 있습니다. 이 경우에는 EE8080의 첫 페이지에서 [Misc]를 열고, [CPU Emulation]을 선택합니다. 초기 상태에서는 CPU의 셀프 테스트를 수행하는 소스 코드가 들어 있기 때문에 이것을 삭제하고 자신의 소스 코드를 작성합니다.

실행 결과는 모니터 화면에서 확인합니다. 수동으로 바꾸는 경우에는 [햄버거 메뉴](▤) → [Modes] → [Monitor]의 순서로 선택합니다(● 그림 6.6).

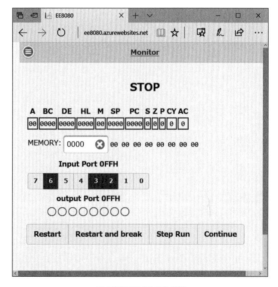

● 그림 6.6 모니터 화면

모니터 화면에서는 정지 시의 CPU의 레지스터 값을 확인할 수 있습니다. 지정 주소로부터 8바이트의 메모리 값도 확인할 수 있습니다. 또한 임의의 값을 입력 포트 0FFH에 설정할 수 있습니다. 또한 출력 포트 0FFH의 값을 참조할 수도 있습니다.

어셈블러가 모든 문제를 해결해 주지는 않습니다. 단순히 Hello World 문자를
화면에서 보는 것만으로도 많은 지식이 필요하며, 그 외의 개발 노력이 많이 필요합니다.
또한 더욱 즐겁게 프로그래밍 하기 위한 고급 언어가 존재합니다.

Chapter

07

고급 언어 편

어셈블러의 한계

7.1

나는 세계 최강이다.

저쪽은 마을에서 최강이다.

어셈블러에는 다음과 같은 장점이 존재합니다.

- 바이너리 파일을 직접 다루는 것보다 이해하기 쉬움
- CPU의 전체 기능을 액세스할 수 있기 때문에 이 CPU로 가능한 전체 기능을 끌어 낼 수 있음
- 고급 언어보다 효율성이 좋은 코드를 작성할 수 있음. 가장 빠른 속도로 실행할 수 있는 프로그래밍 언어임

그러나 다음과 같은 한계도 존재합니다.

- CPU의 구조와 깊게 관련되어 있기 때문에 개별 CPU의 구조를 알아야만 함
- CPU의 아키텍처가 변하면 다시 공부해야 함. 호환성이 있어도 메이커가 다르면 연상 코드가 달라져 다시 공부해야 함
- 기본적인 기능이 누락된 경우가 있음. 예를 들어 곱셈 명령이 존재하지 않는 CPU라면 곱셈 기능을 프로그래밍해야 함
- 손이 많이 감. 대개의 기능은 복수의 기능을 조합하여 구현해야 함

많은 한계가 있다고 하더라도, 어쨌든 고속으로 실행 할 수 있는 장점을 인정하면 어셈블러 자체가 아직 남아 있습니다.

그러나 1980년대에 고급 언어 컴파일러의 최적화 기능이 대폭 진화하여, 1990년대에 RISC(Reduced Instruction Set Computer, 축소 명령 세트컴퓨터)라고 부르는 유형의 CPU가 출현한 이후, 다음과 같은 문제가 대두되었습니다.

- 명령을 막연히 늘어놓는 것으로 빨라지지 않음. CPU의 실행 효율을 생각하여 명령을 재배치해야 하는 것이 사람에게는 어려운 일임

현재는 RISC의 앞에 있는 CRISC라고 부르는 스타일이 주류이지만, 사정은 그다지 변하지 않았습니다. 결국 어셈블러는 현재 **가장 빠르게 실행할 수 있는 프로그래밍 언어**라는 지위를 내려놓았습니다.

그 대신 사용되는 것이 여러 가지 고급 언어입니다.

문법과 규격과 구현

7.2

나는 규격 외의 천재다.

그럼, 출하할 수 없으니까 버립시다.

고급 언어는 여러 가지 의미에서 오해를 사기 쉬운 요소를 가지고 있습니다. 고급 언어의 메커니즘을 밝히기 위하여 우선 이것부터 명확히 정의합시다. 어셈블리 언어에서는 그다지 번거로운 문제가 존재하지 않습니다. CPU를 설계하는 것으로 기계어가 확정됩니다. 기계어의 바이너리 표현과 일대일로 대응하며, 메이커가 보다 이해하기 쉬운 표현을 정의합니다. 그리고 이것을 실제로 어셈블하는 도구를 개발합니다.

그러나 이것으로 끝입니다. 예를 들어 XX 사의 CPU를 채택하면, XX 사의 기술에 의존하는 것이 됩니다. 당연합니다. 다른 메이커의 CPU는 어셈블리 언어가 다르기 때문에 바로 바꿀 수 없습니다. 그러나 고급 언어는 이것과 다릅니다. 문법과 규격과 구현은 전부 별개의 것이기 때문입니다.

C#이라는 언어를 예로 들어 생각해봅시다. C#은 Microsoft가 개발한(2000년) 고급 언어의 한 가지입니다. 특정 기업에 종속되고 싶지 않고, 결국 특정 기업에 지배되고 싶지 않아서 이 C#을 사용하기 싫다고 말하는 사람이 있습니다.

이 의견은 옳은 것일까요? 유감이지만, 속설에 놀아나고 있을 뿐이라고 할 수 있습니다. 이는 중요한 점이기 때문에 상세히 설명하겠습니다. 이 지식은 고급 언어를 이해하는 데 중요합니다.

고급 언어에는 **문법**과 **규격**과 **구현**이라는 세 가지 측면이 있습니다. C#의 경우, Microsoft라는 한 기업의 사원 팀이 문법을 결정했습니다. 이 단계에서 C#은 특정 기업의 기술에 지나지 않습니다. 갑자기 그 기업이 지원을 중단한다면 그 이후로 이용할 수 없게 될지도 모릅니다. 여기까지는 확실히 그대로입니다. 그러나 이 문법을 ISO, ECMA, JIS 등의 표준화 단체가 표준 규격으로 정해 버리면 이야기가 달라집니다. 국가나 국가를 넘어선 조직이 그 기술을 안전하게 사용할 수 있다는 것을 보증하는 것입니다. 그러나 특정 기업이 제품을 발매하는 것까지 보증하는 것은 아닙니다. 그 규격에 맞는 제품을 만드는 것도, 만들지 않는 것도 기업의 자유입니다. 따라서 중요한 점은 그 다음의 구현입니다.

문법은 문법 자체만으로는 사용할 수 없습니다. 규격이 존재해도 그것만으로 사용할 수는 없습니다. 실제로 동작하는 소프트웨어로서, 그 고급 언어를 사용하기 위한 프로세서[1](뒤에 기술하는 인터프리터나 컴파일러 등 언어를 실행 가능하게 하는 소프트웨어)가 구현되어야 비로소 사용할 수 있습니다. 이때, 이것이 특정 기업의 전유물이라면 다른 사람은 자유롭게 구현할 수 없습니다.

그러나 표준 규격이 된다는 것은 누구든지 그 규격에 맞는 구현을 해도 상관없다는 것을 의미합니다. 규격이 되면 권리가 보장됩니다. 실제로 C#의 프로세서는 여러 개 존재하여 Microsoft 외의 기업에서 개발되기도 했습니다. 따라서 표준화 단체가 발행하는 규격표를 가까이 두고 문법을 확인하고, 타사가 개발한 프로세서를 사용한다면, Microsoft의 M이라는 문자조차 보지 않고도 C#을 사용할 수 있습니다. 이러한 관점에서 보면, 자바는 썬마이크로시스템즈라는 특정 기업이 개발한 언어가 규격화된 것에 불과하고, 상황은 큰 차이가 없습니다[2].

그럼에도 C#보다 자바가 더 우대받는 것은 **반체제 전사가 곧 정의이다. 그렇다면 열린 소통이 좋은 기술임에 틀림없다라는**[3] 단순한 생각에 기인한 것이겠지요. 근거가 있다고는 생각할 수 없습니다. 인품이 좋아 보이면, 사기꾼이 의원이 되는 현상과 비슷한 것입니다. 요점은 사실보다 이미지가 우선시된다는 점입니다.

주1) 역자 주 : 저자는 일본에서 흔히 사용하는 처리계(処理系)라는 용어로 기술하고 있습니다.

주2) 역자 주 : 썬마이크로시스템즈 사가 오라클 사에 인수 합병됨에 따라 현재 자바에 대한 권리는 오라클 사가 소유하고 있습니다.

주3) 역자 주 : 과거에 마이크로소프트 사보다는 규모가 작은 기업인 썬마이크로시스템즈 사가 자바를 GPL 라이선스로 소스 코드를 공개했던 상황에 빗댄 말입니다.

그러나 이와 같은 이미지 전략은 확실히 배제할 필요가 있습니다. 왜냐하면, '동작할 것 같다', '우수할 것 같다'라는 이미지만으로 기술을 살펴보면, 최종적으로 '동작하지 않았다'라는 결말이 되기 십상이기 때문입니다.

근사함, 반체제, 개방, 새로움, 우수함이라는 이미지 전략에 속지 않도록 주의하는 것이 좋겠지요. 결국 중요한 것은 '동작한다', '동작하지 않는다'입니다. 동일한 수준으로 동작하는 기술을 갖춘 후에 이미지에 관련된 문제에 눈을 돌려도 늦지 않을 것입니다.

인터프리터와 컴파일러

7·3

인터프리터와 컴파일러의 장점을 취한 것이 임팔라[4]라고 생각해.

이미 있습니다.

고급 언어를 실현하는 메커니즘을 크게 **인터프리터와 컴파일러**로 나눌 수 있습니다. 인터프리터는 **입력된 소스 코드를 해석하여 실행하는 프로세서 스타일**입니다. 컴파일러는 **입력된 소스 코드를 기계어의 실행 파일로 번역하는 스타일**입니다. 일반적으로 인터프리터는 메모리를 절약할 수 있고 단순한 반면, 컴파일러는 번역(컴파일이라고 부르는)하는 데 시간이 걸리고 번거롭지만, 실행 속도는 더 빠릅니다.

인터프리터와 컴파일러의 구별은 언어의 종류에 따라 결정되는 것이 아닙니다. 언어 명세 중에서 엄밀하게 규정하지 않는 한, 언어 명세와는 관계없습니다. 이 구별은 언어의 구현을 구별하는 용어입니다. 예를 들어 1980년대에 있었던 다음과 같은 주장은 잘못된 것입니다.

"BASIC 언어는 인터프리터이기 때문에 늦어.
 C 언어는 컴파일러이기 때문에 빨라."

이것은 **BASIC 언어의 프로세서는 인터프리터가 많았고, C 언어의 프로세서는 컴파일러가 많았다**는 것일 뿐, BASIC 언어 컴파일러라는 상품이 있었고 C 언어 인터프리터라는 상품도 존재했습니다. 다만, 인터프리터용 언어, 컴파일러용 언어가 존재하기는 합니다. 언어 명세가 소스 코드의 해석에 여유를 두지 않으면, 두지 않는 만큼 고속으로 실행할 수 있는 기계어로 번역하기가 쉽습니다.

주4) 역자 주 : 아프리카산 영양의 일종입니다. 인터프리터와 컴파일러를 섞은 듯한 발음에 착안한 저자의 유머입니다.

BASIC 언어는 인터프리터가 주류였음에도 C 언어는 컴파일러가 주류였던 것은 C 언어의 언어 명세가 컴파일러용이었기 때문입니다. "1980년대 후반기에 급속히 BASIC 언어에서 C 언어로 유행이 변한 것은 BASIC 언어의 언어 명세가 컴파일러용이 아니었기 때문이다"라고도 말합니다(현재의 Visual Basic 언어는 이 부분을 개선하여 컴파일러용의 언어 명세가 되었습니다).

왜 BASIC 언어나 C 언어 등의 과거 이야기를 꺼내어 설명하는 이유는 현재 프로그래밍 언어의 대부분은 인터프리터와 컴파일러의 절충형이 되어 있기 때문입니다. 인터프리터와 컴파일러는 균형을 잡는 일을 조절함에 따라, 중간 영역에서 무수한 변종을 가지고 있습니다. 이 때문에 순수한 인터프리터, 순수한 컴파일러를 설명하려면 어떻게 해도 옛날이야기가 될 수밖에 없습니다.

절충형이란 어떠한 구조일까요? 그 구조는 하나만이 아닙니다. 무수히 많다고 해도 좋습니다. 가장 인터프리터에 가까운 것은 키워드의 치환입니다. 구조는 간단합니다. 정의된 키워드가 입력되는 순간, 숫자로 치환됩니다.

WHILE(57H, 48H, 49H, 4CH, 45H) → 81H (한 가지 예)

이것의 어떤 점이 좋다는 것일까요?

우선 메모리 효율이 좋아집니다. 5바이트가 1바이트가 되는 것입니다. 그런데도 정보는 누락되지 않습니다. '81H는 WHILE'이라고 정해두면, 81H가 나오면 WHILE로 되돌려 출력하는 것이 쉬워집니다. 그러나 진정한 목적은 실행 속도의 향상입니다. 5바이트를 체크하는 것과 1바이트를 체크하는 것에는 엄청난 차이가 있습니다. 예를 들어 100번의 루프 중에 이것이 있으면 뚜렷한 성능의 차이가 나타납니다.

기계어가 CPU의 아키텍처에 의존하는 것을 싫어하는 경우에는 **가상머신 인터프리터**라는 방법도 있습니다. 이 방식은 컴파일러와 인터프리터의 양쪽을 사용합니다. 우선 컴파일러는 실제로 존재하지 않는 가상의 CPU를 위한 기계어를 출력합니다. 그러나 그대로는 실행할 수 없습니다. 이것을 실행할 수 있는

CPU는 이 세상 어디에도 존재하지 않기 때문입니다. 따라서 다음에는 그 가상 기계어를 실행하는 인터프리터를 작성합니다. 인터프리터의 입력은 별도로 사람이 읽을 수 있는 소스 코드일 필요가 없습니다. 가상 기계어라도 상관없습니다. 이와 같은 방법으로 구현된 것에는 UCSD Pascal(1978년)과 자바의 초기 버전(1996년) 등이 있습니다.

이후에 이것을 개량한 방식은 이를 진화시킨 것으로, 가상 기계어의 인터프리터를 JIT(*Just-In-Time* 컴파일러)로 치환한 것입니다. 이것은 실행 시에 가상 기계어를 실제의 기계어로 치환하는 방식으로, 순수한 컴파일러에 가깝습니다. 그러나 여전히 기계어 파일을 생성하지 않기 때문에 인터프리터의 번거로움도 남아 있습니다. 남아도는 컴퓨터의 파워를 전제로 하는 고성능의 해결 방법이라고 할 수 있습니다.

그러나 근래의 유행은 순수한 컴파일러로의 회귀입니다. 왜냐하면 배터리나 CPU 파워가 한정적인 스마트폰에서 실행하는 것을 생각하면, JIT조차 실행하고 싶지 않다는 결론에 도달하기 때문입니다. 예를 들어 윈도우 스토어에 제출하는 패키지는 x86용, x64용, ARM용의 3벌의 실행 파일을 포함합니다. 이용자는 자신의 CPU의 종류에 따른 실행 파일만을 다운로드하여 사용하는 형태가 되었습니다.

실제로 동일한 C# 소스 코드를 작성하고 있어도, JIT에서 동작하는 것이 전제인 실행 파일을 얻는 경우와 직접 CPU의 기계어를 얻는 경우에 사용하는 컴파일러는 동일하지 않습니다. 이것도 컴파일러가 다르게 구현된 것입니다.

간단한 고급 언어를 시험적으로 만들어보자

7·4

> 고급인 언어 프로세서를 만들어야지.

> 소스 코드의 주석에 수준 낮은 개그는 넣지 말아줘요.

말로 설명하는 것보다는 소스 코드의 구체적인 예를 살펴보는 편이 이해하기 쉽기 때문에 우선 간단한 고급 언어를 시험적으로 만들어봅시다. 그러나 언어를 스스로 만들 수 있을까요?

물론 가능합니다. 프로그램으로서 프로그래밍 언어 프로세서는 어려운 것이 아닙니다. 요약하면, **입력이 있고 처리가 있고 출력이 있는 보통의 프로그램과 큰 차이가 없기 때문입니다(⊙ 그림 7.1)**.

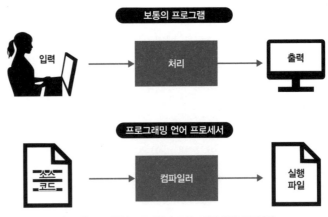

⊙ **그림 7.1** 보통의 프로그램과 프로그래밍 언어 프로세서

실제로 작성되고 있는 사례는 학생들이 공부로 작성하는 것을 제외하고 그다지 많지 않습니다. 그 이유는 성능이 중시되기 때문입니다. 결과가 동일하다면 컴파일에 2분이 걸리는 컴파일러보다는 1분이 걸리는 컴파일러를 사용할 것입니다. 성능이 떨어지는 것을 만드는 의미는 없습니다. 이미 전문가에 의해 나름대로의 수준을 달성한 컴파일러를 뛰어넘는 것도 쉬운 일이 아닙니다. 그러

한 노력을 기울이는 것보다는 차라리 구입하는 편이 쉽습니다.

만드는 것은 간단하지만, 그것이 실제로 사용되기 위한 장애물은 높습니다. 이 책에서는 구조 이해를 목적으로 하고, 성능은 도외시합니다. 그렇다면 간단한 프로세서를 만드는 것만으로도 충분합니다.

언어 명세의 확정

7·5

> 명세를 정해줘.

> 할 수가 없어[5].

　　그런데 지금까지의 이야기는 절반에 불과합니다. 언어를 만드는 것에는 프로세서를 만드는 경우도 있고, **언어 자체를 설계하는** 경우도 있습니다. 언어 자체를 설계하는 경우에는 작업 결과는 프로그램이 아닌 언어 명세입니다. 자연 언어(영어나 한국어)로 작성된 문서입니다.

언어 명세를 작성하는 것은 매우 어렵습니다. 왜냐하면 서로 상반되는 요구가 존재하기 때문입니다. 가장 이해하기 쉬운 서로 상반되는 요구는 다음과 같습니다.

- 기억할 것이 적은 편이 좋음
- 기능은 많은 편이 좋음

다음과 같은 요구도 이와 마찬가지입니다.

- 계산 오차는 가능하면 나오지 않음
- 계산 처리는 가능하면 고속으로

다음과 같은 조건도 역시 상호 모순됩니다.

- 특정 운영 체제에 의존하지 않음
- 특정 운영 체제의 최신 기능도 이용할 수 있도록

다양한 조건을 가미하고, 어느 부분을 낮출 것인지를 찾는 것은 프로그래밍 언어 설계자(아키텍트)의 센스입니다. 단 하나뿐인 올바른 결론은 존재하지 않

주5) 역자 주 : 명세의 일본식 표현인 사양의 발음과 비슷한 표현을 이용해 저자가 제시한 유머입니다.

고, 적절하게 조율하면 전혀 다른 것이 탄생합니다.

이 때문에 프로그래밍 언어 설계자는 예술가에 가깝다고 여겨집니다. 따라서 언어 설계는 단 하나의 정답만 있을 수 없는 세계입니다. 그러므로 세상에는 다양한 특징을 가진 매우 많은 프로그래밍 언어가 존재합니다. 이러한 설계는 어느 하나가 옳다는 것은 아니고, 단순히 우열의 비교가 가능한 것도 아닙니다.

따라서 **이 언어가 가장 우수하기 때문에 이것을 사용한다**는 주장에 속지 않도록 주의하는 것이 좋겠지요. 결국 다음과 같은 이야기는 모두 흘려듣는 것이 좋다고 할 수 있습니다.

자바가 최고다. 모두 자바를 사용하자.

펄로 작성하지 못하는 것은 없다. 펄만 있으면 된다.

함수형 프로그래밍 언어는 만족스럽다. 모두 함수형 프로그래밍을 하자.

모든 것을 객체로 생각하는 객체 두뇌를 만들자.

프로그래밍 언어의 언어 명세는 적재적소에, 상황에 따라 적절한 것으로 결정된다고 생각하면 됩니다. 예를 들어 저자가 C#이라는 프로그래밍 언어를 자주 사용하는 이유는 C#이 제법 광범위하게 사용되고 있고, 베스트는 아니지만 그럭저럭 좋은 결과를 내기 때문입니다. 어느 분야에서 사용해도 베스트는 아니지만 그럭저럭 잘 적용할 수 있기 때문에 애용하고 있습니다. 결국, 최적은 아니지만, 그래도 사용하는 것에 익숙하고 친근한 C#으로 작성하면 새로운 프로그래밍 언어를 배우는 것보다는 노력이 들지 않기 때문입니다.

저자의 조언은 언어 명세의 작성은 그것만으로도 큰 도전이기 때문에 이것을 자신의 길이라고 결정한 사람 외에는 손을 대지 않는다는 점입니다. 이 외의 사람은 **기존의 언어 명세를 이용하는 것**을 가장 중요한 것으로 생각하는 편이 좋을 것입니다.

여기에서는 Brainf*ck라는 프로그래밍 언어를 예로 들어 사용하려고 합니다. 다음에 설명이 있습니다.

`https://ja.wikipedia.org/wiki/Brinafuck`

이름에 욕설과 같은 **네 문자 단어가 포함**되어 있기 때문에 *를 넣었지만, **최소의 언어 명세**로서 잘 만든 프로그래밍 언어입니다. Hello World도 실행할 수 있고, Wikipedia의 **Hello World**의 페이지에는 Brainf*ck도 게재되어 있습니다. 다만, 큰 프로그램을 효율성 좋게 작성하기 위한 기능은 포함되지 않고, 실용성은 없습니다.

Brainf*ck에는 표 7.1의 여덟 가지 명령만 있습니다.

◐ **표 7.1 Brainf*ck의 여덟 가지 명령**[6]

명령	의미
〉	포인터를 증가시킴. 포인터를 ptr이라고 하면, C 언어의 'ptr++;'에 해당
〈	포인터를 감소시킴. C 언어의 'ptr--;'에 해당
+	포인터가 가리키는 값을 증가시킴. C 언어의 '(*ptr)++;'에 해당
−	포인터가 가리키는 값을 감소시킴. C 언어의 '(*ptr)--;'에 해당
.	포인터가 가리키는 값을 출력함. C 언어의 'putchar(*ptr);'에 해당
,	1바이트 입력받아 포인터가 가리키는 곳에 대입함. C 언어의 '*ptr=getchar();'에 해당
[	포인터가 가리키는 값이 0이라면, 대응하는]의 바로 뒤로 이동함. C 언어의 'while(*ptr){'에 해당
]	포인터가 가리키는 값이 0이 아니라면, 대응하는 [의 바로 뒤로 이동함. C 언어의 '}'에 해당

메모리 영역은 적어도 30,000개 모두 **0**으로 초기화되어 있습니다. Brainf*ck로 "!"를 출력하는 코드는 다음과 같습니다.

주6) 포인터라는 것을 8080으로 말하면, HL 레지스터에 해당합니다. 포인터가 가리키는 값이라는 것은 M 레지스터, 다시 말하면 HL 레지스터가 가리키는 메모리 값에 해당합니다. 포인터 값을 변경하면 동일한 소스 코드로 다른 메모리를 조작할 수 있습니다.

```
+++++++++++++++++++++++++++++++++.
```

이것은 포인터가 가리키는 메모리 값을 33번 세고 난 후 이를 출력하는 코드
입니다. 메모리의 초깃값은 0이기 때문에 33번 증가시키면 메모리의 값은 33
이 됩니다. 이것을 출력하면, 33은 '!'의 문자 코드이기 때문에 문자 '!'가 출력
됩니다.

`Hello World`는 다음과 같습니다. 이것을 읽고 이해하지 못해도 상관없습니
다. 이 책에서 다루고자 하는 것은 이것을 이해하는 것이 아니라, 이것을 실행
하는 프로세서를 구현하는 것이기 때문입니다.

```
+++++++++[>++++++++>++++++++++++>++++<<<-]>.>++.+++++++..+++.>-.
------------.<++++++++.--------.+++.------.--------.>+.
```

언어 명세에는 손을 대지 않더라도 언어 명세의 일부 수정은 고려해도 좋습니
다. 여러 가지 이유로 기존의 언어 명세에 부족한 점이 있기 때문입니다.

예를 들어 1970년대 후반에 BASIC 언어의 언어 명세를 대폭 축소한 Tiny
BASIC이라는 언어가 유행했습니다. 그 당시에는 풀 사이즈의 BASIC 언어가
메모리 소비가 매우 많았기 때문입니다. 이에 필요한 메모리를 구입할 수 없
는 이용자에게는 성능이 제한되어도 더욱 가벼운 프로그래밍을 체험하고 싶은
요구가 있었습니다. 따라서 기능을 대폭 제한하여 필요한 메모리양을 4분의
1 정도까지 줄인 Tiny BASIC이 환영을 받았던 것입니다.

이 책에서는 Brainf*ck을 구현하는 데 맞추어 `Hello World`의 실행과는 관
계없는 기능을 의도적으로 삭제한, 축소판 **미니 Brainf*ck**를 구현하기로 합니
다. 이것을 minibf라고 부릅시다.

따라서 minibf에는 순수한 Brainf*ck에 비하여 다음과 같은 제약이 가해졌습니다.

- Hello World 이외를 구현하는 것은 가정하지 않음(소스 코드를 집어넣음)
- 메모리 영역은 30,000개보다도 적은 256개로 함 (Hello World를 실행하려면 이것도 많은 정도)

저급 언어로 고급 언어를 구현하는 실제 사례를 보이기 위해, minibf를 구현하는 언어는 8080의 어셈블리 언어로 합니다.

어휘 분석

7.6

> 언뜻 들었는데, 11이 일일이야, 십일이야?

> 일일이 묻지 마라.

　예를 들어 변수 a에 **12+123**의 계산 결과를 저장하는 프로그램을 작성한다고 가정합시다. C 언어 스타일의 구문을 가진 많은 프로그래밍 언어에서는 다음과 같이 작성합니다.

```
a = 12 + 123
```

여기에서 **a**, **=**, **+**는 한 문자 단위로 의미를 가집니다. 그러나 **12**는 두 문자가 1단위, **123**은 세 문자가 1단위입니다. **12**는 '십이'이고, **123**은 '백이십삼'이지, '십이'와 '삼'이 아닙니다.

이와 같이 **몇 개의 문자를 단위로 하여 의미를 갖는 문자의 나열을 토큰**이라고 부릅니다. **소스 파일을 토큰을 단위로 잘라 나누는 처리를 어휘 분석**이라고 부릅니다. 대부분의 고급 언어의 프로세서는 어떤 형태로든 어휘 분석의 처리를 포함하고 있습니다.

예외적으로 Brainf*ck은 **모든 명령이 한 문자로 끝나기 때문에 이 처리는 생략할 수 있습니다.** minibf에서는 실행 포인터(이제부터 실행하는 명령의 주소를 유지하는 값)가 참조하는 주소로부터 한 문자를 취득하는 것만으로, 토큰으로 나누는 어휘 분석이 종료됩니다.

```
; 다음 한 문자를 취득7)

getnext:
; 실행 포인터를 읽어 들임
    lhld    execptr
; 실행 포인터가 가리키는 주소로부터 한 문자를 꺼냄
    mov   a,m
; 다음을 대비하여 실행 포인터를 증가시킴
    inx   h
; 실행 포인터를 보존
    shld    execptr
    ret
```

주7) 역자 주 : minibf의 소스 코드 minibf,asm에는 본래 한글 코드가 들어있지 않습니다. CP/M은 한글을 받아들이지 않기 때문입니다. 이 책에 게재한 소스 코드에는 편의상 한글 주석을 보충하였지만, 이것은 입력할 수 없는 문자입니다.

구문 분석

7·7

> 자네는 그래머야.

> 제가 가장 자신 있는 것은 문법(Grammar)이 아니라 구문(Construction)입니다.

어휘 분석이 끝나면, 그것들이 의미 있는 나열이 되어 있는 것을 확인합니다. 두 개의 값을 더하는 기능 '+'이면, 두 개의 값을 지정하는 것이 절대적으로 필요합니다. 따라서 두 개의 값 1과 2를 기술한 다음의 사용 방식이 타당합니다.

```
1+2
```

다음 사용 방식은 타당하다고 말할 수 없습니다. 값이 하나밖에 없기 때문입니다.

```
1+
```

다음과 같은 사용 방식도 타당하다고 말할 수 없습니다. 1과 뺄셈(-)을 더하는 것이 불가능하기 때문입니다.

```
1+-
```

구문 분석에서는 올바른 토큰의 나열을 확인하고, 나열 순서에 따라 대응하는 처리를 결정합니다.

minibf에서는 다음과 같은 부분이 구문 분석에 해당합니다. 취득한 문자에 따라 처리가 나누어집니다.

```
main:
; 다음 한 문자를 취득
    call    getnext
; 0인지를 조사함
    ora  a
; 0이면 종료
    jz    0
; 취득한 문자가 >라면 incptr로 이동
    cpi   3EH ; '>'
    jz    incptr
; 취득한 문자가 <라면 decptr로 이동
    cpi   3CH ; '<'
    jz    decptr
; 취득한 문자가 +라면 incval로 이동
    cpi   2BH ; '+'
    jz    incval
; 취득한 문자가 -라면 decval로 이동
    cpi   2DH ; '-'
    jz    decval
; 취득한 문자가 .라면 outchar로 이동
    cpi   2EH ; '.'
    jz    outchar
; 취득한 문자가 [라면 beginloop로 이동
    cpi   5BH ; '['
    jz    beginloop
; 취득한 문자가 ]라면 endloop로 이동
    cpi   5DH ; ']'
    jz    endloop
; 그 외의 경우 처음으로 되돌아감
    jmp  main
```

실행 또는 코드 생성

7.8

> 할 일은 모두 분명해졌다. 어서 실행하자.

> 아직 해야 할 일의 내용을 듣지 못했습니다.

실제로 여기까지 오면, 무엇을 해야 할지 알게 됩니다. 예를 들어 + 포인터가 가리키는 값을 증가시킨다면, 다음과 같은 코드가 될 것입니다.

```
call    setupval
inr  m
```

인터프리터라면 이것을 바로 실행합니다. minibf도 인터프리터이므로 바로 실행합니다. 컴파일러라면 이러한 명령을 파일에 기록합니다.

서브루틴 **setupval**은 **HL** 레지스터 페어에 포인터의 값을 읽어 들이는 서브루틴으로, 내용은 다음과 같습니다.

```
setupval:
; H 레지스터에 데이터 영역 주소의 상위 바이트를 읽어 들임
    lda  data
    mov  h,a
; L 레지스터에 포인터의 값을 읽어 들임
    lda  ptr
    mov  l,a
    ret
```

단 이것뿐입니다. 그러나 이것만으로는 효율성이 떨어지므로 그 밖에 몇 가지 현명한 해결책을 적용합니다.

칼럼

인터프리터에 얽혀 있는 오해

종종 "컴파일러는 소스 코드 전체를 기계어로 번역하지만, 인터프리터는 조금씩 기계어로 번역해서 실행한다"라고 하는데, 이것은 틀린 말입니다. 인터프리터는 기계어로 번역하지 않습니다. 기계어를 거치지 않고 바로 실행합니다. 단어의 의미로서 '인터프리터(interpreter)'는 '통역'이지만, 컴퓨터의 인터프리터는 기계어로의 통역은 아닙니다. 내장된 실행 기능에 대한 통역으로서 동작하고, 의미를 이해하면 다른 어떠한 언어로 번역되지 않고, 그대로 직접 실행을 지시합니다.

그러나 지금처럼 인터프리터와 컴파일러의 경계가 애매해진 시대에 있어서 이것은 중요한 이야기가 아닙니다.

그것보다도 세련된 현대의 인터프리터라고 할 정도라면 실행 속도는 느리지 않고, 컴파일러를 사용해도 사용 방식이 부적절하면 실행 속도가 느린 실행 파일이 생성된다는 사실을 근거로 삼는 편이 중요합니다.

minibf의 소스 코드

7·9

왜 이 소스 코드가 불완전해?

네가 새로운 가치를 더할 수 있는 여지가 남아 있기 때문이야.

minibf 인터프리터의 전체 소스 코드는 이것뿐입니다[8]. 대개 실용적인 고급 언어는 엄청나게 큰 규모의 소스 코드이지만, 체험이 목적이라면 이 정도의 소스 코드로 프로그래밍 언어 프로세서를 작성해보는 것이 적절할 것입니다.

```
; 100h부터 시작
    org  100h

; 프로그램 마지막의 주소를 HL 레지스터 페어로
    lxi  h,last
; 상위 바이트를 누산기로
    mov  a,h
; 1을 뺌. 확실하게 미사용된 것으로 만듦. 하위 바이트에 관계없이 미사용이 되도록
    inr  a
; data에 값을 저장
    sta  data
; 다시 1을 뺌. 새로이 확실하게 미사용된 것으로 만듦
    inr  a
; H 레지스터에 전송
    mov  h,a
; L 레지스터를 0으로 함
    mvi  l,0
; HL 레지스터 페어의 값을 SP에 전송하여 스택을 초기화
    sphl
; 메모리 영역을 초기화
; HL 레지스터 페어에 데이터의 처음 주소를 취득
    call    setupval
```

주8) 이 소스 코드는 CP/M 에뮬레이터의 구동 디스크(A 드라이버)에 minibf.asm이라는 이름으로 수록되어 있습니다.

```
; B 레지스터를 0으로 함
    mvi   b,0
iloop
; HL 레지스터가 가리키는 주소에 0을 입력
    mvi   m,0
; B 레지스터를 1 감소시킴
    dcr   b
; HL 레지스터 페어를 1 증가시킴
    inx   h
; dcr b의 결과가 0이 아니면 iloop까지 되돌아감
    jnz   iloop


; 실행 포인터를 초기화
; 소스 코드의 시작을 HL 레지스터 페어로
    lxi   h,src
; HL 레지스터 페어를 실행 포인터에 보존
    shld    execptr


; 인터프리터의 메인
main:
; 다음 한 문자를 취득
    call    getnext
; 0인지를 조사
    ora a
; 0이라면 종료
    jz  0
; 취득한 문자가 >라면 incptr로 이동
    cpi   3EH ;'>'
    jz    incptr
; 취득한 문자가 <라면 decptr로 이동
    cpi   3CH ;'<'
    jz    decptr
; 취득한 문자가 +라면 incval로 이동
    cpi   2BH ;'+'
    jz    incval
; 취득한 문자가 -라면 decval로 이동
    cpi   2DH ;'-'
    jz    decval
```

```
; 취득한 문자가 .라면 outchar로 이동
    cpi   2EH ;'.'
    jz    outchar
; 취득한 문자가 [라면 beginloop로 이동
    cpi   5BH ;'['
    jz    beginloop
; 취득한 문자가 ]라면 endloop로 이동
    cpi   5DH ;']'
    jz    endloop
; 그 이외라면 단순히 이동하지 않고 처음으로 되돌아감
    jmp   main


; 포인터를 1 증가시킴
incptr:
    lxi   h,ptr
    inr   m
    jmp   main
; 포인터를 1 감소시킴
decptr:
    lxi   h,ptr
    dcr   m
    jmp   main
; 포인터가 가리키는 주소를 1 증가시킴
incval:
    call    setupval
    inr   m
    jmp   main
; 포인터가 가리키는 주소를 1 감소시킴
decval:
    call    setupval
    dcr   m
    jmp   main
; 포인터가 가리키는 주소의 한 문자를 출력
outchar:
    call    setup
    mov   e,m
    mvi   c,2
    call    5   ; 콘솔에 출력
```

```
        jmp main
; 루프를 시작하게 함
beginloop:
    call    setupval
    mov  a,m
    ora  a
    jnz  main
loop1:
    call    getnext
    ora  a
    jz  0
    cpi  5DH  ;']'
    jnz  loop1
    jmp  main
; 루프를 종료시킴
endloop:
    call    setup
    mov  a,m
    ora  a
    jz  main

loop2:
    call    getprev
    ora  a
    jz  0
    cpi  5BH  ; '['
    jnz  loop2
    inx  h
    jmp  main

; 다음 한 문자를 취득
getnext:
; 실행 포인터를 읽어 들임
    lhld    execptr
; 실행 포인터가 가리키는 주소로부터 한 문자를 꺼냄
    mov  a,m
; 다음을 대비하여 실행 포인터를 증가시킴
    inx  h
```

```
    ; 실행 포인터를 보존
        shld    execptr
        ret


    ; 앞의 한 문자를 취득
    ; 루프 시 전방 탐색에 사용
    getprev:
        lhld    execptr
        dcx  h
        mov  a,m
        shld    execptr
        ret


    setpval:
    ; H 레지스터에 데이터 영역의 주소의 상위 바이트를 읽어 들임
        lda  data
        mov  h,a
    ; L 레지스터에 포인터의 값을 읽어 들임
        lda  ptr
        mov  l,a
        ret


    ; 실행 포인터
    execptr:        dw   0


    ; BrainF*ck의 포인터
    ptr:        db   0
    ; BrainF*ck의 메모리의 상위 바이트
    data:        db   0


    ; 예제 Hello World 프로그램의 소스 코드
    beforesrc:        db 0
    src:        db   '+++++++++[>++++++++>+++++++++++>+++++<<<-]>.>'
                db   '++.+++++++..+++.>-.------------.<++++++++.---'
                db   '-----.+++.------.--------.>+.',0
    ; 끝
    last:
        end
```

다음 두 가지 명령으로 실행 파일 MINIBF.COM을 얻을 수 있습니다.

```
ASM  MINIBF
LOAD  MINIBF
```

모든 순서는 서브밋 파일에 기록해두었기 때문에 다음 명령으로 모두 실행됩니다.

```
submit  minibf
```

실제의 언어 프로세서에서는 minibf에 포함되어 있지 않은 여러가지 기능이 있습니다. 다음에는 이러한 기능의 개요를 설명하겠습니다.

컴파일러 컴파일러

7.10

사소한 변환 실수입니다. 컴파일러가 중복되었어요.

컴파일러를 컴파일하는 도구이므로 이것이 옳아.

　구문 분석과 어휘 분석에는 자동화하기 위한 도구가 존재합니다. 이를 **컴파일러를 만들기 위한 컴파일러**라는 의미로, **컴파일러 컴파일러**라고 부릅니다. 유명한 고전적인 도구는 yacc/lex입니다. lex는 어휘 분석, yacc는 구문 분석을 지원합니다.

다음은 lex의 입력이 되는 어휘 분석 정의의 일부입니다. 0부터 9까지의 문자하나 이상, 임의의 개수의 나열이 한 덩어리로 정의되어 있습니다.

```
DIGIT        [0-9]
INTEGER      {DIGIT}+
```

다음은 yacc의 입력이 되는 구문 분석 정의의 일부입니다.

```
expr:
    |   expr   '+'   expr   { $$ = $1 + $3; }
    |   expr   '-'   expr   { $$ = $1 - $3; }
```

expr은 식의 정의에 붙어 있는 이름입니다. 식은 '**식+식**' 또는 '**식-식**'이라고 정의되어 있습니다. 중괄호 안에서는 임의의 코드를 기술할 수 있고, 목적에 따라 실행하거나, 코드를 생성하거나, 다음에 설명하는 구문 트리를 생성하기도 합니다. 이러한 종류의 도구는 yacc/lex 이외에도 다수 존재하고, 용도에 따라 이용되고 있습니다.

구문 트리

7.11

자. 나무다. 이제부터 나무를 만드는 거야.

매우 이상해.

구문 분석의 결과, 많은 경우에는 **구문 트리**라고 부르는 **트리 구조**로 치환되는 **소스 코드**를 작성합니다(�○ 그림 7.2).

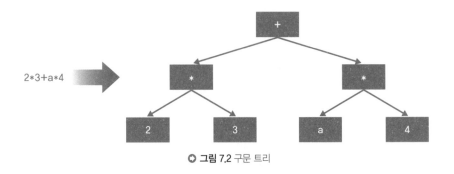

2*3+a*4

�○ **그림 7.2** 구문 트리

각 사각형을 '노드'라고 부릅니다. 그런데 구문 트리는 효율적인 코드 생성에 도움이 됩니다.

예를 들어 + 노드 아래의 두 개의 노드를 살펴보아 두 개의 노드가 모두 변수라면 임의의 값과 임의의 값을 더하는 **ADD** 명령을 생성하고, 두 개의 노드가 모두 정수라는 것을 알게 되면, 정숫값을 더하는 **ADI** 명령을 생성할 수 있습니다. 다음에 설명하는 최적화에도 유리합니다.

최적화

7.12

> 최적화로 불필요한 코드를 제거합시다.

> 자, 우리 회사도 불필요한 사원을 제거합시다. 우선 자네부터.

다음의 프로그램에는 낭비가 있습니다.

```
a = 1 + 2;
```

어디가 낭비인지를 말하자면, **1+2**라는 식이 3 이외의 값이 될 수 없기 때문입니다. 실행될 때마다 답을 알고 있는 계산을 수행하는 것은 낭비입니다. 게다가 이것이 백만 번 반복되는 루프 안에 있으면, 이미 답을 알고 있는 계산을 백만 번이나 수행하게 됩니다.

이 외에도 낭비는 여러 가지가 있습니다. 반드시 성립하는 것을 알고 있는 조건 판단도 낭비입니다. 실행하는 문장이 아무것도 없는 루프는 루프 그 자체를 제거해도 결과는 변하지 않습니다. 이러한 **낭비를 제거하는** 처리가 바로 **최적화**입니다.

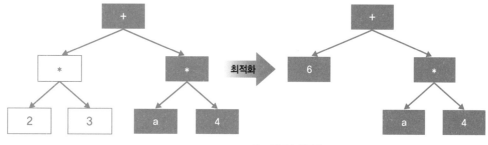

○ **그림 7.3** 최적화

예를 들어 2*3+a*4라는 식이 있다면, a*4의 값은 실행해볼 때까지 알 수 없지만, 2*3은 반드시 6이 됩니다. 이 식은 6+a*4로 치환해도 결과는 동일합니다(◐ 그림 7.3).

컴파일러는 낭비를 발견하여 이것을 제거하는 식으로 진화를 계속해 왔습니다. 어중간한 지식으로 작성한 어셈블리 언어 프로그램보다 컴파일러가 생성한 프로그램의 효율성이 더 좋은 것도 드문 일이 아닙니다.

> ### 칼럼
>
> ### 천재의 시대
>
> 최적화는 프로그래머의 경험과 직감과 숫자가 쌓인 시대의 산물입니다. 그 시대는 확실히 천재의 시대였습니다. 유능한 인간이 작성하면 그만큼 속도가 빨라지는 시대입니다. 모리타 카즈로(森田和郎)[9]로 대표되는 천재가 맹렬하게 싸우던 시대입니다. 저자도 그 끝자락을 차지하고 있습니다.
>
> 1990년대 이후, 천재의 시대는 급속하게 종말을 맞았지만, 프로그래머에게 재능이 불필요하게 되었다는 것은 아닙니다. 어느 정도는 강력하고 편리한 도구를 이용한다고 해도, 확실한 경험과 지식이 뒷받침된 직감 없이는 효율성이 좋은 소스 코드를 얻을 수 없습니다.
>
> 그러나 이것만은 잊지 말기 바랍니다. 직감만으로 천재라고 부르는 것은 불가능합니다. 학습과 경험은 필수입니다. 이와 반대로 확실한 경험과 지식만 있으면 천재와 동일한 위치에 설 수 있습니다.

주9) 역자 주 : 일본의 사이타마 의과 대학을 졸업한 프로그래머로, 랜덤하우스 대표이사를 역임하였으며, 다양하고 수준 높은 컴퓨터 게임을 개발하였습니다.

레지스터 변수와 레지스터 컬러링

7·13

변숫값이, 변숫값이 이상합니다!

계산이 끝나기 전에 디버거로 중단시켰으니까 그렇지.

C 언어에는 변수를 선언할 때 register라는 키워드를 붙일 수 있습니다.

```
register int x;
```

이 키워드의 본래 의미는 **미사용 레지스터에 이 변수를 할당하고 싶다**라는 요청입니다. CPU의 레지스터는 외부 버스를 사용하지 않고 액세스 할 수 있기 때문에 메모리보다 속도가 빠르기 때문입니다. 빈번하게 참조되는 변수에 **register** 키워드를 붙이면 이것만으로도 실행이 빨라졌던 시대도 있습니다.

그러나 이제 과거의 일입니다.

현재에는 **레지스터 컬러링**이라고 하여 **하나의 레지스터에 자주 사용되는 변수를 유연하게 할당하여 처리**를 수행합니다. 예를 들어 함수의 전반과 후반에서 자주 참조되는 변수가 바뀌면 레지스터에 할당되는 값도 교체됩니다. 개개의 레지스터마다 다른 값이 할당되고, 할당되는 타이밍도 달라집니다(● 그림 7.4).

이와 같은 자동 할당이 일반적으로 행해지기 때문에 **register**의 지정은 거의 의미를 잃어버렸습니다. 근래에 작성되고 있는 새로운 세대의 프로그래밍 언어에는 C 언어의 **register** 키워드에 해당하는 기능을 가진 키워드는 존재하지 않을 것입니다.

레지스터에 할당된 변수에는 주소가 없습니다. 왜냐하면 주소가 있는 것은 메모리 공간과 I/O 공간뿐이기 때문입니다. CPU 내의 레지스터에는 일반적으로 주소가 없습니다. 이곳에 변수가 할당되어도 이에 대응하는 주소는 없는 것입니다. 그러나 레지스터 컬러링에 의해 레지스터에 할당된 변수에는 주소가 있습니다. 레지스터에 할당되지 않을 때에는 메모리에 저장하므로, 이 때문에 주소가 존재하는 것입니다.

함수 X	변수 a를 많이 사용하는 처리	레지스터 R이 변수 a
	변수 b를 많이 사용하는 처리	레지스터 R이 변수 b
	변수 c를 많이 사용하는 처리	레지스터 R이 변수 c

● **그림 7.4** 레지스터 컬러링

그러나 보통은 메모리에 저장되어 있는 변수를 일시적으로 레지스터에서 취급하고, 멀티스레드 환경에서 갱신될 것이기 때문에 메모리를 갱신하지 않는다는 문제가 발생하는 경우가 있습니다. 더 간단하게 말하면, 변수로부터 값을 꺼내더라도 있을 것으로 예상했던 값을 취득할 수 없는 경우가 존재합니다. 이 스레드에서는 '이 변수는 지금 이 레지스터에서 사용된다'라는 인식을 하고 있을지도 모르지만, 다른 스레드에서는 '이 변수는 이 주소의 메모리에 있을 것이다'라고 인식하고 있을지도 모르기 때문입니다(● 그림 7.5).

스레드 1	a=1	변수 a를 레지스터 R에	a=2 (사실은 R=2)	레지스터 R을 변수 a에(a=R)	a는 2
스레드 2	a는 1	a는 1	a는 1	a는 2	a는 2
변수 a의 값	1	1	1	2	2

● **그림 7.5** 최적화로 인해 일어나는 문제

이 문제를 해결하기 위한 **volatile** 등의 키워드를 가진 프로그래밍 언어도 있습니다. 이는 최적화가 적용되지 않도록 하는 등의 기능을 가진 키워드로, 메모리가 갱신되지 않도록 확실히 보장합니다. 갱신 순서 등도 최적화로 순서가 변하지 않도록 보장하는 경우도 있습니다.

올바른 순서로 올바른 값을 출력하지 않으면 정상적으로 동작하지 않는 입출력 기기를 취급하는 경우에 이 키워드를 사용할 수 있는 경우도 있습니다.

코드 생성

7·14

전원 코드가 부족해. 컴파일러에 코드 생성을 부탁하자.

무리입니다.

컴파일러가 코드를 생성하는 방법은 주로 다음과 같은 패턴입니다.

- 기계어를 직접 생성
- 가상 기계어를 생성
- 어셈블리 언어의 소스 코드를 생성하고, 외부 어셈블러로 기계어를 생성시킴
- 다른 고급 언어의 소스 코드를 생성

기계어를 직접 생성하는 데에는, 재적재 가능한 목적 파일(381페이지)을 생성하는 경우와 그대로 실행 파일을 작성하는 경우가 있습니다.

가상 기계어를 생성하는 방법은 .NET Framework나 자바에서 이용되고 있는 스타일로, 배포를 위한 가상의 기계어 파일을 작성해두고, 실제로 실행할 때에는 개별 환경에 특화된 최적의 코드를 실행 환경에서 생성합니다. 어셈블리 언어의 소스 코드를 생성하는 방식은 처리 시간이 걸리지만, 컴퓨터의 파워만 충분히 있으면 컴파일러를 지나치게 복잡하게 만들지 않아도 해결됩니다. 다른 고급 언어의 소스 코드를 생성하는 목적은 두 가지입니다.

- 기존의 강력한 언어 프로세서에 맡기는 편이 보다 좋은 코드를 생성해줌
- 실행 환경이 이것밖에 없음

전자는 초기의 C++ 컴파일러가 전형적입니다. C 언어의 소스 코드를 생성한 후 C 컴파일러를 사용하여 실행 파일을 작성했습니다. 이 당시에는 이미 실적이 풍부한 고성능의 C 언어 프로세서가 많았기 때문에 이것은 합리적인 선택입니다.

후자는 웹 브라우저에서 실행하는 것을 목적으로 한 컴파일러에서 많이 볼 수 있는 방식입니다. 예를 들어 자바나 C#의 소스 코드를 입력하여 자바스크립트의 소스 코드를 생성하는 컴파일러가 실제로 존재합니다. 어떻게 해서든 다른 고급 언어로 프로그램을 작성하고 싶지만 실행할 수 있는 언어가 자바스크립트밖에 없을 때, 변환을 수행하기 위해 이용됩니다.

칼럼

낭비가 많은 코드

1980년대경까지 컴파일러가 생성하는 실행 파일에는 많은 낭비가 있었습니다. 이 때문에 소스 코드를 들여다보고는 "아아, 여기에서 이것을 고쳐 쓰면 실행 속도가 극적으로 향상될 텐데 ……"라고 투덜거리는 일이 드물지 않았습니다.

그럼에도 고급 언어가 사용되는 이유는 무엇일까요?

그 이유는 생산성의 향상 때문입니다.

아무리 잘 만든 프로그램이라도 완성되지 않으면 가치가 없습니다.

고급 언어를 사용하여 단시간 내에 동일한 기능을 가진 프로그램을 완성할 수 있으면, 속도가 느리거나 코드에 낭비가 있더라도 고급 언어로 고려하게 된 것입니다.

프로그램이 작동한다고 해서 그것으로 끝나는 것은 아닙니다.
안전하게 작동할 수 있느냐가 관건입니다.
시스템에 영향을 미칠 수 있는 여러 가지 방법에 관하여 알아봅시다.

Chapter

08

보안 편

자기증식 프로그램은 가능한가?

8.1

1명이 2명으로 분신했습니다.

그들은 원래 쌍둥이야.

실행 중에 자기 자신을 복제하여, 그것을 거듭 실행하는 것이 가능할까요? 예를 들어 주소 **100h**에서 **Hello World** 프로그램이 실행되도록 합시다. 이 프로그램을 통째로 주소 **200h**로 전송하여 실행하는 것이 가능할까요?(◐ 그림 8.1)

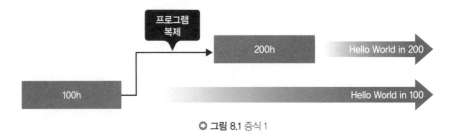

◐ **그림 8.1** 증식 1

이를 실현하기 위해서는 구체적으로 다음 3단계를 분명히 해야 합니다.

❶ 프로그램을 통째로 다른 컴퓨터로 전송할 수 있는가?
❷ 프로그램에 주소 지정이 포함되어 있다. 그 주소를 전송할 곳의 주소로 수정할 수 있는가?
❸ 전송할 곳에서는 다시 전송할 필요가 없으므로 전송 기능을 무효화할 수 있는가?

첫 번째 단계는 전송에 불과합니다. 메모리에 대한 읽기 쓰기 허가가 있으면 간단하게 실행할 수 있습니다. 8080에는 권한 설정이 존재하기 때문에 아무 것도 고려할 필요가 없습니다.

두 번째 단계는 갱신해야 할 주소를 알게 되면 갱신하는 것은 간단합니다. 이번에는 **01XXh**라는 주소를 **02XXh**로 고쳐 쓰는 것뿐인 간단한 처리입니다.

세 번째 단계는 전송 기능의 맨 앞에 **JMP 0**에 해당하는 명령을 기록하는 것뿐입니다. 결국, 전송은 실행되지 않고 CP/M의 명령을 기다리고 복귀합니다. 16진수로는 **c3h, 00h, 00h**의 3바이트입니다. 메모리에 세 번 기록하는 것뿐인 간단한 작업입니다. 이번에는 확실히 복사본이 만들어지는 것을 확인하기 위해 다음과 같은 조건을 추가합시다.

- Hello World in 100처럼 어느 주소에서 실행되는지를 명시한다.
- 디버거 DDT(◉ 482페이지)를 이용하여 g100,0이라고 실행하고, DDT의 명령을 이용하여 실행 전과 실행 후의 메모리를 비교한다.[1]

실제로 작성하여 실행한 결과는 다음과 같습니다[2](순서에 관해서는 377페이지를 참조하기 바랍니다). 소스 코드는 EE8080의 구동 디스크에 SELF COPY1.ASM으로 수록되어 있습니다[3]. 따라서 특별히 아무것도 하지 않아도 EE8080에서 [CP/M]을 선택하여 나오는 콘솔 화면에 다음과 같이 입력하는 것으로 확인할 수 있습니다.

```
A>asm selfcpy1
CP/M ASSEMBLER - VER 2.0
0150
000H USE FACTOR
END OF ASSEMBLY

A>load selfcpy1

FIRST ADDRESS 0100
```

주1) g100,0은 100번지에서 실행시키고, 0번지로 중단점(break point)을 설정합니다.
주2) 8장의 예제 소스 코드는 에뮬레이터 EE8080에서 실행하여 체험하는 것이 가능합니다.
주3) 이 소스 코드를 CP/M상에서 열람/수정하기 위해서는 WordMaster(◉ 461페이지)를 사용하여, **WM SELFCOPY1. ASM** Enter↵를 입력합니다.

```
LAST  ADDRESS 014F
BYTES READ    0050
RECORDS WRITTEN 01

A>ddt selfcpy1.com
DDT VERS 2.2
NEXT  PC
0180 0100

-g100,0
Hello World in 100
Hello World in 200
*0000
-
```

그러나 이것만으로는 자기 자신의 복사본을 만든 것을 확인할 수 없습니다. 실제로 메모리 내용을 살펴보고, 자기 자신의 복사본이 만들어졌는지를 확인하기 위해서는 어떻게 해야 할까요?

이를 위해서는 DDT의 명령(○ 482페이지)을 사용합니다. DDT에서는 d100으로 100h번지로부터 256바이트를 출력하고 d200으로 200h번지로부터 256바이트를 출력합니다.

이것을 사용해도 아마 대부분의 사람들은 그곳에 무엇이 있는지 알지 못할 것입니다. 그러나 Hello World 등의 메시지는 읽을 수 있을 것입니다. 또한 무엇이 들어 있는지는 알지 못해도, 갱신이 일어난 것은 확인할 수 있을 것입니다. 이를 이용하여 실행 전과 후를 비교해봅시다.

이를 위해서는 g100,0으로 실행하기 전에 d100과 d200으로 100h번지 이후와 200h번지 이후의 내용을 확인해두고, 실행이 끝나고 나서 동일한 명령을 사용하여 결과를 비교합니다.

다음은 실행 전의 **100h**번지 부근입니다. 16진수와 그곳에 대응하는 문자가 옆에 나와 있습니다. 16진수로 프로그램을 읽을 수 없다고 생각하겠지만, **Hello World in 100**이라는 문자열은 읽을 수 있습니다.

```
0100 11 3B 01 0E 09 CD 05 00 11 00 01 21 00 02 06 00 .;.........!....
0110 1A 77 23 13 05 C2 10 01 21 4A 01 11 00 01 19 34 .w#.....!J.....4
0120 21 01 01 11 00 01 19 23 34 21 08 01 11 00 01 19 !......#4!......
0130 36 C3 23 36 00 23 36 00 C3 00 02 48 65 6C 6C 6F 6.#6.#6....Hello
0140 20 57 6F 72 6C 64 20 69 6E 20 31 30 30 0D 0A 24  World in 100..$
0150 00 00 00 00 00 00 00 00 00 00 00 00 00 00 00 00 ................
```

다음은 실행 전의 **200h**번지 부근입니다. 다른 프로그램(DDT)의 흔적만 남아 있을 뿐, **Hello World**의 복사본은 존재하지 않습니다.

```
0200 C3 83 06 00 00 00 C3 4F 03 C3 24 05 2A 73 1E EB .......O..$.*s..
0210 0E 1E CD 05 00 F5 79 CD 8F 06 F1 C9 FE 20 C8 FE ......y...... ..
0220 09 C8 FE 2C C8 FE 0D C8 FE 7F CA 24 05 C9 0E 0D ...,.......$....
0230 CD 15 00 0E 0A CD 15 00 C9 CD 8C 06 FE 0D CA 18 ................
0240 05 CD 1C 00 CA 39 00 0E 04 21 7A 06 36 20 23 0D .....9...!z.6 #.
0250 C2 4C 00 0E 05 21 7A 06 77 CD 8C 06 CD 1C 00 CA .L...!z.w.......
02B0 2B 0D C2 A5 00 0D C9 06 04 D5 11 7A 06 1A BE C2 +.........z....
```

다음은 실행 후의 **100h**번지 부근입니다. 실행 전에 비해 변한 것이 전혀 없습니다.

```
0100 11 3B 01 0E 09 CD 05 00 11 00 01 21 00 02 06 00 .;.........!....
0110 1A 77 23 13 05 C2 10 01 21 4A 01 11 00 01 19 34 .w#.....!J.....4
0120 21 01 01 11 00 01 19 23 34 21 08 01 11 00 01 19 !......#4!......
0130 36 C3 23 36 00 23 36 00 C3 00 02 48 65 6C 6C 6F 6.#6.#6....Hello
0140 20 57 6F 72 6C 64 20 69 6E 20 31 30 30 0D 0A 24  World in 100..$
```

다음은 실행 후의 **200h**번지 부근입니다. **100h**번지 부근과 거의 동일하므로 이곳으로 전송된 것을 확인할 수 있습니다.

```
            Ⓐ                    Ⓑ
0200 11 3B 02 0E 09 CD 05 00 C3 00 00 21 00 02 06 00   .;.........!....
0210 1A 77 23 13 05 C2 10 01 21 4A 01 11 00 01 19 34   .w#.....!J.....4
0220 21 01 01 11 00 01 19 23 34 21 08 01 11 00 01 19   !......#4!......
0230 36 C3 23 36 00 23 36 00 C3 00 02 48 65 6C 6C 6F   6.#6.#6...Hello
0240 20 57 6F 72 6C 64 20 69 6E 20 32 30 30 0D 0A 24    World in 200 .$
                                                            Ⓒ
```

그러나 완전히 동일한 것은 아닙니다. 다음과 같은 차이가 있습니다.

Ⓐ 201h번지에 기록된 주소 013bh(3bh, 01h)가 023bh(3bh, 02h)로 갱신되어 있음

Ⓑ 208h번지부터 c3h, 00h, 00h(JMP 0)로 갱신되어 있음

Ⓒ Hello World in 100 중에 수치가 200으로 갱신되어 있음

이것들은 모두 의도한 대로 수정되었습니다. 단순한 복제가 아닌 것을 알 수 있습니다. 따라서 문자열의 차이로 인해, 확실히 Hello World in 100은 100번지부터 실행되었을 때, Hello World in 200은 200번지부터 실행되었을 때의 결과라는 것을 알 수 있습니다.

소스 코드를 설명하겠습니다. 소스 코드는 세 부분으로 나누어집니다.

*   Hello World 본체
*   자기 자신을 200h로 전송
*   전송된 내용을 수정

따라서 **200h**부터 실행하는 내용은 소스 코드에 포함되어 있지 않습니다. 이 것들은 실행 중에 작성되어 준비됩니다.

```
selfcpy1.asm:
; 시작 주소는 100h
        org     100h


; Hello World 본체
; 11h는 lxi d,XXXX의 첫 번째 바이트
        db   11h   ;lxi d
; 두 번째 바이트 이후는 dw 의사 명령으로 준비함
loc1:   dw  msg
        mvi      c,9
        call     5
; loc2는 전송 후에 JMP 명령으로 지워질 예정인 장소
loc2:


; 자기 자신을 200h로 전송
; 100h에서 200h로 256바이트 복사
        lxi  d,100h
        lxi  h,200h
        mvi  b,0
loop:

        ldax     d
        mov  m,a
        inx  h
        inx  d
        dcr  b
        jnz  loop


; 전송된 내용을 수정
; 100h에서 200h로 전송되기 때문에 주소에 차이 100h를 더함

; 우선 번호를 1에서 2로 수정(100 → 200)
        lxi  h,num
        lxi  d,100h
        dad  d
        inr  m


; 문자열의 주소에 100h를 더하여 수정(이것으로 200을 포함하는 문자열 출력)
        lxi  h,loc1
```

```
            lxi    d,100h
            dad    d
            inx    h
            inr    m

; 전송 기능의 맨 앞에 JMP 0, 결국 종료를 기록
            lxi    h,loc2
            lxi    d,100h
            dad    d
            mvi    m,0c3h
            inx    h
            mvi    m,0
            inr    h
            mvi    m,0

; 복사 결과로 점프하여 실행
            jmp       200h

; 출력해야 하는 문자열
msg:    db    'Hello World in '
; 이곳은 번호를 갱신할 장소이므로 레이블을 붙여서 독립시킴
num:    db    '1'
; 복귀, 줄바꿈을 한 후 문자열을 종료
            db    '00',13,10,'$'
            end
```

이 소스 코드(파일 이름은 selfcpy1.asm으로 되어 있습니다)로부터 실행 파일을 얻는 방법에 관해서는 429페이지를 참조하기 바랍니다.

무한 자기증식 프로그램은 가능한가?

8.2

쌍둥이가 아니야. 계속 분열하여 사람 수가 늘었어.

단세포 생물이 아닐까?

자신의 복사본을 하나 만드는 사례는 살펴보았습니다. 그렇다면 메모리상에서 무한히 자신을 계속 증가시키는 것이 가능할까요? 정말로 무한정 계속하면 시간이 지나도 종료하지 않기 때문에 복사본을 여덟 개 작성한 시점에서 종료시키도록 합시다.

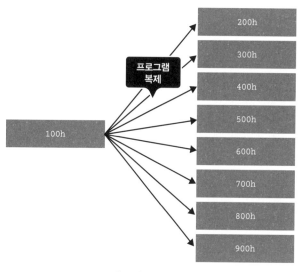

○ 그림 8.2 증식 2

이번에는 100h의 프로그램을 200h에 복사하여 실행하는 것이 아니고, 300h, 400h, …… 900h에 전송하여 실행하는(복제하는) 것을 해봅시다. Hello World가 아홉 번 나오게 됩니다(○ 그림 8.2) (실제로는 빈틈없이 메우면 더 채울 수 있지만, 이해하기 쉽도록 100h바이트씩 늘어놓습니다).

다음은 실제로 작성한 소스 코드입니다. 소스 코드는 EE8080의 구동 디스크
에 SELFCPY2.ASM으로 수록되어 있습니다.

```
selfcpy2.asm:
        org     100h

; base offset
loc1:
        lxi b,0

        mov a,b
        cpi 9
        jnc 0

; Hello World
        lxi h,msg
        dad b
        xchg
        push    b
        mvi     c,9
        call    5
        pop b

; transfer
; make bc+100h to stack top
        mov l,c
        mov h,b
        lxi d,100h
        dad d
        push    h

; make bc+200h to hl
        lxi d,100h
        dad d

; bc+100h to de
        pop d
; keep bc+100h to later use
```

```
            push    d

; keep bc+200h to later use
            push    h

            push    b
            mvi b,0
loop:
            ldax    d
            mov m,a
            inx h
            inx d
            dcr b
loc2:   jnz loop
            pop b

; update number
            lxi h,num
            dad b
            lxi d,100h
            dad d
            inr m

; update loc2
            lxi h,loc2
            dad b
            lxi d,100h
            dad d
            inx h
            inx h
            inr m

; update lxi b,XXXX to XXXX+100h
            pop h   ; bc+200h
            pop d   ; bc+100h
            inx h
            mov m,e
            inx h
```

```
        mov m,d

; hl must be point entry point
        dcx h
        dcx h
; go to new copy
        pchl

msg:    db 'Hello World in '
num:    db  '1'
        db  '00',13,10,'$'
        end
```

이 소스 코드로부터 실행 파일을 얻는 방법에 관해서는 433페이지를 참조하기 바랍니다.

그렇다면, 어떠한 방식으로 구현하고 있는 걸까요? 답은 가능하면 고정 주소로 기록하는 것을 배제하는 것입니다. 배제할 수 없는 경우에는 복사 후에 적절한 주소로 변환하여 저장합니다. 기술적으로 고정 주소로 기록하는 것을 어떻게 배제할 수 있을까요? 이번에는 다음과 같은 기술을 이용합니다.

- BC 레지스터 페어에 항상 오프셋 값(지금의 장소와 목적하는 장소의 값의 차이)을 저장해둠
- 복사본을 저장할 곳의 오프셋 값을 얻기 위해 반드시 100h를 더하여 주소를 구함
- 복사본을 저장할 곳으로 점프하기 위하여 PCHL 명령을 사용

첫 번째 기술은 주소 계산에는 항상 **DAD B**를 수반하는 것을 의미합니다. BC 레지스터 페어의 값은 처음은 0이지만, 복사본을 만들 때마다 100h, 200h로 증가합니다. 복사본을 저장할 곳의 오프셋 값은 항상 **BC+100h**가 됩니다.

마지막 **PCHL** 명령은 **HL** 레지스터의 값으로 점프합니다. **HL** 레지스터 페어에 복사본을 저장할 곳의 코드 처음 주소가 들어 있으면 이것으로 복사된 코드로 제어를 옮길 수 있습니다.

개별적인 갱신이 필요한 것은 처음의 **lxi b,0**과 **loc2: jnz loop**입니다. 첫 번째는 **BC** 레지스터 페어에 적절한 오프셋 값을 설정하기 위한 것으로, 첫 번째 복사라면 **lxi b,100h**로 갱신됩니다. 두 번째 경우에는 조건부 점프에 **PCHL**에 해당하는 명령이 존재하지 않아 고정 주소를 배제할 수 없습니다. 따라서 복사 후에 주소를 갱신하여 보정합니다. 설사 그렇다고 하더라도 명령의 세 번째 바이트(상위 바이트)에 1을 더하는 것만으로 충분합니다.

DDT(● 482페이지)로 실행한 결과는 다음과 같습니다.

```
A>ddt selfcpy2.com
-g100,0
Hello World in 100
Hello World in 200
Hello World in 300
Hello World in 400
Hello World in 500
Hello World in 600
Hello World in 700
Hello World in 800
Hello World in 900
*0000
-d100,10f
0100  01 00 00 78 FE 09 D2 00 00 21 4C 01 09 EB C5 0E  ...x.....!L.....
-d200,20f
0200  01 00 01 78 FE 09 D2 00 00 21 4C 01 09 EB C5 0E  ...x.....!L.....
-d800,80f
0800  01 00 07 78 FE 09 D2 00 00 21 4C 01 09 EB C5 0E  ...x.....!L.....
-d900,90f
0900  01 00 08 78 FE 09 D2 00 00 21 4C 01 09 EB C5 0E  ...x.....!L.....
```

g100,0은 100번지부터 실행을 시작하여 0번지에 중단점을 설정하는 ddt의 명령입니다. 복사되는 구간에 중단점을 설정하면 실패합니다. 중단점을 설정한 장소에는 ddt가 RST 6을 기록하여 중지를 대비하지만, RST 6이 기록된 코드가 복제되고 정상적으로 동작하지 않기 때문입니다.

d100,10f 등은 100h부터 10fh까지의 메모리 내용을 덤프하는 명령입니다. 이것으로 무엇이 기록되어 있는지를 확인할 수 있습니다. 이 기능으로 100h~900h의 모든 주소에 256바이트 단위로 거의 동일한 데이터가 존재하고 있다는 것을 확인할 수 있습니다. 여기에서는 100, 200, 800, 900밖에 확인하지 않았지만, 300, 400, 500, 600, 700에도 거의 동일한 것이 들어 있습니다. 각 란의 세 번째 바이트가 변경되었지만, 이곳은 처음의 lxi b,XXXX으로 복사될 때마다 갱신되는 장소입니다.

이것으로 알 수 있는 것처럼, 프로그램은 자신의 복사본을 얼마든지 만들어 메모리에 저장할 수 있습니다. 보안 대책 소프트웨어가 악성 코드를 하나 제거했다고 하여 그것이 전부라고 단정 지을 수는 없습니다. 그러나 악성 프로그램이 이를 수행하지 못하도록 시스템 측도 여러 가지 대비책을 세우고 있습니다. 실행하는 프로그램마다 메모리 공간을 분리시키고, 실행을 허가하는 메모리에 대한 기록을 금지하는 것 등입니다.

그러나 편리한 프로그램과 악성 프로그램의 경계는 애매합니다. 완전히 악성 프로그램만을 배제하기 어렵습니다. 대비책과 위장의 악순환은 10년 이상 계속되고 있습니다.

악의를 가진 제삼자가 처리에 끼어들 수 있는가?

8.3

몰래 키 입력을 감시하는 프로그램을 만들고 싶어.

경찰관 프로그램이네.

CP/M으로 알파벳 대문자 Ⓐ키를 누를 때만 시스템을 정지시키는 프로그램을 작성할 수 있을까요?

가능합니다. 대충 말하면 다음과 같은 순서로 작성할 수 있습니다.

❶ 프로그램이 실행되면 미사용 영역에 프로그램을 전송하여 상주시킴
❷ BIOS의 한 문자 입력을 가로채서 입력된 문자를 조사함
❸ 그 문자가 알파벳 대문자 A라면 CPU를 정지시킴

그러나 미사용 영역이라는 것이 있을까요?

있습니다. 여기에서 사용하는 CP/M 에뮬레이터의 BIOS는 크기가 작기 때문에 BIOS 뒤에 상당한 영역이 남아 있습니다. 이 영역은 다른 프로그램이 사용하는 곳이 아니므로 오동작이 일어나지 않는 한 안전합니다.

실제로 작성해봅시다. 역시 소스 코드는 EE8080의 구동 디스크 REG.ASM에 수록되어 있습니다.

```
; 주소 100h부터 시작
  org  100h

; BIOS의 한 문자 입력은 0f209h에 있음
conin  equ  0f209h
; 본래의 한 문자 입력의 점프 명령 보관 장소
resume  equ  0fff8h
```

```
; 상주부를 ff00h로 전송(256바이트를 보냄)
    lxi    d,regpart
    lxi    h,0ff00h
    mvi    b,0
loop:
    ldax    d
    mov    m,a
    inx    h
    inx    d
    dcr    b
    jnz    loop

; 본래의 점프 명령의 보관 장소에
; 올바른 주소로의 점프 명령을 복사
; 동시에 0ff00h로의 점프 명령을 BIOS에 기록
; BIOS가 한 문자 입력을 하려고 하면 0ff00h로 건너뜀
    lxi    d,resume
    lxi    h,conin
    mov    a,m
    stat    d
    mvi    m,0c3h
    inx    d
    inx    h
    mov    a,m
    stat    d
    mvi    m,000h
    inx    d
    inx    h
    mov    a,m
    stax    d
    mvi    m,0ffh

; 외관상의 종료
; 실제로는 상주부가 살아남아 있음
    jmp    0

; 여기부터 상주부
; 0ff00h에 전송되고 난 후에 동작
```

```
regpart:
; 본래의 한 문자 입력을 호출
    call    resume
; 대문자 A인지 조사
    cpi  041h
; A가 아니면 그대로 되돌아감
    rnz
; CPU를 정지시킴
    hlt


; 모두 끝남
    end
```

이 소스 코드로부터 실행 파일을 얻는 방법에 관해서는 433페이지를 참조하기 바랍니다. 그런데 이 프로그램을 실행하면 곧 종료합니다. 그러나 이 시점에서 BIOS의 탈취가 종료됩니다.

```
A>reg

A>
```

이후, WordMaster(◑ 461페이지) 등 여러분이 선호하는 애플리케이션을 구동시켜 자유롭게 조작할 수 있습니다. 그러나 CPU는 알파벳 대문자 **A**를 입력한 시점에 정지합니다.

소스 코드를 간단하게 설명하겠습니다.

conin equ 0f209h는 BIOS의 콘솔 입력의 점프 벡터입니다. 여기의 3바이트를 **resume equ 0fff8h**에 전송하고 난 후, 상주 바이트(**regpart**)로의 점프 명령으로 교체합니다. 상주 바이트는 **0ff00h**에 전송되어 동작합니다.

상주 파트는 본래의 문자 입력(`resume`에 들어 있는)을 호출하여 한 문자 입력 후에 그 문자 코드를 조사합니다. `041h`는 알파벳 대문자 `A`입니다. 그렇지 않다면 처리를 끝내고 되돌아옵니다. 혹시 그렇다면 `hlt` 명령으로 CPU를 정지시킵니다(그림 8.3).

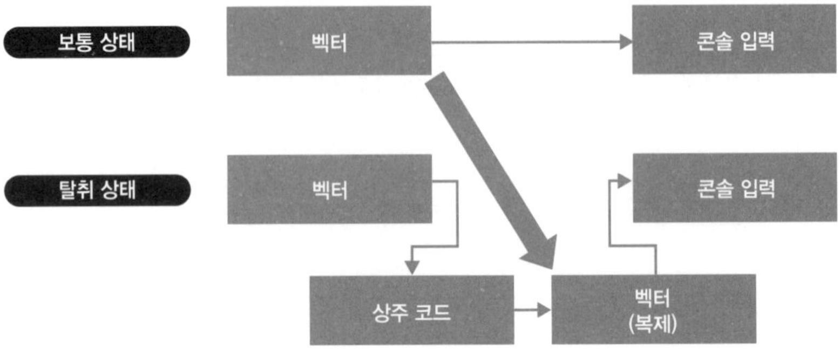

그림 8.3 벡터 탈취

벡터를 가로채는 것은 역시 편리한 도구를 작성하고 싶은 경우와 악성 프로그램을 작성하고 싶은 경우입니다. 양자의 경계는 애매하여, 일률적으로 금지할 수 없습니다.

칼럼

시스템의 확장

운영 체제에 대한 인터럽트 기능은 시스템을 확장하기 위해서도 사용됩니다.
예를 들어 초기의 윈도우는 MS-DOS라는 다른 운영 체제 위에서 구동한 후 MS-DOS의 많은 기능을 가로채 스스로 처리하였습니다.
MS-DOS의 셸에서는 history나 KI-Shell이라는 편리한 셸 확장 도구가 발표되어 명령의 이력 관리 등 편리한 기능을 제공하였습니다.
그러나 최근에는 그렇게 가로채는 형식의 편리한 도구의 이야기는 그다지 들을 수 없습니다.
그 이유는 단순하게도 그러한 편리한 도구가 개발 가능해지면, 악의를 가진 범죄 도구도 작성할 수 있기 때문입니다.
지금 우리들은 편리한 확장을 수행하는 권리를 빼앗긴 상태에서 컴퓨터를 이용하고 있는 것입니다.

자살 프로그램은 가능한가?

8.4

> 더 이상 살고 싶지 않아. 죽겠어.

> 네가 살아온 흔적을 전부 지울 수 있다면 좋아.

자기 자신을 지워 버리는 프로그램을 작성할 수 있을까요? 모든 메모리를 삭제하고, 결국 자기 자신까지 메모리에서 지워 버리는 프로그램(자살 프로그램)입니다(◐ 그림 8.4).

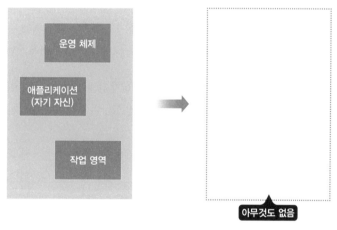

◐ 그림 8.4 자살 프로그램

일반적으로 생각해보면 불가능하게 여겨집니다. 다음 두 가지가 서로 모순되기 때문입니다.

- 삭제 프로그램을 실행하기 위해서는 프로그램이 필요
- 프로그램은 전혀 남아 있지 않음

그러나 조금만 연구해보면 실현할 수 있습니다. 이를 수행하기 위하여 처리 방법을 설명하겠습니다.

- 마지막에 실행되는 명령으로 메모리 삭제 기능을 지워 버림

이 경우의 메모리 삭제 기능에 초기화 처리는 포함되지 않습니다. 마지막에 한 번만 실행되는 부분은 초기화 처리조차 끝나면 지워도 상관없기 때문입니다.

문제는 메모리 삭제 기능입니다. 8080의 경우에는 한 개의 명령으로 써넣을 수 있는 것은 최대 2바이트입니다. 2바이트로 메모리 삭제 기능을 기술하지 않으면 의도한 기능을 실현할 수 없습니다. 그러나 메모리 쓰기를 루프로 설정하더라도 점프 명령 때문에 적어도 3바이트가 필요합니다.

따라서 다음 방식을 적용하여 2바이트로 정리해야 합니다.

- 기록하는 값은 DE 레지스터 페어에 준비해두고, push d로 기록(1바이트)
- 점프하는 곳을 HL 레지스터 페어에 준비해두고, pchl 명령으로 점프(1바이트)

따라서 마지막에 실행하는 **push d**로, 이 2바이트를 덮어쓰고 끝내도록 합니다. 이러한 아이디어를 실현한 것이 다음의 서브루틴입니다.

소스 코드는 EE8080의 구동 디스크에 KILL.ASM으로 수록되어 있습니다[4].

```
; 자살 프로그램(실행하면 자기 자신을 포함하는 전체 메모리를 완전히 삭제함)
; 100h부터 시작
    org    100h
; PCHL로 점프하여 갈 곳을 HL 레지스터 페어에 설정
    lxi   h,loop
; 메모리를 덮어쓸 값을 DE 레지스터 페어에 설정
    lxi   d,0ffffh
; 스택 포인터(SP)의 값을 loop에 설정
loop:
; 스택 포인터의 앞의 2바이트를 DE 레지스터 페어의 값으로 덮어씀
```

- -
주4) 메모리를 모두 파괴하여 자신도 소멸시켜 버리는 '자살 프로그램'을 실행하면 모든 것이 없어지지만, EE8080이라면 페이지를 재적재하여 운영 체제를 다시 구동하면 모든 환경이 곧 되돌아옵니다. 안심하고 시험해보기 바랍니다.

```
    push  d
; HL 레지스터 페어의 값, 결국 loop로 점프
    pchl
; 프로그램의 동작이 계속되면,
; 어느 메모리나 모두가 DE 레지스터 페어의 값으로 채워짐
; 이 프로그램도 남지 않도록 지워 버림

; 끝
    end
```

이 소스 코드로부터 실행 파일을 얻는 방법에 관해서는 433페이지를 참조하기 바랍니다. 이것을 실행하면, **Enable Trap**으로 슈퍼 트랩(◎ 330페이지)이 유효하게 되어 있어 모든 것을 삭제한 후에 CPU를 강제로 정지합니다. 혹시 메모리 삭제 완료 후에 정말로 메모리가 모두 지워졌는지를 확인하고 싶을 때는, 유효하게 된 후에 실행하기 바랍니다. 이 시점에 모니터 기능을 사용하여 메모리의 내용을 체크할 수 있습니다. 모든 주소가 **0FFh**로 되어 있는 것을 알 수 있을 것입니다.

슈퍼 트랩으로 정지시키지 않으면 어떻게 될까요?

자기 자신을 삭제해도 CPU를 정지시킬 수 없기 때문에 CPU는 폭주상태가 됩니다. 모든 메모리에는 **0FFh**가 기록되어 있지만, 이것은 **RST 7** 명령입니다. 따라서 현재의 주소를 스택에 넣고 난 후에 38H로 점프합니다. 그러나 **38H**에도 **0FFh**가 써져 있기 때문에 또 **RST 7**을 실행합니다. 이것을 끝없이 반복합니다만, 결국 스택에 넣기만 하고 꺼내지 않기 때문에 스택은 **038h**의 주소까지 차지합니다. 그렇게 되면 **RST 7**의 무한 반복이 중단되고, 스택 값을 명령으로 해석하여 실행하는 완전한 폭주 상태가 됩니다.

여기서는 **0FFh**로 메모리를 정리하지만, 0으로 정리하는 방법도 있습니다. 이 경우에는 8080의 **00h**는 **NOP**(아무것도 아닌 명령)이기 때문에 정리 후에 간단하게 **NOP**만을 앞으로 영원히 실행하게 됩니다.

덧붙이자면, 보다 새로운 세대의 CPU에는 블록 전송 명령이나 블록 기록 명령이 있습니다. 예를 들어 Z80에는 블록 전송 명령(**LDIR** 명령 등)이 있습니다. 블록 전송 명령은 블록 전송의 파괴 효과(◐ '칼럼 : 블록 전송의 파괴 효과')를 이용하여 메모리를 정리할 수 있습니다. x86에는 **STOS**(Store String Data) 명령 등이 있습니다. 이것들은 지정된 값으로 지정된 범위의 메모리에 기록하는 것이 가능합니다.

이러한 명령을 사용하면, 자살 프로그램을 작성하기가 훨씬 쉬워집니다. 또한 정확한 위치 설정으로 다른 프로그램과 관계없이 순수하게 자신만을 정리하는 것도 쉽습니다.

칼럼

블록 전송의 파괴 효과

블록 전송은 메모리 위 어느 범위의 데이터(복수)를 다른 주소로 복제하는 행위를 의미합니다.

그런데 블록 전송 기능의 사용 방식이 잘못되면 메모리 내용의 복사본을 작성하지 않고 메모리를 정리해 버리는 경우가 있습니다. 이를 역이용하여 메모리를 정리하는 기술을 이용하는 경우가 있습니다.

예를 들어 어느 데이터의 저장 위치를 1바이트만 밀어내고 싶다고 가정합시다(◐ 그림 8.5).

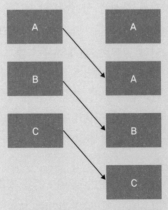

◐ 그림 8.5 블록 전송으로 의도했던 결과

그러나 모든 전송이 동시에 동작할 수는 없고, 차례대로 실행됩니다. 그 결과, 의도하지 않은 결과가 전파되어 모든 데이터가 A로 통일되어 버립니다(◑ 그림 8.6).

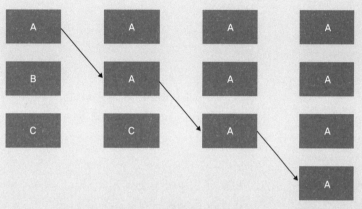

◑ **그림 8.6** 블록 전송의 파괴 효과

의도한 대로 전송하고 싶은 경우에는, 뒤쪽의 데이터부터 차례대로 전송을 합니다. 블록 전송 명령에 오름차순과 내림차순이 존재하는 것은 바로 이 때문입니다. 예를 들어 Z80에는 LDIR(오름차순 블록 전송 명령), LDDR(내림차순 불록 전송 명령)이 있습니다.

메모리 정리에 사용하는 경우에는 일부러 잘못된 채로 두고, 정리하고 싶은 값을 맨 앞에 설정해둡니다. 블록 정리 전용 명령이 있는 x86에서는 사용되지 않는 기술입니다.

고도의 블록 전송 기능은 파괴 효과를 발휘하지 않도록, 오름차순과 내림차순을 자동으로 판정하여 적절한 쪽을 사용하도록 작성되었습니다. 예를 들어 C 언어의 memcpy 함수는 자동으로 판정하지 않기 때문에 전송 범위가 겹쳐지는 의도하지 않은 결과가 될 가능성이 있지만, memmove 함수는 반드시 목적한 대로 블록 전송이 되어 파괴 효과를 발휘하지 않도록 작성되었습니다. 그러나 메모리를 정리하고 싶을 때에는 memset 함수를 사용합니다. 특별히 파괴 효과를 사용할 필요가 없습니다. 다만 단순하게 겹쳐진 범위의 블록 전송에 memcpy 함수를 사용하면, 파괴 효과에 의해 의도하지 않은 결과가 나타나는 경우가 있기 때문에 주의가 필요한 것뿐입니다.

프로그램이 서로를 망가뜨리는 게임은 가능한가?

8.5

적을 전부 물리쳤어. 정지 명령을 전 영역으로 보내.

대단합니다. 아군도 전부 정지했습니다.

보안 대책 소프트웨어 등이 악성 프로그램을 공격하기 때문에 악성 프로그램은 살아남기 위해 자기복제를 합니다. 또한 일을 끝낸 악성 프로그램은 이용자가 경계하지 않도록 하기 위해 자기 자신을 삭제하여 흔적을 남기지 않도록 합니다.

그러나 이 전쟁을 공정한 스포츠처럼 즐기는 것이 가능할까요? 준비된 가상 머신 내에 두 개의 프로그램이 존재하고, 자신은 살아남고 상대 프로그램은 중지시키는 것을 목적으로 하는 경기가 있을까요? 이것은 예전부터 있습니다. 상세한 것은 Wikipedia에 '코어 전쟁'으로 설명이 게재되어 있습니다.

코어 전쟁(Core War)
https://en.wikipedia.org/wiki/Core_War

여기에서는 전용 어셈블리 언어로 프로그램을 작성하고, 서로가 상대의 프로그램을 정지시키는 것을 노립니다. 다만 멀티 프로세스로 동작하는 것을 전제로 적과 아군의 프로그램이 동시에 실행됩니다. 프로세스를 증가시키는 것도 가능하지만, 프로세스를 증가시키면 속도가 느려집니다.

주된 전략에는 몇 가지가 있습니다. 살기 위한 자기복제, 적을 파괴하기 위한 폭격(데이터를 쓰기), 적의 프로그램을 찾는 스캔 등입니다.

이러한 전략을 통하여 보안 대책 소프트웨어와 악성 프로그램 전쟁의 기본 형태를 볼 수 있습니다.

8장에서 소개한 대로, 악성 프로그램은 자신을 복제하는 것도 시스템을 탈취하는 것도, 자기 자신을 삭제하여 증거를 감출 수 있습니다. 정체 모를 침입자는 틈만 있으면 누구의 PC나 스마트폰에 들어옵니다. 이것은 이미 폭탄 없는 전쟁입니다. 어떻게 하면 그 전쟁에서 우리의 몸을 지킬 수 있을까요? 어떻게 하면 반격할 수 있을까요? 이 과제는 독자 스스로가 생각하기 바랍니다.

칼럼

게임으로서의 재미

프로그램이 서로를 망가뜨리는 게임에는 하나의 딜레마가 있습니다.

이를 게임으로 생각하면, 양 플레이어가 대등한 조건에서 대전할 필요가 있습니다. 현실의 프로그램이 서로를 망가뜨리는 것이 공평할 수는 없습니다. 진정한 전쟁은 처음부터 불공평한 경기입니다.

그렇기 때문에 어떻게 하더라도 게임은 현실과 동떨어진 부분이 있습니다.

그러나 기초를 학습하고 경험을 쌓기에는 충분히 유익합니다.

이와 같은 게임이 광범위하게 다시 성행하기를 기대합니다.

이 책의 긴 이야기는 여기서 끝납니다.
몰라도 상관없는 지식이지만, '블랙박스는 싫다', '동작하는 구조를 알고 싶다'라는 기대에 부응하기
위해 부연 설명합니다.

Chapter

09

마무리

9.1 마법과 분간할 수 없다

충분히 발달한 과학 기술은 마법과 분간할 수 없다고 하지만, 1970년대에는 흔했던 기술에 지나지 않았던 많은 요소를 마법으로 간주하고, 단지 사용만 하는 이용자가 증가했습니다. 그 결과, 사기꾼이 날뛰고 설치는 것입니다.

세계를 악의 대마왕과 정의로운 마법사의 전쟁이라고 간주하고, 컴퓨터에서 어떠한 문제가 발생하면 악의 대마왕 탓이라고 굳게 믿고 싶어 하는 사람들이 의외로 많습니다.

예를 들어 전형적인 것은 마이크로소프트사 제품에 문제가 발생하면 바로 "빌 게이츠가 나빠"라고 말하는 사람입니다. 그러나 많은 사원이 근무하는 초거대 기업에서 모든 책임이 특정한 사람에게 있는 것이 아닙니다. 게다가 빌 게이츠는 경영자로서는 이미 은퇴했습니다. 제품이 특정 개인과 강하게 연결되어 있는 상태는 기술이 마법이 되는 것뿐입니다.

그러나 실제로는 어떤 시스템도 프로그램도 모두가 기술적으로 구축된 제품에 불과합니다. 이름 없는 다수가 모여 만들어낸 공업 제품입니다. 따라서 공업 제품인 이상, 블랙박스는 아닙니다. 특정 제품이 내부 해석을 금지시킨 블랙박스가 되는 경우는 있지만, 일반적으로 동작 원리의 습득까지 금지시킬 수는 없습니다.

왜 동작하는가? 왜 그런 결과가 되는가?

지적 호기심을 가지고 알려고 하는 한, 그것들의 기술적인 설명은 여러분 앞에 있습니다. 알고 싶다는 기분, 그것만이 세계의 진실과 접촉하는 데 필요한 조건입니다.

9.2 과거를 보면 미래가 보인다

이 책에서는 오래된 기술을 광범위하게 해설했습니다.

왜 그랬을까요?

미래 지향적으로 산다면, 미래의 일만 생각해야 할까요?

아닙니다. 그렇게 해서는 사기꾼에게 속기 쉽습니다.

왜냐하면, 미래라는 것은 과거와 현재의 연장선상에 있기 때문입니다.

과거를 알고, 현재를 아는 것으로 미래를 볼 수 있습니다.

압도적으로 혁신적인 기술이 나온다면 어떨까요?

그러한 기술 혁신으로 흐름이 바뀐 사건이라면 과거에도 몇 번이나 있었습니다. 과거를 알면, 정말로 흐름을 바꾸는 기술과 단순한 일시적인 유행을 구분할 수 있습니다.

결국 진정한 미래는 과거라는 거울 속에서 보이는 것입니다.

9.3 그리고 여러분이 사용하는 애플리케이션이 탄생했다

이 책에서 설명한 여러 가지 정보의 대부분은 지금은 별로 볼 수 없습니다.

그러나 그 이유는 여러 가지입니다.

주된 이유를 살펴봅시다.

◎ 보다 우수한 기술로 바뀜

예를 들어 8080은 보다 고성능의 신형 CPU가 다수 등장함에 따라 나설 차례를 잃어버렸습니다.

◎ 안전을 위해 제한됨

예를 들어 현재 대부분의 운영 체제에서는 일반 애플리케이션에서 운영 체제를 자유롭게 갱신하는 것이 금지되어 있습니다.

◎ 기술의 세대교체 여파로 동작이 의미가 없어짐

예를 들어 8장의 자살 프로그램(◐ '8.4 : 자살 프로그램은 가능한가?')은 일반 애플리케이션에서 시스템의 모든 메모리를 갱신할 수 없게 됨에 따라 의의를 잃어버렸습니다(지금 네트워크를 검색하여 얻을 수 있는 자살 프로그램이라는 것은 자신의 실행 파일을 삭제하여 흔적을 남기지 않는 기술입니다).

◎ 감추어짐

거의 동일한 것이 남아 있음에도 사람과 직접 접할 필요가 없도록 진화하여 감추어진 기술도 있습니다. 예를 들어 기계어를 직접 다루는 프로그래머는 현재 거의 없습니다.

그러나 시스템의 뿌리에 있는 핵심 부분은 아무것도 변하지 않았습니다. 우리들은 아직까지 8080의 먼 후손들인 x86이나 x64 아키텍처의 CPU를 이용하여 2진수 기반의 계산을 수행합니다. 지금도 레지스터 사이에서 데이터를 전송하는 명령의 연상 코드는 **MOV**입니다. 그리고 지금도 Windows에서 **dir**Enter⏎로 명령 프롬프트를 열면, CP/M 시대와 마찬가지로 파일 목록을 볼 수 있습니다.

결국 이 책에서 본 것은 지금 우리들이 사용하고 있는 도구의 직접적인 조상입니다.

따라서 지금 여기에 있는 시스템과 매우 유사합니다.

조상을 알면, 현재의 우리도 더 잘 알 수 있습니다.

이 책을 읽고 나면 프로그램이 동작하는 것은 마법이 아닌 공학임을 알게 될 것이라 생각합니다.

미신을 타파하고, 기술과 논리가 뒷받침된 새로운 시대를 열어갑시다.

Appendix

부록

에뮬레이터 EE8080 조작 설명

1

부록

EE8080은 논리 회로소자 및 8080의 동작을 에뮬레이션하는 웹 사이트
(`http://ee8080.azurewebsites.net/`)입니다. 소스 코드는 깃허브
(github)에 공개되어 있습니다(◐ 21페이지).

이 웹 사이트의 메뉴는 다음과 같습니다.

A.1.1 톱 메뉴

웹 사이트를 열었을 때의 톱 메뉴는 다음과 같습니다.

- Logic Simulators : 각종 로직 시뮬레이터를 구동한다(조작이 간단하기 때문에 상세한 내용은 생략).
- CP/M : CP/M을 구동한다.
- CPU : 뒤에 기술함
- Misc : 뒤에 기술함

A.1.2 CPU 메뉴

CPU 메뉴에서 사용하는 CPU 유형을 선택할 수 있습니다.

- i8080(fast) : 고속 버전(디폴트)
- i080(educational) : 교육적 목적을 구현한 버전. 실제 CPU에 더 가깝지만 저속

A.1.3 MISC 기타 메뉴

그 밖의 메뉴입니다. 다음과 같은 메뉴가 있습니다.

- CP/M(with disk initialize) : 전체 디스크를 초기화 상태로 되돌려 CP/M을 구동한다.
- CPU Emulation : CP/M을 제외하고 CPU 에뮬레이터를 사용한다. IDE가 구동한다. CPU의 셀프 테스트의 소스 코드를 읽어 들인다.
- BIOS development : CP/M의 BIOS의 소스 코드가 읽히고 IDE가 열린다.

A.1.4 CPU 에뮬레이터 실행 시 햄버거 메뉴

CP/M이나 IDE를 시작하는 메뉴를 선택하면, CPU 에뮬레이터가 구동됩니다. 이때, 햄버거 메뉴(▤)에서 다음 메뉴를 선택할 수 있습니다.

- Modes : 화면 모드를 전환한다.
    - Console : 콘솔 화면(CP/M 조작용)
    - Printer : CP/M으로부터 프린터 출력된 데이터가 표시되는 장소
    - Puncher/Reader : CP/M으로부터 천공기로 출력된 데이터가 표시되는 장소. Reader로부터의 입력을 설정하는 장소
    - Monitor : 기계어 모니터. CPU의 레지스터와 모니터의 내용을 체크할 수 있다.
    - Ide : 간이 통합 개발 환경. BIOS 개발용
    - Echo Back : 키 입력된 데이터가 그대로 표시됨. 콘솔 화면 에뮬레이션의 테스트용
- CPU
    - Reset : CPU를 체크한다.
- Files
    - Upload TPA : TPA에 파일을 업로드한다. CP/M의 명령 대기 상태에서 사용하면, 자동으로 파일에 보관할 수 있다.
    - Download FD-A ~ D : 가상 플로피 디스크의 내용을 다운로드할 수 있다.
    - Upload FD-A ~ D : 가상 플로피 디스크의 내용을 업로드할 수 있다. 뒤에 기술하는 가상 플로피 디스크를 읽을 수 있다.
- Test/Dev
    - Load CPM to mem : CP/M을 모니터로 읽어 들인다. 이것에 추가하

여, BIOS의 어셈블에 성공하면 CP/M을 구동할 수 있다. BIOS 개발
용이다.

- Enable Trap : 슈퍼 트랩(RST 7을 실행하여 CPU를 정지시킴)을 허
용한다.
- Disable Trap : 슈퍼 트랩을 금지한다.

A.1.5 Upload 명령으로 읽어 들이는 가상 플로피 디스크 목록

앞에 기술한 [Upload FD-A ~ D]를 선택하여 다음의 가상 플로피 디스크를
읽어 들입니다.

- Empty : 공백 디스크
- Initial EE8080 Disk : 초기 상태의 드라이브 A 그 자체
- CP/M 2.2 : CP/M 2.2의 배포 디스크
- Microsoft BASIC : BASIC 인터프리터
- Microsoft Fortran 80 : Fortran 컴파일러
- JRT Pascal 4.0 : Pascal 컴파일러
- WordMaster : WordMaster의 배포 디스크
- Creative Computing's Basic Games(1) : MBASIC용 게임 모음
- Creative Computing's Basic Games(2) : MBASIC용 게임 모음

WordMaster 간이 레퍼런스

2

부록

WordMaster는 CP/M에서 사용되었던 텍스트 에디터입니다. CP/M에 기본적으로 포함되어 있지 않지만, 폭넓게 사용되고 있었습니다. 로그인 드라이브에 **wm.com**이 들어 있는 경우, CCP의 명령 대기 상태에서 다음 명령으로 파일명의 소스 파일을 열 수 있습니다.

wm 파일명

WordMaster에는 비디오 모드와 명령 라인 모드가 있고, 조작은 다릅니다.

* 비디오 모드 : 일반적인 텍스트 에디터처럼 보이는 그대로 편집하는 모드[1]
* 명령 라인 모드 : ed 명령[2]과 같이 명령을 타이핑하고 Enter↵ 를 눌러 실행하는 모드

매우 자주 사용하지 않는다면, 명령 라인 모드의 상세한 내용은 알 필요가 없습니다.

A.2.1 비디오 모드의 조작(발췌)[3]

* ↑ 또는 Ctrl + E   커서를 위쪽으로 이동
* ← 또는 Ctrl + S   커서를 왼쪽으로 이동
* → 또는 Ctrl + D   커서를 오른쪽으로 이동
* ↓ 또는 Ctrl + X   커서를 아래쪽으로 이동
* Page Up 또는 Ctrl + R   페이지 위쪽으로 이동
* Page Down 또는 Ctrl + C   페이지 아래쪽으로 이동

주1) 구동 직후는 이 모드가 됩니다.
주2) CP/M 표준으로 포함되는 텍스트 에디터. 편리하지 않기 때문에 상세한 내용은 해설하지 않습니다.
주3) 이러한 특수 키는 웹 브라우저의 종류와 환경에 따라 그 다른 어떤 소프트웨어가 처리하는 에뮬레이터까지 넘어가지 않는 경우가 있습니다. 이 경우, 그 키로는 조작할 수 없습니다. 다른 키로 조작할 수 있다면 그 키를 사용하기 바랍니다.

- [Ins] 또는 [Ctrl] + [O]   삽입 모드 전환(구동 시는 리프레시 모드)
- [Del] 또는 [RUB]   커서 위치의 한 문자 삭제
- [Backspace] 또는 [Ctrl] + [H]   커서 왼쪽으로 이동(한 문자 삭제 기능은 없음)
- [Ctrl] + [N]   1행 삽입
- [Esc] 또는 [Ctrl] + [[]   GUI 모드 종료

A.2.2 명령 라인 모드의 조작(발췌)

- e [Enter↵]   저장 종료
- v [Enter↵]   비디오 모드로 되돌아감[4]
- h [Enter↵]   파일을 갱신하고 편집 계속
- q [Enter↵]   저장하지 않고 종료

[Esc]를 눌러 비디오 모드를 종료하고, [Enter↵]로 저장 종료하는 것이 기본입니다. 저장하고 싶지 않을 때에는 [Enter↵]로 종료합니다.

주4) 리프레시 모드에서 [Enter↵]를 눌러도 행이 삽입되지 않습니다. 삽입 모드에서 [Enter↵]를 누르거나 [Ctrl] + [N]을 누릅니다.

CP/M CCP 간이 레퍼런스

3

부록

CCP는 CP/M의 표준 셸입니다. 여기에서는 이용 가능한 주요 명령을 설명하지만,[5] 여러분이나 제삼자가 작성한 프로그램도 외부 명령으로 이용할 수 있습니다.

A.3.1 내부 명령

```
DIR {fileref}
```

아무것도 지정하지 않은 경우에는 로그인 드라이브의 파일명을 모두 출력합니다.
DIR B:와 같이 드라이브 지정도 가능합니다.
DIR A*.*는 **A**로 시작하는 전체 파일 ……과 같은 와일드 카드로도 지정할 수 있습니다.

```
TYPE fileref
```

지정 텍스트 파일의 내용을 출력합니다.

```
ERA fileref
```

지정 파일을 삭제합니다.

주5) `fileref` = 파일명 참조, `newref` = 새로운 파일명 참조, `oldref` = 이전 파일명 참조를 각각 의미합니다.

```
REN newref=oldref
```

파일명을 변경합니다.

```
SAVE size fileref
```

TPA의 메모리 내용을 파일에 저장합니다(거의 사용되지 않기 때문에 기억하지 않아도 좋습니다). 여기서 **size**는 256바이트 단위의 페이지 수를 의미합니다.

A.3.2 외부 명령

```
STAT fileref
```

파일의 상세 내용을 출력합니다. 파일명 등을 지정할 수 있습니다.

```
PIP description =source[options]
```

파일과 파일, 파일과 장치, 장치와 장치 사이의 전송을 수행하는 만능 전송 프로그램(PIP는 *Peripheral Interchange Program*의 약어)입니다.

```
ED fileref {d:}
```

명령 라인 방식의 에디터입니다. WordMaster를 사용하는 쪽이 편리하기 때문에 상세한 내용은 생략합니다.

```
ASM fileref [options]
```

절대 어셈블러입니다. 기능이 많기 때문에 상세한 내용은 생략합니다.

```
DDT {fileref}
```

디버거입니다. 상세한 내용은 '부록 5 : CP/M DDT 간이 레퍼런스'를 참조하기 바랍니다.

```
LOAD fileref
```

HEX 파일로부터 COM 파일을 작성합니다.

```
SUBMIT {d:}filename {parameters...}
```

텍스트 파일로 준비한 순서대로 자동 실행합니다. 윈도우의 배치 파일에 해당합니다.

```
USER code
```

사용자 번호를 변경합니다. 단일 사용자를 위한 CP/M에서는 거의 의미를 갖지 않기 때문에 기억하지 않아도 괜찮습니다.

```
XSUB
```

XSUB는 SUBMIT 명령의 입력 기능을 강화하는 명령입니다. 보통, SUBMIT 명령 중에 호출을 추가하여 사용합니다. 이것을 사용하면, 명령 라인 인수를 적용할 수 있습니다.

CP/M CALL 5 간이 레퍼런스

CALL 5는 CP/M의 API입니다.
다음과 같은 프로그래밍으로 호출합니다.

```
lxi  DE,parameter
mvi  C,function
CALL 5
```

다음의 색인은 API 이름, Input은 API에 넘기는 값을 넣은 레지스터, Output은 API로부터 반환되는 값을 넣은 레지스터를 의미합니다.

◎ System Reset

```
Input:
C=0
Output:
없음
```

프로그램을 종료하고 운영 체제로 복귀합니다. **jmp** 0나 **rst** 0으로도 운영 체제로 되돌아갈 수 있습니다.

◎ Console input

```
Input:
C=1
Output:
A=character
```

콘솔로부터 한 문자를 입력합니다.

◎ Console output

```
Input:
C=2
E=character
Output:
없음
```

콘솔로 한 문자를 출력합니다.

◎ Auxiliary(Reader) input

```
Input:
C=3
Output:
A=character
```

액세서리(리더기)로부터 한 문자를 입력합니다.

◎ Auxiliary(Punch) output

```
Input:
C=4
E=character
Output:
없음
```

액세서리(천공기)로 한 문자를 출력합니다.

◎ Printer output

```
Input:
C=5
E=character
Output:
없음
```

프린터로 한 문자를 출력합니다.

◎ Direct console I/O

```
Input:
C=6
E=0FFh
Output:
A=character
```

입력 대기 문자가 있는 경우에는 에코 없이 한 문자를 입력합니다. 없는 경우
에는 0을 되돌립니다.

◎ Get I/O byte

```
Input:
C=7
Output:
A=I/O byte
```

I/O byte를 취득합니다. I/O byte에 관해서는 481페이지를 참조하기 바랍
니다.

◎ Set I/O byte

```
Input:
C=8
E=I/O byte
Output:
없음
```

I/O byte를 설정합니다. I/O byte에 관해서는 481페이지를 참조하기 바랍니다.

◎ Output string

```
Input:
C=9
DE=address of string
Output:
없음
```

$가 나타날 때까지 문자열을 출력합니다.

◎ Buffered console input

```
Input:
DE=address or buffer
C=10
Output:
없음 (지정 주소에 문자열)
```

DE 레지스터 페어가 지정하는 주소 +0에 크기, +2 이후에 문자열이 저장됩니다. DE 레지스터 페어의 값이 0인 경우 DMA 주소에 기록합니다. 끝나는 것을 나타내는 표시는 없습니다.

◎ Console status

```
Input:
C=11
Output:
A=status
```

A=0이라면 콘솔 입력 문자를 기다리지 않고, **0**이 아니라면 기다립니다.

◎ Return version number

```
Input:
C=12
Output:
HL=0022h
```

0022h는 Machine type=8080, CP/M type=CP/M, version numbers=2.2를 의미합니다.

◎ Reset disks

```
Input:
C=13
Output:
A=0 or 0ffh
```

디스크를 리셋합니다. 로그인 드라이브를 **A**로 설정합니다. **$**로 시작하는 이름을 가진 파일이 있으면 **A**는 **0ffh**이고, 없으면 **0**입니다.

◎ Select disk

```
Input:
C=14
E=drive number
Output:
A=0 or 0ffh
```

디스크를 선택합니다. **drive number**는 A=0, B=1, C=2…….
성공하면 **A=0**을 반환합니다. 실패하면 **A=0ffh**를 반환합니다.

◎ Open file

```
Input:
C=15
DE=FCB address
Output:
A=error codes
```

파일을 엽니다. **FCB**에 관해서는 479페이지를 참조하기 바랍니다.
A가 0~3이라면 정상 종료, **0ffh**라면 오류 종료입니다.

◎ Close file

```
Input:
C=16
DE=FCB address
Output:
A=error codes
```

파일을 닫습니다. **FCB**에 관해서는 479페이지를 참조하기 바랍니다.
A가 0~3이라면 정상 종료, **0ffh**라면 오류 종료입니다.

◎ search for first

```
Input:
C=17
DE=FCB address
Output:
A=error codes
```

해당하는 최초의 파일을 검색합니다. **FCB**에 관해서는 479페이지를 참조하기 바랍니다.

A가 0~3이라면 정상 종료, **0ffh**라면 오류 종료입니다.

◎ search for next

```
Input:
C=18
Output:
A=error codes
```

해당하는 다음 파일을 검색합니다. search for first의 직후에 사용합니다.

A가 0~3이라면 정상 종료, **0ffh**라면 오류 종료입니다.

◎ delete file

```
Input:
C=19
DE=FCB address
Output:
A=error codes
```

지정 파일을 삭제합니다. **FCB**에 관해서는 479페이지를 참조하기 바랍니다.

A가 0~3이라면 정상 종료, **0ffh**라면 오류 종료입니다.

◎ read next record

```
Input:
C=20
DE=FCB address
Output:
A=error codes
```

1레코드(128바이트)가 열리는 **FCB**로 지정된 파일로부터 DMA 주소로 전송합니다(순차적 액세스).

A는 0=OK, 1=end of file, 9=invalid FCB, 10=media changed, 0FFh=hardware error.

◎ write next record

```
Input:
C=21
DE=FCB address
Output:
A=error codes
```

1레코드(128바이트)를 열려 있는 **FCB**로 지정된 파일로부터 DMA 주소로 전송합니다(순차적 액세스).

A는 0=OK, 1=directory full, 2=disk full, 9=invalid FCB, 10=media changed, 0FFh=hardware error.

◎ create file

```
Input:
C=22
DE=FCB address
Output:
A=error codes
```

파일을 작성합니다. FCB에 관해서는 479페이지를 참조하기 바랍니다. 혹시 디렉터리가 가득차면 **A=0ffh**를 반환합니다.

◎ Rename file

```
Input:
C=23
DE=FCB address
Output:
A=error codes
```

FCB에 지정된 두 개의 파일 이름으로 파일 이름을 변경합니다.
A가 0~3이라면 정상 종료, **0ffh**라면 오류 종료입니다.

◎ Return bitmap of logged-in drives

```
Input:
C=24
Output:
HL=bitmap
```

HL 레지스터 페어의 비트마다 로그인되어 있는 드라이브의 비트맵을 반환합니다.

◎ Return current drive

```
Input:
C=25
Output:
A=drive number
```

현재 선택되어 있는 드라이브(current drive)를 반환합니다.
결과는 **A**=0, **B**=1, **C**=2······.

◎ Set DMA address

```
Input:
C=26
DE=address
Output:
없음
```

DMA 주소를 설정합니다.

◎ Return address of allocation map

```
Input:
C=27
Output:
HL=address
```

할당 맵의 주소를 반환합니다.

◎ Software write−protect current disc

```
Input:
C=28
Output:
없음
```

일시적으로 현재 선택되어 있는 드라이브(current drive)에 쓰는 것을 금지
합니다.

◎ Return bitmap of read−only drives

```
Input:
C=29
```

```
Output:
HL=bitmap
```

HL 레지스터 페어의 비트마다 읽기 전용(쓰기 금지) 드라이브의 비트맵(파일 시스템이 사용하는 디스크의 사용 상황의 정보)을 반환합니다.

◎ set file attributes

```
Input:
C=30
DE=FCB address
Output:
A=error codes
```

"Last Record Byte Count"의 값을 **FCB+32**에 쓰고, **F6'**비트를 설정합니다(**F6'** 비트에 관해서는 **FCB** 설명을 참조).
A가 0~3이라면 정상 종료, **0ffh**라면 오류 종료입니다.

◎ get DPB address

```
Input:
C=31
Output:
HL=address
```

현재 선택되어 있는 드라이브(current drive)의 **DPB**(*Disc Parameter Block*) 주소를 반환합니다. 디스크의 상세 정보를 알고 싶은 경우에 사용합니다.

◎ set user number

```
Input:
C=32
E=number
Output:
없음
```

사용자 번호를 설정합니다.

◎ get user number

```
Input:
C=32
E=0ffh
Output:
A=user number
```

사용자 번호를 취득합니다.

◎ Random access read record

```
Input:
C=33
DE=FCB address
Output:
A=error codes
```

1레코드(128바이트)를 열려 있는 **FCB**로 지정된 파일로부터 DMA 주소로 전송합니다. **FCB**의 카운트 영역에 지정된 레코드를 대상으로 합니다. **FCB**는 다음 레코드로 갱신됩니다.

A는 0=OK, 1=Reading unwritten data, 4=Reading unwritten extent(a 16k portion of file does not exist), 6=Record number out of range, 9=Invalid FCB, 10=Media changed.

◎ Random access write record

```
Input:
C=34
DE=FCB address
Output:
A=error codes
```

1레코드(128바이트)를 열려 있는 FCB로 지정된 파일로 DMA 주소로부터 전송합니다. FCB의 카운트 영역에 지정된 레코드를 대상으로 합니다. FCB는 다음 레코드로 갱신됩니다.

A는 0=OK, 2=Disc full, 3=Canot close extent, 5=Directory full, 6=Record number out of range, 9=Invalid FCB, 10=Media changed.

◎ Compute file size

```
Input:
C=35
DE=FCB address
Output:
A=error codes
```

파일 크기를 FCB의 "Random access record number"에 128바이트 레코드 단위로 설정합니다.

A는 0=OK, 0ffh=오류입니다.

◎ Update random access pointer

```
Input:
C=36
DE=FCB address
Output:
없음
```

순차적 액세스로 설정된 레코드 번호를 FCB 값으로 갱신합니다.

◎ Selectively reset disc drives

```
Input:
C=37
DE=리셋하는 디스크의 비트맵
Output:
없음
```

지정 드라이브만 리셋합니다.

◎ Write random with zero fill

C=34번과 동일하지만, 새로운 레코드를 확보할 때에는 0으로 초기화합니다.

칼럼

FCB에 관하여

윈도우나 리눅스에서는 파일 액세스를 할 때 핸들이라는 번호를 사용하지만, CP/M에서는 FCB라는 데이터를 사용합니다. FCB는 36바이트 길이로, 다음 설명과 같은 구조를 가지고 있습니다.

◎ FCB+00h DR

드라이브 번호. 0은 디폴트 드라이브. 1~16은 드라이브 A~P.

◎ FCB+01h Fn

파일 이름을 7비트 ASCII 코드로 저장합니다. 최대 8문자. 영역은 8바이트 고정 (빈 공간에는 0x20을 입력해둡니다).

8바이트의 최상위 비트는 미사용되기 때문에 속성을 표시하는데 사용됩니다. 그러한 비트는 F1'~F8'라고 부릅니다. F1'~F4'는 사용자 정의로 자유롭게 사용하면 됩니다. F5'~F8'은 BDOS 호출로 갱신됩니다.

◎ FCB+09h Tn

7비트 ASCII 코드로 확장자를 저장합니다. 최대 3문자. 영역은 3바이트 고정.

3바이트의 최상위 비트는 미사용되기 때문에 속성을 표시하는데 사용됩니다. 그러한 비트는 T1'~T3'라고 부릅니다.

- T1' : 읽기 전용
- T2' : 시스템 (은닉) 파일
- T3' : 아카이브 비트

◎ FCB+0Ch EX

파일을 열 때에는 0으로 설정하고, 그 뒤는 BDOS에 맡깁니다.

- FCB+0Dh S1 : 예약
- FCB+0Eh S2 : 예약

◎ FCB+0Fh RC

파일을 열 때에는 0으로 설정하고, 그 뒤는 BDOS에 맡깁니다.

◎ FCB+10h AL

디렉터리 항목의 후반 이미지. 파일 할당을 포함합니다.

◎ FCB+20h CR

현재의 레코드(Current Record). 파일이 열리면 즉각 0으로 설정하고, 그대로 둡니다.

◎ FCB+21h Rn

랜덤 액세스 레코드 번호(Random Access Record Number). 16비트 값.

칼럼

I/O byte에 관하여

I/O byte는 입출력 장치를 리다이렉트하도록 지정하는 1바이트의 값입니다.
파일로의 출력 등은 지원되지 않습니다.
비트와 입출력 장치와의 관계는 다음과 같습니다.

Bits	Bits 6,7	Bits 4,5	Bits 2,3	Bits 0,1
Device	LIST	PUNCH	READER	CONSOLE

2비트의 값은 다음과 같습니다.

Value	LIST	PUNCH	READER	CONSOLE
00	TTY:	TTY:	TTY:	TTY:
01	CRT:	PTP:	PTR:	CRT:
10	LPT:	UP1:	UR1:	BAT:
11	UL1:	UP2:	UR2:	UC1:

약어의 의미는 다음과 같습니다.

- BAT : 배치 모드
- CRT : 표준 콘솔
- LPT : 프린터
- PTP : 종이 테이프 천공기
- PTR : 종이 테이프 리더기
- TTY : 텔레타이프
- UC1 : 사용자가 정의(구현에 의존)한 콘솔
- UL1 : 사용자가 정의(구현에 의존)한 프린터
- UPn : 사용자가 정의(구현에 의존)한 출력 장치
- URn : 사용자가 정의(구현에 의존)한 입력 장치

※ 주 : 참고 URL : 「CP/M 2 Input/Output mapping」
　http://members.iinet.net.au/~daveb/cpm/iobyte.html

CP/M DDT 간이 레퍼런스

5

부록

DDT는 CP/M에 표준으로 포함되어 있는 디버거입니다.

다음 start, end 등은 주소의 16진수 표기입니다. 마지막에 h 등은 붙지 않습니다. 구분을 위한 공백 문자 등은 들어 있지 않습니다.

◎ A start

간이 어셈블러. 고도의 기능 등이 없는 어셈블러. 디버거 안에서 특정 명령을 갱신한 상태를 보는 등의 목적으로 사용합니다. 종료할 때는 Enter←만을 누릅니다.

◎ D {start} {,end}

메모리를 덤프합니다. 범위는 start부터 end까지.

◎ F start, end, xx

start부터 end까지의 메모리에 xx를 입력합니다.

◎ G {start}{,b1{,b2}}

프로그램을 실행합니다. b1, b2의 주소에는 중단점을 설정합니다. 중단점을 지정한 주소에는 RST 명령을 기록하기 때문에 원본이 완전히 유지될 수는 없습니다.

◎ H fisrst, second

16진수의 계산. 두 개의 값을 더한 결과와 뺀 결과를 표시합니다.

◎ I fileref

fileref로 지정한 파일에 FCB(5ch)를 초기화합니다.

◎ L {start}{,end}

지정 주소의 역어셈블 리스트를 표시합니다.

◎ M start, end, to

메모리를 블록 전송합니다.

◎ R {bias}

FCB에 있는 파일을 읽어 들입니다.

◎ S start

메모리를 갱신합니다. [Enter←]만 누르면 갱신되지 않습니다. [.](피리어드) + [Enter←]로 종료합니다.

◎ T {count}

1단계 트레이스를 실행합니다.

◎ U {count}

표시하지 않고 트레이스합니다.

◎ X

프로그램 상태를 표시합니다. 레지스터 등의 상태를 알 수 있습니다.

◎ X register

레지스터의 내용을 갱신합니다. `register`는 A, B, D, H, S(SP를 지정함), P(PC를 지정함), C, Z, M, E, I 중 하나인 레지스터 이름 또는 파일 이름입니다.

ADM-3A 간이 레퍼런스

부록

ADM-3D는 1976년에 Lear Siegler 사가 제작한 비디오 표시 단말기로, 초기의 개인용 컴퓨터에서 이것에 접속된 것이 많았습니다.

EE8080에서는 ADM-3A의 서브셋을 에뮬레이션하고 있습니다.
ADM-3A는 직렬 회선으로 접속되기 때문에 모든 명령은 문자와 마찬가지로 바이트열로 송신됩니다.
WordMaster가 화면상에서 편집할 수 있는 이유는 이러한 명령을 사용하고 있기 때문입니다.
명령에는 제어 코드를 사용한 것과 이스케이프 문자 다음에 명령이 계속되는 이스케이프 시퀀스의 두 종류가 있습니다.
EE8080에서 지원하고 있는 명령을 표 A.1에 정리하였습니다.

○ **표 A.1 A**DM-3A의 명령(EE8080에서 지원하고 있는 것)

지시	명령
커서 위치의 지정	1bh '=' X Y(X와 Y는 20h를 더하여 보냄)
화면 정리	1bh 02ah
벨(경고음을 울림)	07h
커서 왼쪽	08h
커서 아래쪽	0ah
커서 위쪽	0bh
커서 오른쪽	0ch
캐리지 리턴	0dh
화면 정리	1ah
커서 홈 위치로 이동	1eh
한 문자 삭제 (RUB)	7fh

독자를 위한 힌트

7

부록

　마지막으로 이 책을 독파한 독자가 다음에 도전할 수 있는 주제를 열거합니다. 이러한 주제에 도전하지 않는 것도 여러분의 자유입니다. 또한 어떤 주제에 도전하는 것도 여러분의 자유입니다. 물론 리스트에 없는 다른 주제에 도전해도 좋습니다. 이에 따라 지적인 호기심이 채워질 것입니다. 컴퓨터는 마법이 아니고 ……라는 사실이 보다 잘 이해될 것입니다. 따라서 그것을 이해할 수 있을 때 지금보다 컴퓨터를 더 잘 제어할 수 있을 것입니다.

- MBASIC의 프로그래밍에 도전해봅시다. 이것이 Microsoft라는 회사의 시작이 되었을 뿐 아니라, Apple이 최초에 히트시킨 Apple Ⅱ라는 컴퓨터의 주력 개발 언어였다는 것을 생각하고, 어떠한 매력이 있었는지 생각해보세요. 그리고 왜 사용이 줄어들었는지도 생각해보세요. MBASIC은 EE8080의 표준 구동 디스크에 들어 있기 때문에 CP/M 구동 직후에 mbasic Enter↲로 바로 체험할 수 있습니다.

- CP/M 관련 사이트를 찾아보면, 이 에뮬레이터로 실행할 수 있는 게임이 퍼블릭 도메인으로 취급되어 네트워크상에 다수 존재하고 있는 것을 알 수 있습니다. 그러한 다수는 EE8080에서 실행할 수 있습니다. 그러나 그중에는 아무것도 없는 프로그램이 포함되어 있기도 하고, 아무리 봐도 게임조차 아닌 프로그램이 포함되어 있기도 합니다. 그러나 그것들은 최초에 공개되었던 시점에는 가치가 있는 것으로 생각되었습니다. 왜 가치가 있었는지 생각해보세요.

- 포트란 프로그래밍에 도전해봅시다. 예전에는 대부분의 대학에서 자바가 아닌 포트란을 가르쳤습니다. 포트란을 왜 가르쳤을까요? 포트란은 왜 사라졌을까요? 이유를 생각해봅시다. EE8080에는 포트란의 예로, Microsoft Fortran 80을 준비했습니다. [햄버거 메뉴](▤) → [Files] → [Upload-A~D] → [Microsoft Fortran 80]의 순으로 선택하여 Microsoft Fortran 80의 디스크를 지정한 드라이브를 호출합니다. 이곳에 들어있는 F80.COM이 포트란 컴파일러 본체입니다.

FORTRAN의 Hello World는 다음과 같습니다.

```
      PROGRAM HELLO
      WRITE(3, 100)
100   FORMAT(' Hello World')
      END
```

실행 파일로 만드는 데 필요한 명령은 다음과 같습니다.

```
f80 =t.f80
l80 t,t/n/e
```

- Pascal의 프로그래밍에 도전해봅시다. 최근의 프로그래밍 언어에는 자바, 자바 스크립트, C++, C# 등을 포함하여 C 언어 스타일의 문법을 가진 것이 비교적 많고, Pascal은 라이벌 C 언어에 패해 마이너 언어로 전락하였습니다. 왜 Pascal이 패배했는지 생각해봅시다. EE8080에서는 Pascal의 예로 JRT Pascal 4.0을 준비했습니다. [햄버거 메뉴](▤) → [Files] → [Upload-A ~ D] → [JRT Pascal 4.0]의 순으로 선택하여 JRT Pascal 4.0의 디스크를 지정한 드라이브를 호출합니다. 그곳에 들어 있는 PAS4.COM이 Pascal 컴파일러 본체입니다.
Pascal의 Hello World는 다음과 같습니다.

```
program Hello;
begin
    writeln ('Hello world. ')
end.
```

컴파일과 실행하는 데 필요한 명령은 다음과 같습니다.

```
PAS4 t.pas
exec4 t.inc
```

- CP/M용의 애플리케이션은 방대하지만, EE8080에서는 동작하지 않는 것이 있습니다. CPU로서 Z80을 요구하기 때문입니다. EE8080의 CPU 에뮬레이션을 강화하여 Z80을 지원할 수 있을까요?
- 8080의 명령 세트를 스스로 고안하고 확장하여 슈퍼 8080을 설계하고 구현합시다. 이것을 8080의 후속 CPU와 비교하여 어떤 점이 좋은지 확인해봅시다.
- minibf는 `Hello World`만 다룹니다. 외부 소스 파일을 참조할 수 있도록 해서, 더욱 폭넓은 이용이 가능하지 않을까요?
- minibf는 Brainf*ck의 서브세트에 불과합니다. 풀세트로 확장할 수 있을까요?
- 이 책에서 소개한 자살 프로그램은 모두 삭제한 후에 폭주합니다. 폭주시키지 않고 CPU를 정지시키는 자살 프로그램을 작성할 수 있을까요? `HLT` 명령에 해당하는 바이트로 메모리 전체를 채우면 CPU는 정지될 것입니다.

A.7.1 EE8080의 소스 코드 활용 힌트

EE8080의 소스 코드[6]에 관하여 약간의 힌트만 기술합니다.

- 소스 코드는 Visual Studio 2017에서의 이용을 가정했습니다.
- ASP.NET의 프로젝트를 기본으로 개발되었기 때문에 약간의 C# 소스 코드가 포함되어 있지만, 이것들은 전혀 기능적으로 의미를 가지지 않습니다. 건너뛰고 읽어도 관계없습니다.
- 개발 언어는 TypeScript입니다.
- 컴파일 결과의 소스 코드는 JavaScript의 지식으로 읽을 수 있습니다.
- 라이브러리로 JQuery와 JQuery Mobile을 사용하고 있습니다.
- 가상 디스크를 보관하는 기억 장소로서 웹 브라우저의 로컬 기억 장소를 사용합니다.
- 각종 로직 에뮬레이터는 동작을 시뮬레이션하기 위해 만들어져 실제의 로직 에뮬레이터를 모방하는 것이 아니므로, 학습 목적으로 소스 코드를 살펴보는 것은 의미가 없습니다. Fast 버전의 8080 에뮬레이터도 이와 마찬가지입니다.

주6) EE8080의 소스 코드는 다음에서 얻을 수 있습니다.
https://githyb.com/autumn009/ee8080

A.7.2 CP/M 등이 구동 불능된 경우에 대처하는 방법

EE8080을 사용하면 자기 자신을 구동 불능에 빠지게 하는 프로그램을 작성하기가 쉽습니다. 또한 조작 실수로 가상 디스크의 내용이 파괴되어 버리는 경우도 있을 것입니다. 이 경우에는 디스크의 내용을 리셋할 수 있습니다.

A~D의 네 개의 가상 디스크의 내용을 다른 가상 디스크에 쓰기 위해서는 CP/M 동작 중 화면에서 [햄버거 메뉴](▤) → [Files] → [Upload FD-A~D]를 선택합니다. 그 뒤에 어느 가상 디스크 이미지에 쓸 것인지를 선택합니다. 스스로 작성한 가상 디스크 파일을 지정할 수도 있습니다. 사라지면 곤란한 파일이 있는 경우에는, [Download FD-A ~ D]를 이용하여 파일에 가상 디스크의 내용을 보관해둡니다. 이 기능을 이용하면, 다른 드라이브에 가상 디스크를 읽어 들이는 것이 가능하기 때문에 '구동하지 않은 가상 디스크를 드라이브 B~D에 읽어 들여 내용을 조사한다'라는 사용 방식도 가능합니다.

모든 드라이브를 초기 상태로 되돌리기 위해서는 톱 화면에서 [Misc] → [CP/M(with disk initialize)]을 선택합니다. 이 상태에서 페이지를 다시 적재하면, 다시 적재한 시점에서는 아직 디스크를 초기화하지 않았기 때문에 주의하기 바랍니다.

성공과 실패를 결정하는
1%의 프로그래밍 작동 원리

2019. 7. 31. 초 판 1쇄 인쇄
2019. 8. 7. 초 판 1쇄 발행

지은이 | 가와마타 아키라
옮긴이 | 권기태
펴낸이 | 이종춘
펴낸곳 | BM (주)도서출판 성안당
주소 | 04032 서울시 마포구 양화로 127 첨단빌딩 3층(출판기획 R&D 센터)
      | 10881 경기도 파주시 문발로 112 출판문화정보산업단지(제작 및 물류)
전화 | 02) 3142-0036
      | 031) 950-6300
팩스 | 031) 955-0510
등록 | 1973. 2. 1. 제406-2005-000046호
출판사 홈페이지 | www.cyber.co.kr
ISBN | 978-89-315-5597-4 (13000)
정가 | 23,000원

이 책을 만든 사람들
책임 | 최옥현
진행 | 김해영
교정 · 교열 | 안종군
본문 · 표지 디자인 | 앤미디어
홍보 | 김계향
국제부 | 이선민, 조혜란, 김혜숙
마케팅 | 구본철, 차정욱, 나진호, 이동후, 강호묵
제작 | 김유석

★★★
www.cyber.co.kr
성안당 Web 사이트

▪ 도서 A/S 안내

성안당에서 발행하는 모든 도서는 저자와 출판사, 그리고 독자가 함께 만들어 나갑니다.
좋은 책을 펴내기 위해 많은 노력을 기울이고 있습니다. 혹시라도 내용상의 오류나 오탈자 등이 발견되면 "좋은 책은 나라의 보배"로서 우리 모두가 함께 만들어 간다는 마음으로 연락주시기 바랍니다. 수정 보완하여 더 나은 책이 되도록 최선을 다하겠습니다.
성안당은 늘 독자 여러분들의 소중한 의견을 기다리고 있습니다. 좋은 의견을 보내주시는 분께는 성안당 쇼핑몰의 포인트(3,000포인트)를 적립해 드립니다.
잘못 만들어진 책이나 부록 등이 파손된 경우에는 교환해 드립니다.